献
给

天上的父亲

和

挚爱的母亲

Rediscovering
the Tokyo Trials

重新发现
东京审判

徐 持 著

寻求和平与正义的国际法治

The International Rule of Law
for Peace and Justice

图书在版编目（CIP）数据

重新发现东京审判：寻求和平与正义的国际法治 / 徐持著 . -- 北京：当代中国出版社，2023.12
　　ISBN 978-7-5154-1293-1

Ⅰ.①重… Ⅱ.①徐… Ⅲ.①远东国际军事法庭—审判—史料 Ⅳ.① D995

中国国家版本馆 CIP 数据核字（2023）第 176904 号

出 版 人	蔡继辉
责任编辑	李　昭
责任校对	贾云华
印刷监制	刘艳平
装帧设计	郝志燕
出版发行	当代中国出版社
地　　址	北京市地安门西大街旌勇里 8 号
网　　址	http://www.ddzg.net
邮政编码	100009
编 辑 部	（010）66572156
市 场 部	（010）66572281　66572157
印　　刷	中国电影出版社印刷厂
开　　本	710 毫米 × 1000 毫米　1/16
印　　张	25.25 印张　4 插页　295 千字
版　　次	2023 年 12 月第 1 版
印　　次	2025 年 7 月第 2 次印刷
定　　价	88.00 元

版权所有，翻版必究；如有印装质量问题，请拨打（010）66572159 联系出版部调换。

序 一

陈泽宪[1]

2023年是东京审判宣判75周年，出版专著探讨东京审判涉及的战争犯罪与国际法治相关问题，对学者来说是一种很好的纪念。徐持博士在其博士学位论文基础上修订而成的《重新发现东京审判——寻求和平与正义的国际法治》一书，获得了中国社会科学院哲学社会科学创新工程学术出版资助，即将付梓，这是徐持在学术道路上的关键一步，值得祝贺。

徐持在中国社会科学院研究生院刑法专业攻读博士学位时就十分关注战争审判问题。2015年8月29日，在世界反法西斯战争和中国人民抗日战争胜利70周年之际，中国社会科学院国际法研究所举办了"纽伦堡、东京审判与战争犯罪"学术研讨会，徐持承担了大量会务工作并撰写了会议报道，她说正是因为那次会议的启发和收获，才坚定了选择东京审判作为博士学位论文题目的决心。

纽伦堡审判、东京审判是人类历史上非常重要的事件，对于恢复战后和平、重建国际秩序、伸张人类正义均具重要意义。尽管已经时隔70余年，但是日本右翼分子一直拒绝反思历史，人类社会的武装

---

[1] 中国社会科学院国际法研究所原所长、研究员，中国社会科学院大学法学院特聘教授。

冲突仍旧彼伏此起，违反国际法的战争罪行依然触目惊心，因此，两大审判尤其东京审判的历史意义和当代价值理应铭记。出版《重新发现东京审判——寻求和平与正义的国际法治》就是中国青年一代学者在这方面所做的努力。

本书具有以下三个特点：

第一，立足国际法治研究视角。关于东京审判的著述不少，但以国际法治为视角和研究方法的较为罕见。在国际法和国际关系的发展史上，有相当长的一段时间是"有罪不罚"，对战争罪行进行国际审判并依照国际法追究刑事责任是从纽伦堡和东京审判开始的，目的是维护国际社会的共同利益，具有明显的正义性和很强的制裁性，因而成为国际刑事法治的"元事件"和国际刑法的"出生证"。从不追究到追究，国际刑法经历了一个发展过程。这个过程究竟是怎样发生的，在国际法的理论和实践中经历了哪些挑战，东京审判又是如何应对这些挑战的，本书都作了很好的梳理，让读者得以了解这段历史发生的动因和过程，有助于澄清东京审判的法理依据，这是很有意义的。

第二，认真对待关键法律问题。在东京审判遗留下来的"胜利者的正义"、罪刑法定原则问题、国家责任和个人责任等法律争议问题中，有一些至今仍在影响着人们对东京审判正确性的认识，这些问题对相关国际规则的发展也产生了重要影响。本书在国际法治转型这一框架下直面东京审判的核心法律问题，将这场审判还原到特定的历史情境中，更加立体全面地廓清东京审判的司法面向，并就审判中的管辖权争议、起诉逻辑、共谋的适用、南京大屠杀审理模式、法官少数意见书等重大法律问题提出自己的观点，十分难得。在本书看来，纽伦堡和东京两大审判不仅没有违反罪刑法定原则，还是对习惯

序 一

国际法的发展,实现了将侵略战争犯罪化,开创了国际刑事法庭追诉并由个人承担刑事责任的先河,提升了人道和人权的法律地位,给后世留下了许多制度性遗产。

第三,注重研究的系统性和整体性。国际刑法如同刑事法律的百科全书,包括实体法、程序法、证据法、犯罪预防法和司法机构组织法等各方面内容,东京审判作为国际刑法的早期实践生动体现了这一点。本书除了进行相关实体法研究,也关注审判的诉讼模式和诉讼程序;除了审判依据的法理辨析,也关注审判政策和法庭组织;除了东京审判本身,也对纽伦堡审判、东京审判的后续审判以及其后的国际刑事法治实践有所述及。可惜限于篇幅,很多方面的论述展开不够充分,但注重整体性研究的意识值得肯定。

2023年也是和平共处五项原则提出70周年和人类命运共同体理念提出10周年,中国在国际法治的舞台上正发挥着越来越重要的作用。但过去一段时期以来,国际社会发生了一系列影响深远的事件,阿富汗战争等遗留问题尚未解决,俄乌冲突、巴以冲突还在继续,人道主义危机和灾难仍在上演,流血与死亡给世界蒙上阴影。通过法治谋求人类和平的事业任重而道远,需要一代又一代人的不懈努力。我希望徐持能够保持学术定力,以自己第一本专著的出版为起点,持续在国际法治尤其是国际刑法的学术研究道路上勇毅前行,争取更大成绩。

是为序。

2023年11月9日于北京

序 二

程兆奇[1]

徐持这本书的出版,是中国学者对东京审判研究的重要贡献。

多年前,徐持由交大法学院郑成良老师介绍,来到远离市区的交大闵行校区东京审判研究中心。她说之所以前来打扰,是因为拟以东京审判作为博士论文的主题。那时我们正在为东京审判几部大文献紧张地编辑附录和索引,所以匆匆之间只是礼节性的寒暄,并未就专业问题深入细谈。第一次了解她的学术能力是2017年第二届战后对日本战犯审判青年学者研讨会。那次论坛由中国社会科学院国际法所和我们合办,徐持被安排作第一场报告。报告获得了资深学者和青年学者的一致称赞。除了精彩的内容,给人印象最深的是她的表达。在我所认识的年轻人中,就逻辑严密、用词准确、口齿特别清晰而言,她是最强的两位之一。另一位是2016年在第一届青年会上作报告的毛晓。毛晓当时还是大三学生,合作办会的《近代史研究》主编徐秀丽听了报告后情不自禁地说:"这个女孩太厉害了。"毛晓后来获得了有"本科生诺贝尔奖"之称的罗德奖学金,她也是交大第一位罗德奖学金得主。比较起来,毛晓的思想更加犀利,而徐持在整体把控上更为老到。以后的几次会议,徐持无论是代表青年学者在开幕式上发言,还是报告和回应,从表述的

---

[1] 上海交通大学特聘教授,战争审判与世界和平研究院首席专家。

角度说，几乎都到了滴水不漏的程度。让人感到"出口成章"并不只是形容。疫情期间，央视《法律讲堂》负责人孙辉刚打算继向隆万老师的《东京审判》之后，开设一个《纽伦堡审判》的新系列，在选择谁来担纲时，大家都觉得徐持是不二人选。后来徐持果然不负众望，一试而成，播出后广获好评。——一般即使能言善辩，上央视讲课往往也需反复调教。向老师讲述的《东京审判》节目获得了央视社会与法频道的"年度最有影响力奖"，可谓成功。但向老师说因要求一字不误，所以照读稿子，自觉"呆若木鸡"。向老师翩翩然，"台风"其实不错，但他的自我感觉也不是故作谦虚。所以徐持的讲述能力，真是无与伦比。

言归正传。东京审判曾在相当长的时期没有进入中国学界的视野，这一情况近年发生了很大变化，不仅有了专门的研究机构，国家社科基金、教育部社科基金都设立了重大项目给予支持，出版基金更是连年资助。但从已公开的成果看，这些年东京审判研究的显著成绩主要是整理出版了庭审记录、讯问记录、证据汇编等体量较大的文献。书籍方面，除了普及性读物，研究型著作只有海外学者的译著。国内学者的论著，至今仍是空白。就我所知，现有三部相关著作正待出版，但按学科分类，三部都是史学著作。从法学的角度讨论东京审判的著作，徐持此书是第一部。所以不论填补空白的"第一"最后花落谁家，法学著作第一则非本书莫属。徐持此书与从未受到国内注意的日本法学界有关东京审判的论述有同有异，同的部分当然是"不约而同"，即老话所谓的"闭门造车，出门合辙"。我本拟勾勒日本法学界的相关观点以为徐持这本新著助阵，但昨天才发现交稿截止期的今日已有凭吊亡友与同事的安排。待诸来日吧。

2023 年 10 月 30 日于上海

目　录

绪　　论 ··· 001

第一章　东京审判的背景 ··· 049
　　一、国际法治的转型 ··· 052
　　二、战争法观的流变 ··· 069
　　三、审判政策的出台 ··· 083

第二章　审判框架的确立 ··· 105
　　一、特别公告与法庭宪章 ·· 107
　　二、检察官与法官的确定 ·· 117
　　三、法庭机制 ·· 125

第三章　被告人的确定与起诉 ·· 135
　　一、选择被告人的依据 ··· 137
　　二、被告人的确定 ··· 144
　　三、起诉书 ··· 151
　　四、起诉的遗漏 ·· 159

第四章　东京审判的管辖权 ··· 169
　　一、管辖权之争的缘起 ··· 171

二、管辖权问题的法庭交锋 ················· 176
　　三、管辖权问题的实质 ····················· 191

第五章　审判的原则与规则 ····················· 201
　　一、东京审判的基本原则 ··················· 204
　　二、东京审判的诉讼模式 ··················· 219
　　三、东京审判的程序规则 ··················· 221

第六章　共谋与个人责任 ······················· 231
　　一、东京审判对共谋的引入 ················· 235
　　二、东京法庭对共谋的理解 ················· 241
　　三、东京审判对共谋的认定 ················· 246
　　四、共谋与归责 ··························· 248

第七章　法庭对反和平罪的审理 ················· 261
　　一、宪章对反和平罪的规定 ················· 263
　　二、反和平罪的构成 ······················· 265
　　三、共谋反和平罪 ························· 275
　　四、实行侵略战争罪 ······················· 281

第八章　法庭对战争罪的审理 ··················· 289
　　一、罪名辨析：杀人罪与战争罪 ············· 295
　　二、罪名辨析：普通战争罪与反人道罪 ······· 301
　　三、法庭对战争罪的认定 ··················· 306
　　四、法庭对战争罪具体形式的确认和发展 ····· 322

第九章　判决：定论与异见 ····················· 335
　　一、法庭判决书 ··························· 337

目　录

二、法官的少数意见 …………………………………… 341

三、判决的执行 ………………………………………… 361

余　论　东京审判的历史意义 ……………………………… 363

主要参考文献 …………………………………………………… 370

绪论

重新发现
寻求和平与正义的
东京
国际法治
审判

第二次世界大战以世界反法西斯同盟各国获得胜利而告终。大战后期,如何结束战争、清算战争责任以及惩罚战争罪魁祸首,成为各同盟国共同关注和激烈争论的焦点。尽管对战犯施以严惩的迅速处决论一度被认为是最恰当的方式,但同盟国最终还是艰难地达成共识,组建国际军事法庭(International Military Tribunal, IMT)和远东国际军事法庭(International Military Tribunal for the Far East, IMTFE),分别在纽伦堡和东京举行国际军事审判。这是人类社会首次以诉诸国际刑事司法的方式明确发动和实施侵略战争是最严重的国际罪行,被告人面临反和平罪、战争罪和反人道罪的指控,从而被追究个人战争罪责。

东京审判进行之时,也是中国近代史上的动荡时期,这让东京审判在中国的历史语境中一度被忽略,在关于战争罪行审判的全球史叙述中,中国的角色也长期被忽视。牛津大学历史学教授拉纳·米特就曾以"被遗忘的盟友"为题撰写专著提醒世人,中国是第二次世界大战太平洋战场的主要角色。[1]东京审判又关乎中国人的民族记忆和情感。对于中国人而言,东京审判不仅仅意味着一个具体的历史

---

[1] [英]拉纳·米特:《中国,被遗忘的盟友:西方人眼中的抗日战争全史》,蒋永强等译,新世界出版社2014年版。

事件，它还指向二战中日本军队在中国国土上犯下的包括南京大屠杀在内的滔天罪行，"象征着中国人对至今不肯真正认罪的日本政府以及日本右翼的愤怒，也象征着战后五十余年中国人与日本人在感情创伤方面无法修复的鸿沟"〔1〕。

东京审判的判决书在1948年11月4日被当庭宣读，耗时长达7天。东京法庭的司法意见和法庭文献是认定日本战争责任、安定东亚战后秩序、刻画战后东亚共同历史记忆最重要的基石和指南。但是，对东京审判的历史认识，不仅随着时代大潮浮沉多变，一度悄然沉寂到几乎淡出公众的记忆，甚至连"历史上最黑暗一页"的南京大屠杀，在1949年后近30年的公众视野中都基本上处于湮没无闻的状态。〔2〕1952年，在结束日本被联合国占领、恢复其主权的《旧金山和约》中，明确了日本政府接受东京审判的判决结果是其获得国际社会承认的前提条件。遗憾的是，和约签署国中既没有中国代表，也没有朝鲜半岛的代表，日本只是"名义上恢复了主权，实则更紧密地依附于美国"〔3〕。进入21世纪以来，日本更是不遗余力地否定以东京审判为代表的战后审判。其中既有右翼学者从"学术"角度的翻案，也有日本政府公开质疑审判的合法性，通过对细节、数字和技术的穷究细考来回避对战争性质和政治意义的道义拷问，试图全盘否定东京审判，狡辩其为"胜者的审判"。正如伊恩·布鲁玛描述1945年时所说的那样："零年在感恩和焦虑的基调中落下了帷幕。人们……不像过去那样对美好未来抱有幻想，同时

---

〔1〕 孙歌:《实话如何实说？》，载《读书》2000年第3期。
〔2〕 张生:《从历史到记忆：深化南京大屠杀研究的逻辑路径》，载《南京政治学院学报》2014年第6期。
〔3〕 宋念申:《发现东亚》，新星出版社2018年版，第269页。

绪　论

也为愈加分裂的世界感到担心。"[1]东京审判一直牵动着历史,"不仅是过去的历史事实,而且是作为历史以现在时态在我们之间,于内部不断孕育着对立和裂痕而复杂地存在着"[2]。无论作为中日两国或者东亚各国矛盾重重的历史记忆,还是它试图"通过法律实现和平"的勇气与遗憾,乃至其中折射出的种族与强权、反霸权主义与反殖民主义等议题,东京审判都不断孕育着对立和裂痕而复杂地存在着,至今仍没有走出和我们情感相连的"同时代史",尚未真正走入"历史"。[3]

如今,重估历史的潮流已经兴起。在21世纪的国际舞台上,中国正发挥着越来越重要的作用,中国作为第二次世界大战最大的受害国和东京审判代表国的历史作用将被再度挖掘。它提醒我们从被压抑、遗忘的历史中直面东京审判的遗憾和不足,找寻并理解其原因。同样重要的是,将这场审判还原到特定的历史情境中,更加立体全面地廓清东京审判的司法贡献。当中国越来越成为21世纪世界舞台上的主要角色时,这种视角变得更加迫切。本书所谓的重新发现,是在"二十世纪寻求和平与正义的国际刑事法治"这一框架下来看待东京审判的核心法律问题,发现东京审判应运而生的价值所在,梳理东京审判在国际法治发展史上的独特贡献,以法学和史学的双重视角对东京审判进行深入讨论,尝试探讨国际刑事司法对于东西

---

[1] 〔荷〕伊恩·布鲁玛:《零年:1945——现代世界诞生的时刻》,倪韬译,广西师范大学出版社2015年版,第329页。

[2] 〔日〕沟口雄三:《创造日中间知识的共同空间》,赵京华译,载《读书》2001年第5期。

[3] 程兆奇:《南京大屠杀研究的几个问题》,载《史林》2010年第4期。

方不同政治和历史文化的国家共同寻求和平的作用。

一、不该被忘却的里程碑：东京审判的遗憾与失语

在很长一段历史时期内，东京审判似乎都算不上是一个"自足的"概念，而是必须以纽伦堡审判为参照，也没有得到与纽伦堡审判相若的研究和评价。

德国投降一个月之后，同盟国就苦心推敲出了对德战争罪行追诉政策的总体框架，但是直到1945年8月8日，即苏联对日宣战当天、广岛原子弹爆炸之后两天，确立审判纳粹领导人基本原则的《国际军事法庭宪章》(以下简称《纽伦堡宪章》)才得以发布。对德战犯处罚政策从一开始就处在同盟国战后政策的中心位置，纽伦堡国际军事法庭为东京审判框架的建立提供了蓝本，对日审判政策更多被视为一种"跟随"，东京审判甚至被认为只是对纽伦堡审判的复刻。东京审判与纽伦堡审判同为清算第二次世界大战战争罪行责任的审判，二者针对的战场和对象虽有不同，但都是同盟国反法西斯战争的胜利成果，因此东京审判的整体框架与纽伦堡审判属同根同源实属必然。但仍有研究指出，这是东京审判"不力"或留有遗憾的重要原因。历史学家约翰·道尔不客气地批评道，日本方面根本无法预见到，作为审判纳粹领导人原则的《纽伦堡宪章》，仅作最小限度的更改就移用于日本。[1]程兆奇和日暮吉延也不约而同地指出，如果东京审判和纽伦堡审判缺乏基本的统一性，两场审判就难

---

[1]〔美〕约翰·W.道尔：《拥抱战败：第二次世界大战后的日本》，胡博译，生活·读书·新知三联书店2008年版，第435页。

绪　　论

以成为对历史和世界舆论具有说服力的先例,但东京法庭照搬纽伦堡审判的"共同谋议"理论来惩罚日本在亚洲的所作所为很难严丝合缝,做到完全匹配。[1]

更重要的是,德国与日本对待战争罪行审判结果的态度截然不同。"历史清算"(Vergangen-heitsbewltigung)是第二次世界大战后德国社会历史的核心概念,但日本却没有德国这种在道德上对其黑暗历史所持有的坚决认罪态度,可以说一直处于一种漫长的视而不见的状态。[2]主宰日本关于第二次世界大战的历史观念的是建立在广岛经验之上的"耿耿于怀的受害者意识",有关历史罪责的讨论聚焦于主政者因军事失败所导致灾难的责任,而不是承担发动战争的责任。对纳粹的否定,不只是在纽伦堡审判中完成的,更是在德国人不断的伦理、历史、文化、哲学拷问中完成的。但对于日本的罪责,不是所有学者都能像反省奥斯维辛集中营那样深刻反思它的起源。不仅如此,近年来,安倍晋三作为日本前首相在众议院公开表示"东京审判是胜者的审判",公然否定东京审判;日本自民党成立专门机构开始"检讨"东京审判,这些举动正是为了通过否定东京审判及整个战后对日审判,达到推翻国际社会对日本侵略及战争

---

[1]　程兆奇:《从〈东京审判〉到东京审判》,载《史林》2007 年第 5 期;[日]日暮吉延:《东京审判的国际关系——国际政治中的权力和规范》,翟新、彭一帆译,上海交通大学出版社 2016 年版,第 221—222 页。

[2]　根据查尔斯·梅尔(Charles S. Maier)的判断,他认为与德国人不同的是,日本人从否认自己第二次世界大战期间的行为走向了自我合法化。参见[德]曼弗雷德·基特尔:《纽伦堡和东京审判之后——1945—1968 年日本与西德的"历史清算"》,吕澍、王维江译,上海交通大学出版社 2014 年版,第 199 页。

暴行定性的目的。[1]

　　东京审判的遗憾和"失语",原因是复杂的。首先,不容忽视的是"标签化"的"东京审判史观"和研究视角遮蔽了这场审判作为国际刑事审判的司法特征,也没有看到东京审判与纽伦堡审判的施行是国际法治重大转型的集中体现。对东京审判持彻底否定论者固然不值一哂,但这种论调多少助长大众形成了对于东京审判不过是基于事后法的战胜国的政治报复这一刻板印象。即便不考虑纯粹话语和意识形态层面的争论,日本知识界也多将研究焦点置于审判周边的政治外交问题,如国家间以及检察局、辩护人、法官、被告等相关人员之间在幕后展开的政治交易等。[2]这样的研究视角对于解明东京审判中的不起诉问题(以东京审判未追究天皇责任、七三一部队人体实验、核轰炸、亚洲战争受害人等问题为代表)经纬非常有效。但这样的视角难免将司法事件与国际政治、国际外交混为一谈,较少涉及法庭审理的法源法理、罪名设置、犯罪认定、审理程序、证据、判决意见等研究内容,回避了审判的"法的价值"这一核心问题。

　　将战争罪行审判视为政治事件而非司法事件的"标签化"见解

---

[1]　程兆奇:《东京审判——为了世界和平》,上海交通大学出版社2017年版,第3页。
[2]　例如粟屋憲太郎:『東京裁判への道』,講談社,2006;大沼保昭:『東京裁判から戦後責任の思想へ』,東信堂,1997;日暮吉延:『東京裁判の國際関係:國際政治における権力と規範』,木鐸社,2002;日暮吉延:『東京裁判』,講談社,2008。立教大学的粟屋宪太郎教授一直发掘原同盟国各国家公开的审判一手资料,收集了大量东京审判国际检察局的档案,开启了东京审判研究利用原始文献的阶段。

绪　论

在西方学界也很常见，其思想源流在于深厚的现实主义思想。从修昔底德、马基雅维利到汉斯·摩根索，现实主义论者认为国际政治的铁则是法律必须让位于国家利益，推崇以争夺权力为导向的国家行为准则。1948年3月，美国国务院的乔治·凯南访日，在写给美国国务院政策研究办公室的绝密报告中，他严厉批评东京审判为"政治的审判……而非法律的"审判，认为审判"构想欠稳妥，心理不健全"。[1]这与他日后总结的法律附庸于强权的思想是一致的，他认为国际法的困境在于：总有些国家对地位和边界不满，因此国家不可能隶属于一个国际司法机制；各国的不平衡发展决定了国际体系的冲突；国际法的制裁无法限制国家的不良行为，由此国际法不可能抑制国际领域里的混乱和危险。[2]这种见解捕捉到了国际法中政治性的侧面，但却忽视了内在的规范权威性。

其次，东京审判是一场"漫长的审判"，这一原因很容易被人们忽视。纽伦堡审判始于1945年11月20日，历时约10个月。而东京审判经过数月的筹备期之后，于1946年5月3日开庭，1948年12月29日正式宣布闭庭，历时31个月。审判的过度长期化，使公众逐渐失去热情和耐心，由期待转为不满。以高度关注审判的中国舆论界为例，审判开始时媒体几乎每天都对审判动向进行跟踪报道和评论，到了1946年9月，则变为仅就某些重要事件进行有选择性的报道和评论。以《申报》《大公报》等为代表的各大报纸大量削减对东京审判的报道，直到战犯被处刑，东京审判才短暂重回公众的视野，

---

[1]［美］约翰·W.道尔:《拥抱战败：第二次世界大战后的日本》，胡博译，生活·读书·新知三联书店2008年版，第454页。

[2] George F. Kennan, *American Diplomacy*, University of Chicago Press, 2012, p.95.

此后最终淡出人们的视线。"远东国际军事法庭的审判战犯,实在早已成了啼笑皆非的滑稽剧……比诸纽伦堡国际军事法庭的迅赴事功,则远东国际军事法庭的蜗牛式审判,着实使人大惑不解。"[1]"我国亦因年来国内种种问题,使国人减轻对日之注意力,对于日本战犯之惩罚问题几若无人过问。"[2]这实为审判影响力日益减弱的明证。

《远东国际军事法庭宪章》(Charter of the International Military Tribunal for the Far East,以下简称《东京宪章》)第1条就规定,法庭力求实施"公正与迅速"的审判,说明同盟国十分重视两大审判的诉讼效率。《东京宪章》又在第12条(A)规定,"将审讯工作严格地限制于高效的审理控诉中所提出的各项问题";第12条(B)进一步规定,"采取严厉措施以防止任何足以引起不合理拖延审讯之行为,并排除一切与本案无关之问题及陈述"[3],将诉讼效率确立为审判的基本原则。然而,东京审判从一开始就背离了这一原则,陷入了拖延。

为什么要耗费这么长时间?与纽伦堡审判的某些对比可以说明

---

[1]《社论:战犯应判极刑》,载中国香港《文汇报》1948年11月11日,第2版,转引自殷九洲:《1945—1948年中国纸媒眼中的东京审判》,载上海交通大学战争审判与世界和平研究院编:《第四届"战后对日本战犯审判"青年论坛论文集》,未公开出版,第96页。

[2]《社论:严惩侵华战犯》,载《北平日报》1948年4月22日,第2版,转引自殷九洲:《1945—1948年中国纸媒眼中的东京审判》,载上海交通大学战争审判与世界和平研究院编:《第四届"战后对日本战犯审判"青年论坛论文集》,未公开出版,第96页。

[3]《远东国际军事法庭宪章》,载程兆奇、龚志伟、赵玉蕙编著:《东京审判研究手册》,上海交通大学出版社2013年版,第272页。

绪　论

问题。纽伦堡审判负责审理的法官仅有4人,而东京审判则有11位法官,分别来自美国、英国、苏联、中国、澳大利亚、加拿大、法国、荷兰、新西兰、印度和菲律宾。法庭受理证据总计4335件,419名证人出庭作证,779名证人用供述书和宣誓陈述书作证,审判记录长达48412页。[1]纽伦堡审判中,英语、德语、法语和俄语4种语言同时使用。东京审判的基本工作语言是英语和日语,若有证人或律师使用汉语、俄语、德语、法语等其他语言,还需将它们翻译成英语、日语两种语言。同样,一切向法庭提出的书面文件也须事先译成日文或英文（或同时译成两种文字）。这意味着需要付出高强度的劳动并形成堆积如山的公文,甚至租用专机来完成这项任务。[2]可以想象,东京审判中的沟通交流非常复杂,不仅动用了大量的笔译和口译人员,而且还有语言监督官、协调官。在东京审判中没有条件进行同声传译,证人和辩护团陈述的每一句话都需要停顿,以待翻译完成。检察团的不少人员估计,"当证人被询问时,审判速度就会降到标准进度的五分之一"[3]。

具体审理过程中,控方依赖间接证据,而辩方则提出大量不相关的材料。起诉书的指控覆盖的事件范围极广又极为复杂,控方的庞大野心与略显散漫的审理实施过程导致了审判规模的不断膨胀。那些将东京审判与纽伦堡审判进行简单对比,认为东京审判严重缺乏

---

[1]《远东国际军事法庭判决书》,张效林节译,向隆万、徐小冰等补校译,上海交通大学出版社2015年版,第7页。

[2][法]艾迪安·若代尔:《东京审判:被忘却的纽伦堡》,杨亚平译,程兆奇校注,上海交通大学出版社2013年版,第50—51页。

[3][美]约翰·W.道尔:《拥抱战败:第二次世界大战后的日本》,胡博译,生活·读书·新知三联书店2008年版,第438页。

效率、管理存在严重缺陷导致审判时间过于冗长的批评实乃陷入了"等比例放大"的陷阱。[1]事实证明,东京审判变成一种谁也无法控制的巨大的自律性机制,在这种情况下,无论怎样努力防止长期化都是徒劳的。

事实上,东京审判面临着比纽伦堡审判更大的困难:更多国家的角力、法律制度的差异、东西方文化差异和日本对相当数量重要文件的破坏等。法庭本可以采取一些措施大幅缩短审判的时间,比如立即驳回辩方的管辖权异议、撤销多余的指控、对一些被告区别对待等,这些权力事实上已由宪章明确授予法庭。然而,法庭最终让步于司法审慎,认为这不是迫于公众愤怒而举行的潦草审判,宁可舍弃效率原则的基本要求,也要确保审判的公正。也许,正是这有些"矫枉过正"的冗长和乏味审判让鼓吹"胜利者复仇"论调的枪口哑了火。

最后,东京法庭法官发表的反对意见和个人意见造成了令人始料未及的负面影响。按照东京审判的章程,法官多数一致的裁决即足以作出判决。当1948年末这些庞杂的审判程序终于完结之时,11月4日至11日间,在东京法庭上朗读的判决书体现了法庭多数派法官的意见,故通常被称为"多数判决书"。持少数意见的如法国法官、印度法官等虽未参与讨论,但仍然参与了多数派判决草案的撰

---

[1] 物理学上,可以证明,把一个普通人的身体按比例放大5倍,他将会被自己的体重压垮;而管理学发现,当一群人聚集在一起的时候,人与人之间交流的复杂程度并不是和人数成正比,而是和人数的平方成正比。法庭作为裁判机构也是如此,人数越多,负责协调管理的人员将会不成比例地增加,机构越大越臃肿。因此,用小尺度的规则推测衡量大尺度的情况,就容易陷入想当然地"等比例放大"的误区。

写,故东京审判判决书是通过全体法官共同审议的。这份判决书是东京审判唯一的生效判决,对东京审判具有终局效力。

仍有5位法官提交了个别意见书但未被宣读。澳大利亚法官韦伯的意见(Separate Opinion of the president)虽然表面上与多数判决书同调,但却对审讯与判决的某些方面进行了激烈的批判;菲律宾法官德尔芬·哈那尼拉(Delfin Jaranilla)撰写了附和意见书(Jaranilla Opinion),他同意所有被告人的有罪判决,但认为判决书的多项判决过于宽容,主张更严厉的量刑;法国法官伯纳德提交了反对意见书(Bernard Dissent),他的意见书有着鲜明的"自然法"特色;荷兰法官勒林也撰写了反对意见书(Roling Dissent),这是审判时最年轻、后来在世最久的法官,持续关心着国际刑事审判的发展;最为著名的是印度法官帕尔提交的反对意见书(Judgment of Justice Pal),与长达1200页的多数判决书篇幅相当,其名称Judgment不同于其他法官的"意见"(Opinion,Dissent),主张包括东条英机在内的全体被告人无罪,虽未当庭宣读,但早已经辩方之手流传,在日本国内被右翼用作洗脱日本国家罪责的"日本无罪论"的利器。

1952年4月28日美国结束占领日本,也是禁书令解除的当天,田中正明编辑的《帕尔博士陈述·真理的裁判·日本无罪论》即公开出版,帕尔反对意见书的全文也于当年出版。随后,田中陆续出版有关帕尔反对意见书的著作,帕尔反对意见书逐渐广为人知,并成为日本保守势力和右翼政客的金科玉律。更重要的是,帕尔反对意见书探讨的对象在20余年后被美国学者理查德·H.麦尼尔(Richard H.Minear)以学术著作的形式进一步阐发,并被填入司法程序、法学、历史学这三个框架,这就是被树为学术史标杆的继承了帕尔"志愿"

的著作《胜者的正义：东京战争罪行审判》。[1]他把东京审判归结为"一种道德剧"，认为"理念本身存在着问题"。这些议论属于批判美国政府行动的修正主义谱系，但有着一贯过于强调审判的政治性之嫌。因此具有讽刺意味的是，它抚慰了日本对东京审判持全盘否定意见的"否定论"者。[2]此后，中国解放战争和朝鲜战争，不断刺激着美国担忧东亚"赤化"的神经。美国从此改变对日政策，将日本由敌人改造成东亚冷战的排头兵，停止追究日本的战争责任，导致了延续至今的围绕东京审判正义性的意见分裂。

二、国际审判意味着什么：东京审判的独特贡献

东京审判作为国际战争罪行审判，集中体现了刑事审判中几乎所有重要的命题。更由于史无前例地跨越地域、种族和东西方文化进行多国联合审判，其复杂程度可与人类历史上其他一些重大审判相提并论，在人类以法治遏制战争寻求和平的历史上作出了独特贡献。

（一）更具统合性的法庭机制

1946年1月19日，盟军最高统帅（SCAP）麦克阿瑟公布了《盟军最高统帅部特别公告》（Special Proclamation of the Allied Supreme Command，以下简称《特别公告》）及附件《东京宪章》，宣布成立远

---

[1] Richard H. Minear, *Victors' Justice: The Tokyo War Crimes Trial*, Princeton University Press, 1971.
[2] 龚志伟：《西方东京审判研究源流论》，载《军事历史研究》2015年第6期。

绪　论

东国际军事法庭。如其名称所示,《特别公告》由麦克阿瑟作为盟军驻日最高司令官和远东委员会代表颁布,似乎表明对日战犯的国际审判将由美国主导。这一点十分引人注目,明显区别于《伦敦协定》作为国际条约的性质,而这一点也招致了诸多质疑和批评。事实上,《特别公告》的制定和颁布,并非美国一国独断,而是国际协商一致的结果。1945年10月至1946年1月下旬,美国政府以"国务院—陆军部—海军部协调委员会(The State-War-Navy Coordinating Committee, SWNCC)"制定的《美国关于远东战争罪犯的逮捕和处罚的方针》为基础形成提案,在8个同盟国[1]之间展开协商。

各国同意将筹备审判和设置法庭的诸多权力集于美国政府,确切说是麦克阿瑟,有其背景和原因。首先,参加了伦敦会议的各国都想极力避免产生类似纽伦堡审判那样冗长而拖沓的准备工作,希望可以不再开展无休止的国际谈判。但这并不等同于承认在东京审判开始之后,各国推荐的法官和检察官要沦为从属和附庸。各国在接受提案时就已经言明这一点,例如,苏联和法国就要求以保证本国代表与美国代表享有同等权限为前提同意美国的方案。[2]其次,纽伦堡审判首席检察官罗伯特·杰克逊发挥了重要作用,他深知多个国家之间达成统一协议之难,因此甚至建议杜鲁门总统放弃国际审判改由美国单独进行审判,或者将苏联排除在外进行美、英、法三国审判。但他的建议并未得到杜鲁门的同意,美国政府的方针是"追究导致了

---

[1]　分别为英国、法国、苏联、澳大利亚、新西兰、中国、荷兰、加拿大。

[2]　[日]户谷由麻:《东京审判:第二次世界大战后对法与正义的追求》,赵玉蕙译,上海交通大学出版社2016年版,第32页。

德国攻击波兰、日本攻击珍珠港以及马来这一类型的共同谋议在国际上的责任"。[1]可见，杜鲁门显然认为美国政府的首要目标是确立侵略战争的国际犯罪性，如果将东条英机等人仅置于美国司法制度之下，原本预想的法律和历史意义上的目标就无法达成。因此，杰克逊从另一个角度提出了建议，希望可以提高国际审判的效率。他支持了陆军部不进行新一轮国际法庭设置的多国协商的建议，并进一步提出"希望能设立整合审判筹备和立证工作并按照指示执行的、统一的检察局机构"，他还认为相比于各盟国对等参与的纽伦堡法庭，改为统一和分层级的参与方式更为有利。[2]

《东京宪章》与《纽伦堡宪章》相比，法庭机制更具统合性，定罪量刑的权力更集中。纽伦堡审判中定罪量刑的权力归属美、英、法、苏四国在占领德国后设立的同盟国对德管理委员会所有，遵循四国间平权合作的原则。但东京审判中，法庭判决必须经麦克阿瑟审查，他有权批准或减轻量刑。尽管全部准备工作都交给了麦克阿瑟，但美国政府并不认可麦克阿瑟对国际法庭拥有绝对的自由裁量权。麦克阿瑟有权选择和任命法官，但事实上，他承认了各国政府选派的所有法官人选，无一拒绝。纽伦堡法庭有4位首席检察官，彼此之间地位平等，而《东京宪章》规定首席检察官仅限一人，其余各国检察官则担任陪席检察官，发挥辅助职能。麦克阿瑟有权组成统一的检察局并任命国际检察局局长，但首席检察官约瑟夫·贝瑞·季南（Joseph Berry Keenan）却是由美国总统杜鲁门亲自任命的，并非麦

---

[1] [日]户谷由麻:《东京审判：第二次世界大战后对法与正义的追求》，赵玉蕙译，上海交通大学出版社2016年版，第31页。

[2] 同上书，第29页。

克阿瑟自主选择。基于司法独立考虑,麦克阿瑟对《东京宪章》和法庭适用的法律并没有解释权,他的庭前演说也因庭长韦伯等法官们以辞职相威胁而作罢,甚至开庭后基于《东京宪章》规定的迅速审判原则对法官和检察官加快审理进程的催促也没有产生实际效果。此外,东京法庭最终否定了检方提出的全部"杀人罪"诉因(第37—52项)[1],这也显示出法庭并不像人们通常相信的那样,只是检方的传声筒,举行审判不过是为了报复日本袭击珍珠港。类似地,麦克阿瑟一手操纵了裕仁天皇的起诉豁免的说法也没有得到原始文献的证实。事实上,麦克阿瑟并没有官方或非官方的决定裕仁天皇处遇的权力。[2]可以明确的是,麦克阿瑟的权力受司法制度和程序的限制,被相对严格地控制在一定范围之内,他权力的性质并非干涉司法,而是敦促审判高效运行。麦克阿瑟作为盟军驻日最高司令官是东京审判的一部分,而非凌驾于其上。大众大多臆想麦克阿瑟大权独揽、生杀予夺,却很少注意到盟军总司令其实常常苦于自己对法庭审判的影响微乎其微。

从后来的审判实践可以看出,检方基本按照宪章和程序规则行使了起诉裁量权,符合起诉法定的要求,严格遵循了诉因原则,并实

---

[1] 检方提出的杀人罪的诉因包括第37—38项:1940年日军侵入东南亚至珍珠港事件爆发前,被告人犯下对欧美和东南亚军民谋杀的共谋;第39—43项:珍珠港事件当天日军对包括珍珠港在内的太平洋两岸的同盟国军队发动军事袭击;第44项:九一八事变爆发至日本投降的15年间,被告共谋屠杀各国战俘;第45—50项:诉因针对南京大屠杀等虐杀事件;第51和52项:诉因与苏联相关。

[2] [日]户谷由麻:《东京审判:第二次世界大战后对法与正义的追求》,赵玉蕙译,上海交通大学出版社2016年版,第60—63、70页。

现了控审分离。在审理过程中，每位法官都竭尽所能保持自身独立性，11位法官中有5位法官发表了反对意见书或个别意见书，对法庭判决的主文、裁判理由或量刑表达不同意见，审判并未受到美国操控。东京审判不论在形式上还是实质上都是一场多国籍审判，是名副其实的国际刑事审判。

（二）遵循法治原则和正当程序

同盟国想要一个里程碑式的公正审判，这意味着东京审判必须满足"看得见的正义"的基本要求，遵循正当程序的要求。根据1946—1948年公认的国际标准，这些基本要求应该包括：给予被起诉的外国人以公正和人道的对待；被告人有权在公正且无不合理拖延的法庭进行审判；未施加残忍和不寻常的惩罚；不存在明显的歧视等。具体而言，在战时，军事当局有义务保障外国人接受审判时享有如下正当程序权：正式的起诉、在法庭进行审理、聘请律师、对证人和证据进行检验以及在遭受不公正待遇时申诉和抗辩。其他一些国内刑事诉讼法中规定的权利，如上诉权、质疑判决理由的权利以及要求陪审团审判的权利在当时的国际审判中并不是必需的。[1]

与《纽伦堡宪章》相比，《东京宪章》赋予了被告人更为充分的辩护权。《东京宪章》第9条（C）规定，每一名被告人都有权自行选择辩护律师，但法律保留审查和否决提名的权利；如无人为其辩护，法庭可以根据申请指定；第9条（D）确立了每个被告人自行辩护的权利，包括诘问证人的对质权，但只限于控方选择召集的证人；第9

---

[1] Neil Boister, Robert Cryer, *The Tokyo International Military Tribunal*: *A Reappraisal*, Princeton University Press, p.75.

条(E)还保证了被告人书面申请本法庭传唤证人和调阅文件的权利。除日本辩护团外,东京法庭还为被告人配备了美国律师团。这样一来,每名被告人都有一位日本律师和一位美国律师为其辩护,此外还有数位助理律师。在这个庞大的律师团的努力下,被告人们获得了质疑法庭合法性以及起诉书中所有罪状的机会。[1]

然而,也有不少对审判程序的负面评价,认为在审判中存在偏见,有法官缺席、法官替换、不当翻译、被告缺席审判、不均衡的决策、准备时间不足、缺乏对不确定过程的控制等情况,程序性缺陷十分明显。有学者认为,东京审判反映出的不足,其原因在于过早地想要创建综合国际刑事程序。尽管从形式上来说,东京审判在保证《东京宪章》权利和义务方面是公平的,但它在实施这些规则方面没有达到实质上的公平。[2]关于东京审判是否"公正"的意见分歧,反映出对程序正当性认知的不一致。东京法庭的名称"远东国际军事法庭"中采用"军事法庭"的名称,其初衷是便于法庭许可检方运用在其他审判场合所不允许的程序,尤其是当涉及对可取证据与不可取证据的裁夺之时,能够更为迅捷地完成审判。然而,在东京审判中,本可化繁为简的法庭却努力使审判符合正当程序的要求,"军事法庭"的色彩几乎已经无法察觉了。在审判中,检辩双方向法庭提交证据的两个阶段占去了一半以上的时间,证人出庭作证率达到35%。在庭审中,被告人充分行使了辩护权、沉默权、质证权,对法官提出了回

---

[1] [法]艾迪安·若代尔:《东京审判:被忘却的纽伦堡》,杨亚平译,程兆奇校注,上海交通大学出版社2013年版,第34—35页。

[2] Neil Boister, Robert Cryer, *The Tokyo International Military Tribunal: A Reappraisal*, Princeton University Press, p.75.

避申请、管辖异议。被告人的辩护律师充分发挥了作用,检辩双方甚至围绕大量不相关的材料进行冗长的辩论。

东京审判中存在的一些程序问题,有些属于历时性问题,也有很多实属共时性问题。客观上说,刑事诉讼不是现代社会应对犯罪的唯一方式,也未必是最为有效的方式。一旦选择刑事诉讼,就意味着选择了滞后的方式。审判不是对犯罪及时的应对,但正因为滞后,才可以理性、文明、规范地作出反应。面对战争这种"巨恶"还能选择审判这种方式,确如杰克逊所言,是一种对理性的"致敬"。东京审判的宝贵经验和教训,被后来的国际刑事法院及其《国际刑事法院罗马规约》(以下简称《罗马规约》)所吸收,鉴于东京审判程序上的弱点,《罗马规约》采用正式的程序规则解决了在东京审判中经历的许多程序性问题。东京审判对被告人权利的保障,也特别得到了《公民权利和政治权利国际公约》第14条的充分印证。

(三)对反和平罪的阐释和认定

《东京宪章》第5条(A)对反和平罪的定义如下:

> 反和平罪。指策划、准备、发动或执行一场经宣战或不经宣战之侵略战争,或违反国际法、条约、协定或保证之战争,或参与为实现上述任何行为之共同计划或共同谋议。

纽伦堡审判在反和平罪上为东京审判提供了模板,东京法庭总体上沿袭了纽伦堡法庭的做法。但和未区分主要罪名及诉因的纽伦堡法庭不同的是,东京法庭以反和平罪的控告和审理为中心,这与东京审判的主题是清算日本在1945年之前的侵略罪行有关。只有控告中

绪　　论

包含反和平罪的个人才能被起诉,作为被告人的 28 名日本前政治和军事要员的主要罪责都与侵略战争相关。检方提出的 55 项诉因中,前 36 项诉因都集中于反和平罪。为明确每个被告人的责任,控方必须证明被告人可能部分或全部参与了这些行为。检方提出的 36 项关于反和平罪的诉因在起诉书中被归为第Ⅰ类,这些诉因根据行为类型又分为两类:一类是实质性罪名,包括计划、准备、发动及实行战争;一类是共谋,即后来经法庭确认为共谋实行侵略或违反条约的战争。

东京法庭首席检察官季南提供了三种关于"侵略"的定义。其一,侵略是"一次无端的攻击或敌意行为,一种导致战争或有争议的伤害的行动,一种袭击或入侵的实践"。其二,侵略是"一个国家在解决争端时拒绝仲裁或拒绝接受仲裁裁决或任何其他和平方法,并威胁使用武力或诉诸战争的行为"。其三,根据肖特韦尔(James Thomson Shotwell)对《日内瓦公约》和《洛迦诺公约》的总结,侵略是"侵略者的一种状态,违反其早已同意以和平方式解决事件的承诺,用战争解决问题"。[1] 辩方则宣称这些定义不能反映国际法,也并不可行。他们提出,应根据所指控共谋这一项的本质来补充关于侵略的"完整定义",侵略的本质在于其统治外国的目的,没有统治目的的战争不是侵略性战争,希望通过这种论点迫使法庭确定日本的侵略目的。

东京审判的最后,控方不再纠缠于关于侵略的定义,法庭对此表示赞同,认为即便缺少关于侵略的清晰定义也不会影响侵略就是犯罪的这一结论。法庭指出,不论给出"侵略战争"的全面定义有

---

[1] Neil Boister, Robert Cryer, *The Tokyo International Military Tribunal: A Reappraisal*, Princeton University Press, p.122.

多难,日本由获得领土欲望驱使的无端的、贪婪的攻击只能定性为侵略战争。总的来说,法庭的判断表明,侵略战争的目标是对另一个国家的统治或对另一个国家领土的获得。虽然侵略概念具有不确定性,但东京法庭通过对几起典型武装冲突的定性表明了他们的立场。

东京法庭对反和平罪的定义、辩论、解释、法律适用以及判决,组成了将侵略战争犯罪化的基础。当今的国际司法已经呈现出更为成熟的面貌。2017年,国际刑事法院(ICC)一致通过了以反和平罪为前身的侵略罪的定义,国际刑事法院绵延20年的空有管辖、实无定义的状态才得到改变。但ICC对国际罪行的管辖仍然存在不少困难和挑战,这与国际司法主要靠国家合意加入和实施、相对多样化和分散化,以及义务性裁判的局限性有着直接关系。某种意义上,今天ICC面临的困境比起纽伦堡审判和东京审判,可谓"似曾相识燕归来"。[1]

纽伦堡审判和东京审判完成了第一次世界大战之后的莱比锡审判没有完成的使命。两大审判旨在创设战争罪行审判标准,使侵略战争的犯罪性得以确立,国际刑法从此宣告诞生并成为国际法律制度的重要组成部分,极大地推动了国际人道法和国际人权法的发展。

三、东京审判研究的视野与路径

在东京审判研究领域,日本学界、西方学界和中国学界形成了研究的三极。观察这些最重要研究主体的研究状况,可以对东京审判

---

[1] 徐持:《"总的正义原则"之辩:论战后审判的基础和机能》,载《北外法学》2019年第1期。

绪 论

学术研究的特点和进展进行分析,从横向的取径维度归纳其学术脉络,从纵向的时间维度勾勒其发展历程。

(一)日本学界的东京审判研究

日本对东京审判的研究,无论其研究范围和深度,抑或其文献开发程度均属最高,大致可以分为四个阶段。

1. 第一阶段

第一阶段为1946年东京审判开庭到1950年前后。开庭前后,日本知识界对东京审判的初始反应大部分都是正面评价。东京审判自1946年5月开庭以来,得到了日本媒体的完全支持,因为很多日本民众把东京审判看作是日本战败导致的必然结果而默认,较之于开战责任,国民更在意的是日本领导人的战败责任。媒体报道的基调在当时也得到了许多学者尤其是法学家的支持。审判的当年(1946年11月),早稻田大学法学部成立了"远东国际军事审判研究会",并出版了共三卷的研究论文集《远东国际军事审判研究》(平和书房,1948),这是东京审判第一时间的研究成果,作者均为早稻田大学法学教授,时任早大校长的大滨信泉在发刊词中说,"认识这一审判不仅是专家的事,每一人都应从国际正义的立场见证审判的进行,正视起诉提出的每一个犯罪证据,倾听每一句检察官的主张和辩护人的辩论,充分反省、改变认识,下新的决心,唯其如此,日本国民才能作为新的国际人重生,才会被新构想的国际社会接受"[1]。日本管理法令研究会编的《日本管理法令研究》(1946—1953)以及入江

---

[1] 程兆奇、龚志伟、赵玉蕙编著:《东京审判研究手册》,上海交通大学出版社2013年版,第3页。

启四郎的《日本媾和条约的研究》(1951)等研究都是以国际法、英美法等领域的学者为中心，偏重关于法庭宪章、起诉书、诉讼手续等的时事性解说。

国际法学者横田喜三郎发表了多篇彻底的"肯定论"论考，如《战争犯罪论》(1947，1949增订版)基于重视"法的精神"，高度评价东京审判；《东京审判和自卫权》(1949)和《东京审判的解剖》(1949)则断定纽伦堡审判和东京审判的两份判决"在国际法上具有决定性的先例价值"，几乎没有显示出任何批评的观点。因为他"坚信"审判的正当性。横田把九一八事变以来日本的对外行动判断为"侵略性"的，所以将战败看作清算过去的好机会而加以欢迎。并且，他从"充分理解和支持"盟国的处罚方针的观点处罚，怀有"必须完全肯定各种法律的问题点，说明其理由"的使命感，为导出"肯定"这一既定的"结论"而对法进行解释，在这个意义上，他的言论实际上发挥着自觉使占领军的行动正当化的政治功能。团藤重光在他的《战争犯罪的理论解剖》(1946)中，从刑法学的视角论及罪刑法定主义，主张法律上的问题点要从属于"国际正义和国际和平的确立这个大目的"；认为施行国际审判本身就是"人类积极努力的表现"，而罪刑法定主义的不适用，"在现在的国际法发展阶段"是不得已。团藤的论点和横田的研究在很大程度上代表了当时言论的思辨氛围。政治学家丸山真男的著名论文《军国支配者的精神形态》(1949)则从东京审判的被告们的辩解中，读出"对既成事实的屈服"和"对权限的逃避"，它批判战前日本领导人缺失主体责任意识。在东京审判中担任铃木贞一的助理律师的戒能通孝也在《被告的性格分析》(1948)中对被告提出严厉批判的观点，他在《远东审判之后》(1953)中，一面承认东京审判是事后法审判，一面则将其解释为"达成民主主义革命的手段",是"太平洋战争的逻辑归结"。并且,戒能还把美国冷战战略和被告重光葵的复归政界看作对日本政治的"反动",从而感叹东京审判已被"讽刺画化"。丸山和戒能的这些言论在批判战前日本领导人这一点上,是与肯定论完全重合的。当时多数日本知识分子是积极评价东京审判的判决和理念的,这一点在戒能、丸山、鹈饲信成、高野雄一、辻清明的《座谈会——东京审判的事实和法理》(1949)中也能充分看到。

高柳贤三对"肯定论"痛加反击,在收录自己最终辩护词的《东京审判与国际法》(1949)一书中,以实证解释宪章的法的观点,批判基于尚未确立的国际法的战犯处罚,指出混同立法权和审判权的危险性。他在《东京审判的波纹》(1949)中对检方的非战公约解释提出质疑,认为国际法不能处罚战争。而在《远东判决的法律论》(1949)中,高柳对照法官的个别意见和辩护方的理论,批判了多数判决书,对判决书关于军阀的"共谋"这一历史性的见地则非难说:"对历史家来讲,也许会对这种一元的历史解释感到惊异,所谓意志支配历史的描写,恐怕也是劳而无功的企图。"

此外,入江启四郎的《远东委员会的战争犯罪处理方针》(1947)和《东京判决要旨小释》(1949),可谓冷静分析了审判的具有平衡感的论文,所论至今仍有参考价值。内山正熊的《第二次世界大战的战争责任论》(1951)则从外交史的角度论及政治责任,即通过探究引发战争的责任归属,一方面批判纽伦堡和东京审判都难说是公正的审判,另一方面也指出批评其不公正并非意味着审判本身的无意义,强调应该避免感情论而探究战争发生的根本原因。入江和内山的议论,是这个阶段并未单纯地陷入"肯定论"或"否定论"的鲜见的事例。

这一时期东京审判研究的成就大多由法学家贡献,代表性的观点包括:第一,反和平罪及其讨论在审判战争的犯罪性上具有法制史上划时代的意义,通过采用这一司法原理,东京审判能为其后国际和平秩序的形成作出巨大贡献;第二,关于战争犯罪的个人刑事责任的追究是践行"市民刑法"的重要表现,其贡献在于开启了保护个人权利免受因滥用国家权力带来侵害的潮流之先;第三,远东国际军事法庭广泛认可在战前和战争时期被忽略的犯罪嫌疑人的辩护权,这对战后国民法律意识的提高有很大帮助;第四,远东国际军事法庭采用当事人主义的英美诉讼程序及英美法庭的先进技术,为日本在战后进行的司法改革从原来以欧洲大陆法为榜样的法庭职权主义向英美法当事人主义的转换,提供了优良的学习范本;第五,东京审判对日本对中国及其他国家实施侵略战争的事实进行了认定,有巨大的价值。总之,这一时期的日本学者,尤其法学家从专业视角对东京审判所适用的司法理论、司法程序、法庭技术、事实认定等各方面的问题进行了深入的观察和积极的评价。[1]不同议论的类型,可以大致概括为重读法的瑕疵与即便有再多瑕疵也是不得已这两种意见之间的对立;而在其背后,则存在着关于处罚的是非、国际法的发展、国际和平三方面的不同立场。在这一阶段,"肯定论"始终占据主导的地位。

2. 第二阶段

第二阶段从20世纪50年代到1982年左右,出现实证性的研究,"否定论"开始膨胀。这一时期由于朝鲜战争爆发,《旧金山和约》签订,美国的对日占领政策也逐渐偏离起初的非军事化与民主化的理念,忙于创建自身的国家安全保障体系,将美国在越南的军事行

---

[1] [日]户谷由麻:《东京审判的历史意义》,载东京审判研究中心编:《东京审判再讨论》,上海交通大学出版社2015年版,第49页。

绪　　论

动类比于原轴心国行为的议论频频出现,政治意识形态对审判的意义和定性发生了影响,而且随着20世纪60年代的经济增长和国力强大,日本人恢复了自信,故日本学界对于东京审判的主体性认识开始缺失并趋于恶化。

这一时期涌现了大量否定东京审判的著作,植松庆太的《远东国际军事审判——这是文明的审判么?》(人物往来社,1962)就是对东京审判全面否定的较早期的著作之一。东京审判日本辩护团副团长清濑一郎的《秘录东京审判》(读卖新闻社,1967),可以说是辩护方观点的最直接、也是最有代表性的体现。而战时在日本"大亚细亚协会"随从松井石根,战后为日本战时表现翻案不遗余力,否定南京大屠杀的代表性人物田中正明的《东京审判是什么》(日本工业新闻社,1983),是否定东京审判的右翼观点的典型。[1]儿岛襄的《东京审判》(1971)以轻妙的笔触描述审判全过程,强调审判不正当的侧面。

这一时期另一个标志性话题是印度法官拉达宾诺德·帕尔反对多数法官的东京判决书。帕尔反对意见书并没有在法庭上宣读,1952年占领刚刚结束就由帕尔法官和田中正明在日本以日文出版,标题《帕尔博士陈述·真理的裁判·日本无罪论》令人侧目。随后,田中陆续出版有关帕尔反对意见书的著作,帕尔反对意见书逐渐广为人知,并成为日本保守势力和右翼政客的金科玉律。更重要的是,帕尔反对

---

[1] 参见程兆奇、龚志伟、赵玉蕙编著:《东京审判研究手册》,上海交通大学出版社2013年版,第9—12页;[美]约翰·W.道尔:《拥抱战败:第二次世界大战后的日本》,胡博译,生活·读书·新知三联书店2015年版,第434页;[日]粟屋宪太郎:《东京审判研究的由来和展望》,载东京审判研究中心编:《东京审判再讨论》,上海交通大学出版社2015年版,第4页等。

意见书,其探讨的对象在20余年后被美国学者理查德·H.麦尼尔以学术著作的形式进一步阐发,并被填入司法程序、法学、历史学这三个框架,这就是被树为学术史标杆的继承了帕尔"志愿"的著作《胜者的正义:东京战争罪行审判》(普林斯顿大学出版社,1971)。麦尼尔通过明快梳理法律、诉讼手续、判决的历史认识等问题,把东京审判归结为"一种道德剧",认为"理念本身存在着问题"。这些议论属于批判美国政府行动的修正主义的谱系,但有着一贯过于强调审判的政治性之嫌。因此具有讽刺意味的是,它抚慰了日本的"否定论"者。不过,麦尼尔的研究在得出结论前,把东京审判首次作为学术性的历史研究的对象加以分析,这一点具有划时代的意义,应予以适当的评价。"此后,无论学者认同或不认同帕尔-麦尼尔的立场和观点,他们二人奠立的这种研究范式被广为继承。"[1]

在"肯定论"方面,20世纪60年代后半期开始,家永三郎发表了一系列的论著。家永的研究从把东京审判"否定论"看作是"大东亚战争肯定论"的一个环节的政治危机意识出发,呼吁应直接面对日本的战争责任。1967年家永三郎发表文章《十五年战争与帕尔意见书》,指出帕尔认定九一八事变是日本自卫战的论调有误,并揭露帕尔对于历史事实的误认和歪曲之处,非常有说服力。[2]除了评价所谓

---

[1] 龚志伟:《西方东京审判研究源流论》,载《军事历史研究》2015年第6期。

[2] 参见[日]粟屋宪太郎:《东京审判研究的由来和展望》,载东京审判研究中心编:《东京审判再讨论》,上海交通大学出版社2015年版,第5页;[日]田中利幸、[澳]蒂姆·麦科马克、[英]格里·辛普森编:《超越胜者之正义:东京战罪审判再检讨》,梅小侃译,上海交通大学出版社2013年版,第50—51页。

"帕尔判决书"的法理论,在事实认定方面认为帕尔对中国的共产主义存在恶意,从而反复抨击帕尔的"反共意识形态"。威廉·考斯特洛(William Costello)的《战争果真被驱赶走了吗》(1949)也显示了类似的理解,即认为"帕尔判决"把为了亚洲的斗争图解成民主主义与共产主义的对立。

围绕帕尔意见书的意见尖锐对立,由于直接反映了对审判本身评价的结果,一方面使我们认识到"肯定论"和"否定论"对立的根深蒂固,另一方面,1972年中日邦交恢复后,日本也能从正面议论自己在过去对亚洲各国的残忍行为。当然,这种对残忍行为的批判也刺激了"否定论"者。其结果,围绕东京审判和战争责任的意见对立的鸿沟进一步加深。这一阶段的法学研究显示了很高的实证性。发表了奥原敏雄的《东京审判中的共同谋议理论》(1966—1970)等很多研究成果。一又正雄的《战犯审判研究余论》(一)(1967)通过探讨1929年《日内瓦公约》的准用,批判了政策决定过程轻视国际法的问题。大沼保昭的《战争责任论序说》(1975)实证性地弄清了"反和平罪"的形成过程,这是由国际法学者所作的关于纽伦堡审判的法形成过程的研究,给后来的东京审判研究不少的启发。

3. 第三阶段

第三阶段为1983年至21世纪初。本阶段以东京审判研究史上被公认最具里程碑意义的重要会议,1983年日本东京巢鸭监狱旧址上建造的太阳城召开的"东京审判国际研讨会"为起点,本次会议对真正意义上的东京审判研究起到了原动力的作用,汇集了最为重要的东京审判研究的标志性人物。与会者包括东京审判的荷兰法官勒林、《胜者的正义:东京战争罪行审判》的作者理查德·H.麦尼尔、英美版庭审记录初次出版的编者约翰·R.普理查德,还有细谷千博、安藤任介、儿岛襄、家永三郎、粟屋宪太郎、大沼保昭等日本学者,以及岛田繁太郎的辩护律师泷川政次郎、重光葵的辩护律师乔治·A.弗内斯、小矶国昭的辩护律师阿尔弗雷德·W.布鲁克斯等东京审判的亲历者。也正是这次会议,促使当时未满四十岁的粟屋宪太郎前往美国挖掘东京审判的一手资料,收集了大量东京审判国际检察局的档案,开启了东京审判研究利用原始文献的新阶段。[1]粟屋团队的新型审判研究,将焦点置于审判周边的政治外交问题,国家间以及检察局、辩护人、法官、被告人等相关人员之间在幕后展开的政治交易,这样的研究视角对于解明东京审判中的不起诉问题(以天皇不起诉为代表)的经纬非常有效。缺点是较少涉及对法庭审理的犯罪认定、证据、多数判决书及其与个人意见书的比较等研究内容。

此外,原合众通信特派员阿诺德·布莱克曼(Arnold C.Brackman)的《东京审判:另一个纽伦堡》(1987),就其立场而言,还是单纯的"肯定论",但他基于美澳的公文书和有关人员的证言,实证性论述审判的整体图像这一点值得评价,其研究成果至今在美国内外都是东京审判的基本文献。约翰·道尔(John Dower)在考察日本占领全貌的研究《拥抱战败:第二次世界大战后的日本》(1999)中,主要依据二手资料分析了对包含BC级在内的日本战犯审判的要点,认为东京审判的基本性质是"行使报复",并在强调审判所欠缺的问题之上,也指出"文明的审判"和"胜者的审判"的矛盾,事实上成了战后日本"新民族主义"的温床。

原东京大学法学部教授大沼保昭于1993年出版《从东京审判到

---

[1] 东京审判研究中心编:《东京审判再讨论》,上海交通大学出版社2015年版,第1页。

绪　论

战后责任思想》(东信堂,1993),从东京审判、战争责任和战后责任的思想以及思想的实现三个方面,论述了东京审判的种种两面性,以及"文明的审判"和"胜者的审判"两方的局限。[1]藤田久一的《什么是战争犯罪》(岩波书店,1995)[2]从战争犯罪的含义、谁来审判战争犯罪、战俘待遇等角度,对反和平罪、反人道罪的争议性问题进行了讨论,从国际法学者立场对战争犯罪与战争法发展研究作出了贡献。具有平衡意义的研究包括五百旗头真的《受审者,不被审者》(1991),它指出东京审判的目的可以从处罚日本领导人和使占领正当化这两点中寻找,并就审判制度上的最高领导人"共谋"论背离了日本政治的真实状态这一点进行论述。北冈伸一的研究,以冷静的观察力洞察审判的性质,认为比起匆匆就"何谓东京审判"这个巨大的、至今尚存种种歧义的问题寻找答案,更应通过对审判本身的研究加深对历史和国际政治的复杂性的理解,这样,我们就可在弄清不甚明了的事实关系的基础上,重新确认如何判断更为合理这个根本做法的重要性。

同时,20世纪90年代爆发的前南斯拉夫的种族屠杀事件和卢旺达的大屠杀事件,促成联合国成立前南斯拉夫和卢旺达国际刑事法庭,这标志着国际刑法和国际人道法新时代的到来。由此,在日本国内一直被批判为"胜者审判"、在国际上隐藏在纽伦堡审判光环下的东京审判骤然受到关注,因为,东京审判和纽伦堡审判一道,为反人道罪以及个人刑事责任,尤其是指挥官责任树立了先例,从外部反过

---

[1] 程兆奇、龚志伟、赵玉蕙编著:《东京审判研究手册》,上海交通大学出版社2013年版,第28页。

[2] 参见东京审判研究中心编:《东京审判再讨论》,上海交通大学出版社2015年版,第6页。

来推动了东京审判的研究。

4. 第四阶段

东京审判研究的第四阶段为2000年至今。进入21世纪，东京审判重新出现在公共话语的背景是靖国神社事件。靖国神社问题中的历史认识问题，就是A级战犯的合祀问题，日本首相参拜合祀着A级战犯的靖国神社意味着肯定过去的侵略战争，这严重伤害了包括中日两国人民在内的深受日本军国主义之害的亚洲各国人民的感情。而受靖国神社事件的刺激，东京审判终于在2006年东京审判60周年时成为讨论的中心。这时期出版了很多颇有分量的著作，例如日暮吉延的《东京审判的国际关系：国际政治中的权力与规范》（木铎社，2002）和《东京审判》（讲谈社，2008），试图通过国际政治背景下的规范与权力两者的关系来分析东京审判的政策；粟屋宪太郎的《通往东京审判之路》（上下卷，讲谈社，2006），主要论述开庭前的国际检察局的起诉准备工作；多谷千香子的《战争犯罪与司法》（岩波书店，2006），作者结合自身在前南斯拉夫国际法庭担任法官的经历，对战争犯罪以及国际刑事法庭的法律适用问题进行分析，推进了战争犯罪与司法的研究；林博史的《战犯审判研究：从战犯审判政策的形成到东京审判、BC级审判》（勉诚出版社，2009）和《BC级审判》（岩波书店，2005），提出了要将BC级审判与东京审判结合起来研究，还依据一手资料对联合国战争罪行委员会（UNWCC）[1]的活动进行了开创性研究。另外，此期间还出现了一些专门针对东京审判检察官、法官与辩护团的研究，代表性著作包括中岛岳志的《帕尔

---

[1] 1942年同盟国在圣詹姆斯共同签订协议，建立联合国战争罪行委员会（UNWCC），这也是建立纽伦堡国际军事法庭的第一步。

法官》(白水社,2007)和中里成章的《帕尔法官:印度民族主义》(岩波书店,2011),对帕尔法官进行截然相反的描述,总体上讲,印度史专家对中岛著作是批判性的,而中里成章在著作中"帕尔实际上在印度政治中属于右派,与日本的右翼政治和亚洲主义有其共同的侧面和共振的因素"[1]的观点,是非常有说服力的。

日本学界对东京审判的研究经历了从消极接受、冷漠否认到重新检讨的过程,不可否认,至今仍有大量研究还没有超越意识形态和政治立场的冲突,一定程度上影响了日本社会的东京审判史观和对历史事实的认知。值得肯定的是,越来越多的日本学者将其研究建立在一手资料之上,尝试在以事实为基础的审判认知和正确的审判史观的前提下展开讨论。能否直面并清算自己的战争责任,始终是日本东京审判研究的核心问题。而且,这种历史观又与近代观念、文明观念,以及亚洲认识直接相关。

(二)西方学界的东京审判研究

和纽伦堡审判研究的广泛和深入相比,东京审判自结束后,只有少数学者发表了有限的论著,"东京法庭这一很重要的国际法庭很少被研究"[2],是"二十世纪历史上一个真正的黑洞"[3],这种状况自20

---

[1] [日]中里成章:《印度的帕尔法官——围绕其政治·思想地位》,载东京审判研究中心编:《东京审判再讨论》,上海交通大学出版社2015年版,第144页。

[2] Neil Boister, Robert Cryer, *The Tokyo International Military Tribunal: A Reappraisal*, Oxford University Press, 2008.

[3] [法]艾迪安·若代尔:《东京审判:被忘却的纽伦堡》,杨亚平译,程兆奇校注,上海交通大学出版社2013年版,第7页。

世纪90年代起开始得到改观。总体上看,西方学界的东京审判研究可以划分为三个阶段,取得了三次突破,形成了区别于日本学界的研究特色和研究成果。

1. 第一阶段及成果

西方东京审判研究起步于20世纪40年代末,20世纪40年代末至50年代前期的研究,奠立了远东国际军事法庭历史叙述的基本框架。曾担任过东京法庭首席检察官季南助理的霍维茨(Solis Horwitz)和萨顿(David Sutton)是最早从事该领域研究的学者。他们不仅是法庭亲历者,而且都曾负责搜集日本侵略罪证,整理撰写相关材料,并在庭审过程中担任登台指控日本侵略罪行的检察官。其中,霍维茨的《东京审判》(1950)一文,基于他在国际检察局和法庭内的见闻,提供了许多东京审判内幕。更重要的是,霍维茨的文章通过"起源和权力""法庭宪章和审判机制""被告和起诉书""审判、判决书和宣判"等章节,清晰地叙述了东京法庭史,继后的研究尚没有突破该文的框架设计。[1]

2. 第二阶段及成果

1953年印度法官帕尔的反对意见书出版,并在18年后得到《胜

---

[1] 参见龚志伟:《西方东京审判研究源流论》,载《军事历史研究》2015年第6期。几十年后,皮克加洛(Philip R.Piccigallo)的《站在被告席上的日本人:盟国在东方的战争罪行清算,1945—1951》一书,和曾见证与报道东京审判的合众社美国记者布瑞克曼(Arnold C.Brackman)的遗著《另一个纽伦堡:东京审判未曾诉说的故事》相继问世,相比霍维茨的《东京审判》,它们呈现了更多的历史侧面,如增加章节介绍法官、检察官等。不过总体而言,它们除了提供更多史实之外,只是拓宽了霍维茨所开辟的研究道路。

者的正义:东京战争罪行审判》一书的呼应,后者的问世为西方学界在远东国际军事法庭史之外,另辟出东京审判法学研究和历史学研究这两条新路。

帕尔千余页的意见书所讨论的内容包括司法程序、法理和历史三大领域,所涉问题包括战胜国主持审判的正义性、反和平罪和反人道罪的事后法质疑(重点为前者)、侵略战争的国际法定义、因国家行为而追责个人的正当性、共谋罪的适用、杀人罪、1928—1945年日本对外侵略史上的诸史实和事件以及与被告所承担的刑事责任间的关联。[1]帕尔反对意见书多被学者视为法庭文献,故它对学术发展所起的作用反遭忽视。深受帕尔影响的《胜者的正义:东京战争罪行审判》的作者麦尼尔强调该书具有浓烈的政治意味,并直言不讳其撰写缘起就是作者对美国越战政策的强烈批判,是在借东京审判之历史批判美国越战之现实。在该书第三章"国际法问题"、第四章"司法程序问题"、第五章"历史问题"中,麦尼尔反思了法理和程序的合法性,并对法庭所裁决的亚洲—太平洋战争史的某些事实是否符合历史提出了自己的看法。他在该书第三章里提出的问题大多能在帕尔意见书中找到对应。换言之,"1948年帕尔向法庭提出的这份法官异议意见书,其探讨的对象在20余年后被一名美国学者以学术著作的形式进一步阐发"[2]。

3. 第三阶段及成果

2008年以来,西方学界东京审判的法学研究取得重大进展,同

---

[1] 参见[日]中里成章:《帕尔法官:印度民族主义与东京审判》,陈卫平译,法律出版社2013年版。

[2] 龚志伟:《西方东京审判研究源流论》,载《军事历史研究》2015年第6期。

时在其他领域,伴随着收集档案资料工作取得的进展及与日本学界交流的展开,东京审判研究走向深入。

2008年,西方出版了三部著作,分别是日本学者二村円香的《战争罪行特别法庭与转型正义:东京审判与纽伦堡遗产》、日本学者户谷由麻的《东京战争罪行审判:战后对法与正义的追求》、新西兰法学家博伊斯特(Neil Bolster)和英国法学家卡莱尔(Robert Cryer)合著的《东京国际军事特别法庭再评价》。由于二村和户谷都是在英美求学的日本学者,这两部书的原型是她们在伦敦大学国王学院和加州大学伯克利分校取得博士学位的论文,所以将它们归入西方学界的成果。

二村円香为西方学界东京审判研究开辟了社会学的新路,考察了战后日本民众和日本社会对东京审判的认识及东京审判给战后日本带来的影响。[1]因为东京审判的主要参与者是盟国的法官和检察官,以及身为侵略者的日本军政高层的被告们,加上辩护律师和其他工作人员,东京审判并不直接与日本社会的广大民众发生关系,所以社会学不以东京审判本身为研究对象,而以战后日本民众和日本社会对东京审判的认识为研究课题,这就意味着社会学很难如历史学、法学一样成为东京审判的主要研究取径。

三部著作为西方学界引入日本的研究成果和视角。户谷、二村著作援引了大量日文学术成果,不通日文的博伊斯特和卡莱尔,也通过求助于日本学者村井伸行,概述了大量日文研究著作以供参考[2]。

---

[1] 程兆奇、龚志伟、赵玉蕙编著:《东京审判研究手册》,上海交通大学出版社2013年版,第82页。

[2] 龚志伟:《西方东京审判研究源流论》,载《军事历史研究》2015年第6期。

绪　论

随着4位学者的著作在英文世界出版,大量日文学术成果进入西方学界。

此外,这些研究还开拓了东京审判研究的材料来源。户谷和博伊斯特、卡莱尔的著作综合了远东国际军事法庭史、东京审判历史学研究和法学研究这三条路径,他们在东京审判判决书乃至庭审记录之外,将研究建立在新西兰坎特伯雷大学藏新西兰法官诺斯克罗夫特档案、澳大利亚战争纪念馆藏庭长韦伯档案、美国国家档案馆所藏大批东京审判档案的基础上,如墨尔本大学法学院教授辛普森(Gerry Simpson)评价的那样,"对于新披露的或者被尘封的档案宝藏,它们在某种程度上提供了真知灼见。如果说超越胜者正义多少还是一种对原先所秉持的立场和价值观的超越,上述三点则是在帕尔和麦尼尔开辟出历史学和法学研究取径之后,这几年来学术研究所发生的实质性进步。"[1]

(三) 中国学界的东京审判研究

东京审判尚未结束之时,国内就开始了对东京审判的研究,中国作为日本侵略战争最大的受害国和东京审判的主要参加国,本应对东京审判有着深刻独到的研究,但因战乱与政治等因素,中国学者对东京审判的研究可谓并不深入。东京审判作为一个划时代的刑事审判法律事件,同时也是现代世界承前启后的重大历史事件,对其进行法律研究离不开对史料的收集和利用,某种意义上,对一手资料的开

---

[1] [英]格里·辛普森:《书写东京审判》,载[日]田中利幸、[澳]蒂姆·麦科马克、[英]格里·辛普森编:《超越胜者之正义:东京战罪审判再检讨》,梅小侃译,上海交通大学出版社2013年版,第36页。

发和利用程度决定了东京审判研究的深度和成就,这也是日本和西方学界研究的共同经验与规律。因此,本书以对东京审判一手资料文献的利用程度为标准,将到目前为止中国的东京审判研究大致分为两个阶段:

1. 审判结束至 2011 年间的研究

早在 1948 年东京审判结束的同时,倪家襄的《东京审判内幕》(亚洲世纪社,1948)即告出版,这部绝版已久的著作写于第一时间,也利用了一手材料,介绍了国际检察局成立、被告辩护团组成、起诉、审判以及 7 名首要战犯被执行绞刑等情况,属于早期研究东京审判的重要文献。1953 年,张效林先生翻译了《远东国际军事法庭判决书》(五十年代出版社,1953),是国内最早出版的东京审判判决书中文译本。1986 年余先予、何勤华撰写了《东京审判始末》(浙江人民出版社,1986),"是建国以来中文世界唯一一部全面叙述东京审判史实的著作,也是国人了解东京审判的主要依据"[1]。胡菊容的《中外军事法庭审判日本战犯——关于南京大屠杀》(南开大学出版社,1988),重点对南京事件等的日本战争罪行进行了分析。

这一阶段最具价值的成果莫过于直接参与东京审判的法官、检察官、法律顾问等亲历者的一手记述、法学文集等文献史料和研究成果的问世。1988 年,东京审判的中国法官梅汝璈先生的《远东国际军事法庭》出版,虽非全璧之作,但作者以亲历者的身份,从国际法的角度对东京审判进行了介绍和研究,概述了第二次世界大战

---

[1] 程兆奇、龚志伟、赵玉蕙编著:《东京审判研究手册》,上海交通大学出版社 2013 年版,序,第 3 页。

绪　　论

以后关于战争罪行原则的确立和发展,同时披露了许多东京审判法庭的细节内容,原书计划分为七章,但惜乎未及完成最后三章作者便去世。其后《东京大审判——远东国际军事法庭中国法官梅汝璈日记》(江西教育出版社,2005)和《梅汝璈法学文集》(中国政法大学出版社,2007)相继出版。1999年,中国检察官的首席法律顾问倪征𣹉的回忆录《从容淡泊莅海牙》(法律出版社,1999)出版,记述了作者与另一名顾问鄂森赴任东京之前,往北平等地搜集有关日军罪行罪证的过程,以及中国检察团成员在东京审判期间所做的大量检察取证准备工作。[1]之后,《倪征𣹉法学文集》[2]也被整理出版,收有远东国际军事法庭审判纪略、为土肥原定罪的检察官发言稿、东京审判中的土肥原和板垣、东京审判亲历回忆等内容。中国检察官向哲濬的法庭申述和辩论的中英文原文也由其子向隆万整理出版,收录于《东京审判·中国检察官向哲浚》[3](上海交通大学出版社,2010)。此外,还出版了关于东京审判证人溥仪出庭作证情况的著作《法庭上的皇帝:溥仪在远东国际军事审判中作证始末》[4]等。

这一时期,中国学者还发表了一系列有关东京审判的学术论文。其中,标志性的成果包括国内第一篇有关东京审判的博士学位论

---

[1] 韩华:《东京审判研究综述》,载《抗日战争研究》2012年第2期。

[2] 倪征𣹉著,施觉怀、倪乃先、高积顺编:《倪征𣹉法学文集》,法律出版社2006年版。

[3] 此处向哲濬先生的称谓遵从原书名。

[4] 王庆祥:《法庭上的皇帝:溥仪在远东国际军事审判中作证始末》,吉林文史出版社1985年版。

文——宋志勇的《东京审判研究》(南开大学,2002)和第一篇硕士学位论文——王震宇的《东京审判法官意见研究》(南昌大学,2009)。宋志勇是作为中国代表参加过1983年日本东京审判国际研讨会的历史学家俞辛焞先生的学生,撰写了大量有关东京审判的文章[1],至今仍是东京审判研究的重要代表人物。20世纪90年代后,中国学者相继出版了为数不少的东京审判研究的专著[2]、译著[3]、资料汇编与论文[4],围绕历史档案、国际政治和法学领域展开,对南京大屠杀

---

[1] 包括《裕仁天皇的战争责任与东京审判》,载《日本学论坛》1989年第4期;《战后初期中国的对日政策与战犯审判》,载《南开学报(哲学社会科学版)》2001年第4期;《美国对日政策与东京审判》,载《南开学报(哲学社会科学版)》2003年第4期;《东京审判与对日政策》,载《日本学刊》2004年第1期;《论东京审判的几个问题》,载《中共党史研究》2005年第5期等。

[2] [美]张纯如:《南京浩劫:被遗忘的大屠杀》,东方出版社2007年版;杨夏鸣编:《南京大屠杀史料集7:东京审判》,江苏人民出版社、凤凰出版社2005年版;梅朝荣:《把东条英机送上绞刑架的中国人》,武汉大学出版社2006年版等。

[3] [日]粟屋宪太郎:《东京审判秘史》,里寅译,世界知识出版社1987年版;[日]祢津正志:《天皇裕仁和他的时代》,李玉、吕永和译,世界知识出版社1988年版;[美]麦克阿瑟:《麦克阿瑟回忆录》,上海师范学院历史系翻译组译,上海译文出版社1984年版等。

[4] 步平:《日本在中国的化学战及战后遗弃化学武器问题》,载《民国档案》2003年第4期;程兆奇:《日本现存南京大屠杀史料概论》,载《社会科学》2006年第9期;程兆奇:《松井石根战争责任的再检讨——东京审判有关南京暴行被告方证词检证之一》,载《近代史研究》2008年第6期;程兆奇:《小川关治证词的再检讨》,载《江海学刊》2010年第4期;孙宅巍:《如何解读东京审判对南京大屠杀遇难人数的认定》,载《南京师范大学学报(社会科学版)》2007年第6期等。专门的法学论文见后述。

事件、东京审判与国际法的适用、战争犯罪、中国与东京审判的关系、裕仁天皇的战争责任等问题进行了研究。

2. 2011 年以来的研究

2011 年,以东京审判开庭 65 周年为契机,上海交通大学成立了东京审判研究中心,开始了中国东京审判的"文献面向"研究时代。应当说东京审判研究在中国长期未能充分展开的最大制约因素就是文献甚至基本法庭资料的缺失。2011 年以来,上海交大东京审判研究中心进行了一系列卓有成效的法庭基本文献和相关研究著述的译介和撰写出版工作。[1]特别是与中国国家图书馆合作,出版了 80 卷本的法庭庭审记录[2],并开发了东京审判资源数据库,资源库将 80 卷庭审记录、3 卷索引附录、2 卷本中英文判决书和 1 卷东京审判图片几乎全部内容集中电子化,收录了人物库(约 5500 人,其中对法官、检察官、律师、被告、证人等均作了简介并搜集了照片;被告和律师进行了关联,28 名被告均附有法庭的判词和科刑)、大事年表(约 300 条目)和少量视频资源等,为中国的东京审判研究打下了坚实的文献基础。相关的其他基础文献包括《远东国际军事法庭庭审记录索引、附录》(上海交通大学出版社、国家图书馆出版社,2013)、《东京审判研究手册》(上海交通大学出版社,2013)、重新补校译的《远东国际军事法庭判决书》(上海交通大学出版社,2015)、《远东国际军事法庭庭审记录·中国部分——侵占东北检方举证》(上海交通大

---

[1] 参见程兆奇:《中国东京审判研究的新进展》,载《民国档案》2014 年第 1 期。

[2] 东京审判文献丛刊编委会:《远东国际军事法庭庭审记录》,国家图书馆出版社、上海交通大学出版社 2013 年版。

学出版社,2014)、《向哲濬东京审判函电及法庭陈述》(上海交通大学出版社,2014)、《东京审判：正义与邪恶之法律较量(第三版)》(商务印书馆,2015)以及新版《远东国际军事法庭判决书》(上海交通大学出版社,2023)等。

鉴于海外东京审判研究已取得丰富的成果,是中国相关研究的基础和重要参考,这一时期出现了大量西方和日本东京审判研究文献的译著。代表性成果包括《东京审判：被忘却的纽伦堡》《超越胜者之正义：东京战罪审判再检讨》《帕尔法官：印度民族主义与东京审判》《日本帝国的终结》等[1],其间也不断有中国学者对东京审判的进一步研究成果[2]产生。

法学界对东京审判的讨论发酵始于近年,出现了一系列以东京

---

[1] 参见[日]田中利幸、[澳]蒂姆·麦科马克、[英]格里·辛普森编：《超越胜者之正义：东京战罪审判再检讨》,梅小侃译,上海交通大学出版社2013年版；东京审判研究中心编：《东京审判再讨论》,上海交通大学出版社2015年版；[日]中里成章：《帕尔法官：印度民族主义与东京审判》,陈卫平译,法律出版社2013年版；[英]大卫·巴迪：《日本帝国的终结》,徐莉娜等译,青岛出版社2013年版等。

[2] 参见东京审判研究中心编：《东京审判文集》,上海交通大学出版社2011年版；梅小璈、梅小侃编：《梅汝璈法官东京审判文稿》,上海交通大学出版社2013年版；宋志勇：《战犯审判、历史认识、民族和解》,载《史学理论研究》2011年第1期；曹大臣：《东京审判日本辩护证据的历史考察》,载《军事历史研究》2012年第2期；韩华：《东京审判研究综述》,载《抗日战争研究》2012年第2期。相关法学研究成果见后述。

绪 论

审判为论题的法学视域的研究成果[1]。2015年以世界反法西斯战争和中国人民抗日战争胜利70周年为契机,于9月3日纪念日当天,人民法院报社推出了大型纪念特刊《正义的审判》,刊登了多

---

[1] 参见朱文奇:《东京审判与追究侵略之罪责》,载《中国法学》2015年第4期;朱文奇:《国际法上追究个人刑事责任与管辖豁免问题》,载《法学》2006年第9期;翟慎海:《纽伦堡审判与东京审判的法律困惑之解读——以罪刑法定原则为视角》,载《河南司法警官职业学院学报》2009年第3期;李令:《从〈东京审判〉看国际法的标准——对天皇战争责任的思考》,载《今日南国(理论创新版)》2009年第7期;朱文奇:《东京审判与南京大屠杀》,载《政法论坛》2007年第5期;朱文奇:《从〈东京审判〉到东京审判》,载《史林》2007年第5期;黄肇炯、唐雪莲:《纽伦堡、东京审判与国际刑法》,载《法学家》1996年第5期;刘文慧:《国际刑事审判的早期模式——以远东国际军事法庭为例》,载《法制与社会》2010年第19期;阮啸:《浅析东京审判中的国际刑事司法独立问题》,载《法制与社会》2008年第2期;赵少群:《国际法上战争罪内涵的历史演变》,载《贵州大学学报(社会科学版)》2006年第2期;马洪波:《东京审判及其对战争法的发展》,载《蒙自师范高等专科学校学报》2002年第1期;刘韶华、杜晓君:《个人国际刑事责任及相关问题》,载《法律适用》2003年第9期;何其生:《梅汝璈及其国际法思想评述》,载《武大国际法评论》2007年第1期;朱文奇:《东京审判与追究侵略之罪责》,载《中国法学》2015年第4期;刘向红:《远东国际军事法庭审判中的刑事诉讼问题》,载《上海政法学院学报(法治论丛)》2012年第3期;苏智良:《远东审判的合法性、正义性及对未来的启迪》,载《上海师范大学学报(哲学社会科学版)》2006年第4期;巢志雄:《法律推理与政治选择——东京审判再回顾》,载《法律方法》2009年第2期;刘大群:《国际法上的国家刑事责任问题》,载《刑事法律评论》2007年第2期;管建强:《远东国际军事法庭享有管辖权的新论证》,载《法学评论》2015年第4期等。

篇法学家的东京审判评论文章和访谈[1],以70个版面全面、系统地展示了二战后国内外审理日本战犯的全貌,涵盖战后以东京审判为代表的所有盟国审判及新中国和苏联54个法庭,回顾了这些重大审判的法理依据、法律依据、查实的证据及与之相关的法制史研究、国际刑事司法研究等,为世人呈上一部抗日战争断代史和一部"正义审判"的法治截面史。[2]由此也带动东京审判的法学研究迅速升温。

总的来说,近十年中国学界的东京审判研究有了较大发展,具有如下鲜明特征:一是史学与法学研究从并行到交汇,东京审判研究既属于历史学研究范畴,也属于法学研究的范畴,作为一场国际战争罪审判,审判中的法律问题毫无疑问是东京审判研究的重点。东京审判文献出版、工具书编纂、海外相关著作翻译工作的推进为学者从事东京审判研究提供了丰富的资料文献,也使得史学、法学研究泾渭分明的局面得以改变,史学学者开始重视历史还原中的国际法问题,而法学学者也开始主动运用史料进行法律问题的论证和说理,出现了

---

[1] 《正义的审判》特刊,《人民法院报》2015年9月3日。相关法学文章主要有:刘仁文:《东京审判与国际刑事司法》;朱文奇:《东京审判:人类之理性与进步》;王秀梅:《远东国际军事法庭的法理依据》;王珊珊:《程兆奇谈东京审判管辖权》;向隆万:《南京大屠杀与东京审判》;何勤华:《东京审判的诘问与反思》;宋健强:《铭记历史审判澄清司法正义》;崔鲜泉:《战争犯罪法案划定审判路线图》和《澳大利亚审判特点》;宋志勇:《严正不失宽大:中国审判日本战犯的创举》;陈新宇:《东京审判死刑投票问题再考证》等。

[2] 屠少萌:《人民法院报〈正义的审判〉特刊引发强烈反响》,载《人民法院报》2015年9月14日,第1版。

绪　　论

一系列不乏新意和创见的成果。[1]二是对东京审判若干重大问题的研究有所推进。例如东京审判管辖权问题、东京审判对南京暴行的审理问题、东京审判中的法官反对意见问题、东京审判的程序问题、东京审判中的个人刑事责任问题、细菌战和人体实验问题等[2]，都有了令人瞩目的研究成果，或填补空白，或形成学术对话，或利用新资料新视角深化了既有研究，整体研究质量较高。三是研究对象的广度增加，从东京国际军事审判拓展到BC级审判、亚太审判、国民政

---

[1] 史学研究者关注审判中法律问题特别是国际法问题的成果有所增加，如张素萍、程兆奇:《"马尼拉大屠杀"审判中指挥官责任的认定——基于山下奉文案与丰田副武案的比较》，载《江海学刊》2020年第5期；赵玉蕙:《国民政府南京审判中的A级罪行管辖权初探》，载《南京社会科学》2022年第12期；曹鲁晓:《从国内法到国际法：国民政府处置日本高职级战犯的法律适用与历史意义》，载《抗日战争研究》2023年第1期等。法学学者注重档案文献挖掘从而拓展既往研究的成果也有涌现，如冷新宇:《远东国际军事法庭审判战争罪的思路》，载《国际法学刊》2021年第2期；徐持:《重新发现东京审判》，载《中国社会科学评价》2020年第2期。

[2] 例如程兆奇:《东京审判的不容否定性——兼及日本的争议缘起与学界评价》，载《抗日战争研究》2023年第1期；徐持:《东京审判对南京暴行的审理模式与历史记忆》，载《日本侵华南京大屠杀研究》2019年第2期；徐持:《东京审判管辖权的理论疏解与当代意义》，载《学术交流》2016年第12期；龚志伟:《伪证与真相：东京审判被告南次郎的"华北事变"证词与侵略罪责辨析》，载《史林》2019年第1期；龚志伟:《东京审判中的溥仪作证及其检控价值》，载《抗日战争研究》2023年第1期；赵玉蕙:《东京审判法官视角下的天皇责任——以韦伯庭长为例》，载《日本侵华南京大屠杀研究》2022年第1期等。

府对日本战犯审判、新中国对日本战犯审判等多个领域[1],大大拓展了东京审判的研究对象,使得学界对东京审判的研究具备了更多维的视角和更宏大的体系结构。

由于与政治、国际关系和东亚近代史错综复杂的关系,东京审判有着更为多面和复杂的"性格"。但是,所有的"性格"侧面中,法的侧面是其"性格"的核心。东京审判首先是一场国际刑事审判,东京审判研究首先应当将东京审判作为严肃的司法事件对待和评价,运用历史分析、比较分析和规范分析的方法,透视东京审判核心法律问题。将国际法治的价值转换、审判政策中的多国角力、控辩审三方诉讼主体的不同诉求、国际刑事法理论的运用等视为因变量,具体考察这些因素对东京审判的目的、任务、机能、贡献、得失产生了什么样的影响,在此基础上,运用法哲学、国际刑法学、犯罪学、责任理论、程序理论等解析东京审判的核心争议问题,最后通过这些法学研究成果加深对历史和国际政治复杂性的理解,可能成为未来东京审判研究新的知识增长点。

当然,东京审判的核心法律问题必须放在历史的、发展的、多元的视野下审视。近年来,法学和史学关于东京审判的对话显著增多。这种法学与历史学交叉研究日益深化的背后,一部分原因是冷战结束后世界人民对国际司法制度的期望愈加增高。从前南斯拉夫、卢

---

[1] 代表性成果如刘统:《大审判:国民政府处置日本战犯实录》,上海人民出版社 2021 年版;严海建:《抗战胜利后国民政府审判日本战犯的若干特质与面相》,载《日本侵华南京大屠杀研究》2021 年第 2 期;曹鲁晓:《上级命令不免责原则与国民政府对日战犯审判》,载《民国档案》2022 年第 1 期;张素萍:《从东京审判到丸之内审判:同盟国对日 A 级战犯审判政策之流变》,载《社会科学研究》2021 年第 6 期等。

绪 论

旺达、塞拉利昂到柬埔寨,从特别军事法庭到混合型国际法庭再到常设的国际刑事法院,国际刑事司法在实践中一步步确立和发展,并作为一套国际社会公认的规则形成了一个框架,作为司法先例的纽伦堡审判和东京审判值得重新进行价值挖掘和客观评价。东京审判留下了大量有待重新发现的遗产,以东京法庭的审判记录、判决书、法官个人意见书以及大量的法庭文献为史料基础,考察东京审判对包括罪刑法定原则在内的若干重要法律原则的发展,对推动战争法观变迁和国际法治转型的意义,对实现人类和平、安全和福祉方面的具体贡献,将是中国、亚洲以及国际社会未来的共同课题。

第一章
东京审判的背景

追根溯源是人类作为思考者的特征,对看似理所当然的事情不断追问,才能够发现原本被忽略的规律。20世纪是战争的世纪。这百年间爆发了两次世界大战,酿成了前所未有的灾祸。在"和平与发展"深入人心的今天回望并不算久远的、清算第二次世界大战中德、日战犯战争罪行的两大审判——国际军事审判(纽伦堡审判)和远东国际军事审判(东京审判),人们往往会有"理当如此"的感觉。同时,面对"震撼人类良知"的战争罪行,也有人认为这根本非法律可以评价[1],而对于国人来讲,基于立场和情感认为审判遗留诸多遗憾,正义并未得到彻底伸张的声音不绝于耳,这与日本国内弥漫的东京审判是"历史洗脑的自虐史观",不过是美国操纵的"阴谋"的看法可谓"反方向一致"。

纽伦堡和东京审判作为史无前例的国际刑事审判,是国际法作为调整战后国际秩序之主要手段的结果。而在此之前,国际武装冲突(战争)法规范并不具有刑法的特点。换言之,二战之前,武装冲突法和战争法更多只在国家基于伦理道德的自我约束层面发挥作

---

[1] 1945年诺贝尔和平奖获得者、美国前国务卿科德尔·赫尔(Cordell Hull)就持这种观点,理由是战犯的"罪行太过黑暗",已经"凌驾于司法程序的范畴之外"。

用,并不具备"刚性",而审判国家领导人并对其科处刑罚则更是无法想象。国际规范作为人类的一种"联合想象"的"共享信念",发生如此巨大的变化,可谓质的飞跃。这样的质变究竟是"量变"积累的结果,还是某种突然的"变异",对理解战争与法律的关系至关重要。换言之,追究侵略战争的法律责任的想法历史悠久[1],为什么到二战结束后才进行国际审判?东京和纽伦堡审判的发生是否只是一个偶然?或者,是否有另一种可能,随着历史的发展,人类战争法观已经发生了某种实质意义的转变,国际法以浴火重生之姿发生了一场历史转型?正如通往战争的悲剧之路从来都不是单一因素导致的结果,通往战争罪行审判之路也十分幽暗复杂,很难用单一的视角评判,必须置于多个维度下寻找根本原因和动力机制。从这一问题意识出发,笔者尝试以国际法治的发展和战争法观的变迁为背景,考察其中哪些因素影响和形塑了东京审判,在二战后战犯处置政策中发挥了决定性作用,最终催生了东京国际军事审判。正如丘吉尔所说:"你回首看得越远,你向前也会看得越远。"

一、国际法治的转型

(一)理性的转变

德国负有盛名的社会学家、历史学家、法学家马克斯·韦伯(Max Weber)以理性和理性化为切入点,观察和解释现代社会的结构

---

[1] 早在公元前5世纪伯罗奔尼撒战争之际,就有了斯巴达国王阿希达穆斯二世(Archidamos Ⅱ, King of Sparta)祷文的记载:"惩罚先侵略的他们,请宽恕以法的制裁誓愿进行报复的我们的心情。"

第一章　东京审判的背景

和变迁。韦伯认为,作为一种行动取向,人的理性可以区分为两种:工具理性(instrumental rationality)与价值理性(value rationality)。从内涵上看,工具理性与价值理性是两个多义而复杂的范畴,都是理性的一部分。价值理性是"通过有意识地对一个特定举止的无条件的固有价值的纯粹信仰,不管是否取得成就"[1]。工具理性则是通过理性计算,找到达成目标的最优手段。工具理性的扩张,使得官僚制这种强大的组织形式蔓延到了社会的各个领域。但是,工具理性和价值理性的不平衡发展,也带来了"手段压倒目的"的问题。在国际法治领域,工具理性更注重权力与国家利益在国际关系中的地位,国际法规范处于边缘位置,被认为难以发挥太大作用;用来支持特定生活方式的价值理性影响着国际法治的立场和方向,这种理性重视国际规范的伦理倾向和理性思维,但因缺乏普遍的和客观的基础,容易导致所谓诸神交战的局面。

韦伯强烈意识到理性具有多样性,既可以成为引领人类发展的巨大力量,又可能导致自我束缚和谬误,这就必然带来理性发展的困境。20世纪之前的国际法面临的最大问题就是工具理性过于发达,国际法现实主义极其强悍有力,凌驾于价值理性和沟通理性之上,这导致了理性的自我否定,既可以造就人类福祉,亦能带来弥天大祸,第二次世界大战是工具理性对人类社会造成的空前的破坏,就充分印证了这一点。

在过去的两千多年里,从修昔底德、马基雅维利到汉斯·摩根索,占据国际政治与法律主导地位的一直是现实主义思想。现实主

---

[1] [德]马克斯·韦伯:《经济与社会》(上卷),林荣远译,商务印书馆1998年版,第56页。

义国际政治的铁则是法律义务必须让位于国家利益,推崇以争夺权力为导向的国家行为准则。"国际法被认为是一种原始法律,之所以能发挥作用源于国家之间共同或者互补的利益,以及国家之间的权力分配。"[1]因此,利益共同体与权力制衡成为国际法产生和发展的基础。国家会用道德、舆论和法律来粉饰其对于权力的追求。这并不是说现实主义理论认为国际法不存在,或者与国际关系天然矛盾,但在这一理论框架中,权力与利益垄断了国际关系的话语权,与国际法的核心价值、思想内核发生了冲突。

以日本为例,1871—1873 年日本派出使团远赴海外考察国际法和强国之路。1873 年 3 月 15 日,俾斯麦在招待日本使团的宴会上发表演讲时说:"国际法虽以维持各国秩序为目的,但强国和他国发生纷争时,强国为了达到本身的目的,才遵守国际法,否则就使用武力;小国谨慎地遵守国际法,以努力维护自主之权,但面对强国的欺凌,亦每每难以做主。"而这场演说竟成为日本理解国际法的转折点,在 1872 年还在大谈作为"天理公道"的国际法的福泽谕吉,6 年后在《通俗国权论》中对"万国公法"作了这样的评价:"万国公法,最后分析起来无非就是表面上的礼仪和名目。国家间交往的真相,无非就是争夺权威和贪取利益……贫穷而又愚昧的小国是不可能依靠条约和公法来保全独立地位的……一百卷的万国公法也抵挡不住数门大炮的力量。一大堆的和平友好条约也抵挡不过一箱弹药。大炮和弹药并非是用来支持你主张的道理,而是用来在道理不存在时就

---

[1] Hans Morgenthau, *Politics among Nations: The Struggle for Power and Peace*, 7th ed., Revised by Kenneth Tompson, McGraw-Hill, 2005, pp.295-296.

第一章　东京审判的背景

创造出一个。"[1]在福泽看来,战争是彰显国家实力、实现国家利益、促进文明发展的重要手段,国际法并非那种东方国家可与西方自然而然共享其利益的、建立在自然正义基础上的原则体系,而是一种用来被操纵的技术规则。

于是,1894年8月1日中日甲午战争开始时,明治天皇在开战诏敕中明确提及日本将遵守国际法;为了应对随后的三国干涉还辽事件,还编纂了《干涉及仲裁、战使、降伏》一书。"日本人将整个战争的所有方面都用国际法包装起来,甲午战争成为其国际法知识的大秀场。"[2]甲午战争让日本攫取中国台湾并将其变为殖民地,十年后,日本对沙皇俄国的胜利,为它带来了所谓国际公认的在中国东北的合法地位,并铺平了获取朝鲜作为第二块殖民地的道路,日本成为西方意义上的殖民帝国,一举奠定东亚大国地位。1899年,领事裁判权在日本被废除;1902年,日本与英国缔结盟约;1908年,高桥作卫的英语新作《俄日战争中的国际法》问世,日本努力迈入"国际法共同体"。强权的"荣耀"还在继续,一战中,日本侵夺了德国的在华利益,并成为《凡尔赛和约》的五大战胜国之一,胜利者们聚集一堂以惩办德国并重整世界秩序。在1921—1922年的华盛顿会议上,日本成为《九国公约》的第8个签约国,与美国、英国、法国、意大利、比利时、荷兰、葡萄牙7大列强共同确立了在中国的利益"合作"原则,成为一战后国际事务新体系中的正式成员。

日本将成功归因于日本精神的优越性,一种逐渐带侵略性的军

---

[1] 赖骏楠:《国际法与晚清中国:文本、事件与政治》,上海人民出版社2015年版,第151页。

[2] 同上书,第158页。

事性质的权威主义在日本逐渐取得统治地位。[1]而华盛顿会议的底色是渐进和改良,而非激进与革命,致力于实现亚太地区的秩序和稳定。这一试图使外国控制永久化的工具起初遭到了中国国民党的抵制,但随后在客观上也为中国的发展提供了一定的外部支持。中国领导层开始考虑,要使国家融入其中,成为正式一员。这一重点在经济而非军事并且对中国"步步退让"的国际体系,在日本的军官、右翼组织和国粹主义知识分子眼中,完全是一场灾难。他们认为,本国的命运不能"依赖于列强和中国的善意",而是必须大力铲除本国奉行国际主义的领导层,以扭转国策的走向。他们要中国采取行动,大胆反叛华盛顿会议体系,甚至不惜诉诸十分猛烈的手段。1930年11月,笃守国际主义的滨口雄幸首相被一名右翼恐怖分子刺杀。此后,1930年至1936年间,20世纪20年代国际主义旗下的其他几位日本领导人也遇刺身亡。当时的陆军军官还组织了秘密团体"樱花会",投身于"不惜以武力重建国家"。他们所期望的,是同国家亲西方的历史决裂,建立与日本的传统精神更协调的军事独裁。[2]1931年9月18日,关东军点燃了战火,一日之间,沈阳和长春(南满铁路的北端)均落入日军之手。日本向以凡尔赛—华盛顿体系为代表的国际法律和秩序体系发起了严重挑战。

《道德经》云,"祸兮福之所倚,福兮祸之所伏"。当初"权力的游戏"者们不会预见到,和平安定局面的土崩瓦解就在眼前;日本更不会预见到,自己即将站上国际法庭,接受人类社会有史以来最严厉的

---

〔1〕 [英]肯尼斯·韩歇尔:《日本小史:从石器时代到超级强权的崛起》,李忠晋、马昕译,北京联合出版公司2016年版。

〔2〕 Akira Lriye, *After Imperialism: the Search for a New Orderin the Far East, 1921-1931*, Cambridge: Mass, 1965, p.285.

第一章　东京审判的背景

国际法—国际刑法的制裁,国际法曾被他们当作对外扩张的话语武器,而他们当初话语中的"野蛮"中国即将成为正义的审判者之一。

19世纪国际法只能附属于强权的处境使得它成为强权政治证明合法性的一个工具。其时实证主义是国际法学研究的主流立场。"尽管仍有国际法学家声称自然法是国际法的重要来源,但他们在具体研究过程中也同其他人一样,只是满足于对条约文字的列举和解释,比如去探讨对被没收鸦片的赔偿标准是按照成本价还是市场价、'亚罗号'究竟是英国船还是中国船这类问题。"[1]他们不去思考列强与中国缔约过程中存在的明显的武力恫吓问题,也基本不去思考条约中的内容是否真正符合国际法的平等精神。在本质上,这种国际法几乎很难被称为真正的"法律"。日本以西方列强的野心持续走同样的路,可谓"以彼之道,还施彼身",最终造成日本与西方盟国对立的结果。工具理性的极度膨胀导致现实主义的"反噬":两次世界大战带来了世界秩序的崩溃。国际社会如果要维持其存在,就必须维持某些共同的观念、利益和规范,否则维系社会共同体的纽带就会断裂;一旦社会陷入无序,就难免烽烟四起,再回丛林。

面对这样的现实,乔治·凯南曾总结法律途径在国际关系中的三个基本困境:总有些国家对地位和边界不满,因此国家不可能隶属于一个国际司法机制;各国的不平衡发展决定了国际体系的冲突;国际法的制裁无法限制国家的不良行为。他由此悲观地认为国际法不可能抑制国际领域里的混乱和危险。[2]肯尼思·华尔兹也认为国际体

---

[1] 赖骏楠:《国际法与晚清中国:文本、事件与政治》,上海人民出版社2015年版,第158页。

[2] George Kennan, *American Diplomacy*, University of Chicago Press, 1984, p.95.

系结构的决定性因素是无政府状态,这种结构与国际法是相互排斥的。[1]

这种见解捕捉到了国际法中政治性的侧面,但却忽视了内在的规范权威性,国际法的形成渊源、存在依据、评价标准、价值追求等方面都有着明显的道德伦理指向。从其本原意义来说,国际法应当是一把界限基本清楚的尺子,有了这个尺度,就能够识别哪些国家行为是正当的,哪些国家行为是不正当的,这要比根本不存在这把尺子要好很多。

1932年4月,中国公民在一次集会上发表声明,称华盛顿会议在亚太地区建立了和平,但和平正再度受到威胁,这场危机有引发第二次世界大战的危险,为今之计,唯有联合"坚守正义,平等待我"之国家[2],试图诉诸国际法与正义、通过争取与其他大国合作、借助国际舆论迫使日本人放弃侵略。从20世纪30年代中期开始,原本被排斥在文明国家之外任人宰割的中国得以不再孤军抵抗日本的侵略。到30年代末,美国、英国、荷兰、法国和苏联之间形成了松散的同盟以遏制日本的推进。日本试图拉拢苏联并与德意结成牢固的同盟的企图也失败了。最后,一个19世纪西方现实主义"国际法共同体"后来居上的"好学生"日本,参与掀起了一场几乎将人类文明毁于一旦的战争。生死存亡的关头,一个坚强的反法西斯同盟诞生,这样的联合使得日本日益走向孤立,并注定走向战败。

因此,真正的问题在于,如果国际法一如既往地"掩耳盗铃",拒

---

[1] Kenneth Waltz, *The Theory of International Politics*, McGraw-Hill, 1979, pp.102-128.

[2] [美]入江昭:《第二次世界大战在亚洲及太平洋的起源》,李响译,社会科学文献出版社2016年版,第24页。

绝思考正义、是非、善恶等真正关乎人类普遍性命运的问题,则将注定一如既往地身处边缘地位,成为权力博弈的无耻鼓噪者,而非一个真正公平、正义的人类社会的倡议者,并可能眼看强权政治导致的无序混乱一步步恶化而束手无策。国际法的工具主义与现实主义立场正在松动,人们开始期待和平、正义、人道、福祉等价值的回归,为国际现实千疮百孔的肉身送去灵魂。

(二)人权与主权的双向建构

东京审判的首席检察官季南在首次开庭的检方陈词中指出,"这不是一次普通的审判",而是"文明社会坚定不移阻止整个世界被摧毁的战斗","这种对世界的威胁不是来自然的力量,而是来自个体及小团体,为实现他们疯狂的主宰世界的野心,不惜让世界过早毁灭"。[1]这一有关起诉宗旨的阐述,表明东京国际军事法庭是针对个人进行起诉,规定于《东京宪章》中的反和平罪、战争罪和反人道罪在东京国际军事法庭将产生个人刑事责任。这是东京法庭与纽伦堡法庭共同的立场,这一立场仍是革命性的,因为这是个人第二次在国际法中被认定负有犯罪的责任。

建立个人刑事责任的过程十分艰难,必须克服两个主要的法律障碍:首先,在古典的国际法中国家是唯一的主体,在国际法中建立刑事规范就首先要求承认个人的国际法主体地位;其次,国家基于"主权至上"观念产生的对外部干涉的防卫性态度。因此,虽然世

---

〔1〕 中国国家图书馆东京审判数据库—庭审记录库,"起诉书",载国图网,http://mylib.nlc.gov.cn/web/guest/djsp/pdfplayer?id=E2D98C9C0E104E2D856777332B7BD63C&type=pdfinfo&module=theTrialRecord。

界性刑事司法的想法由来已久,可以在人类早期历史找到根源,但一直到20世纪,才开始作为法律问题形成概念,耶赛克对此概括为"国家主权行为理论排除原则"[1]。可以说,这一原则得以在东京和纽伦堡审判中践行,是国际法中人权和主权双向建构"互驯"重塑的结果。

国际社会的一切都是国家,或者说是国家中的人建构的,国际法律规范也不例外。国家及国家中的个人既遵守也会违反规范,既建构也解构和重构规范。而规范转型的可能性就蕴藏在国家及其公民对规范的违反和重构之中。

首先,国家主权行为的绝对自由开始受到限制。战争与和平始终是国际法高度关注的问题,国际法也一直围绕战争与和平问题确立规则、实施规则。[2]但是,在战争与和平的规则背后,隐含的是各国争夺资源的企图,也就是通过划分界线来确立各国满足贪欲的边界。各国在战争的过程中争夺资源,战争结束时以实力为尺度分配利益。如果利益分配不均,或者经过时代发展,情势发生了变化,就可能再度爆发战争。所以,用军事理论家普鲁士将军卡尔·冯·克劳塞维茨(Karl Philip Gottfried von Clausewitz)的话来说,战争"仅是政治以另外一种方式的继续"。和平是战争的结果,也是酝酿下一场战争的根源。

虽然国际法是一种现实主义的法律制度,但随着国际条约网络的范围不断扩大,多数国家都缔结或参加了越来越多的国际公约和

---

[1] [德]汉斯·耶赛克、[德]托马斯·魏根特:《德国刑法教科书》,徐久生译,中国法制出版社2001年版,第153页。

[2] Antonio Casses, *Casses's International Criminal Law*(*Third Edition*), Oxford University Press, 2013, p.115.

第一章 东京审判的背景

条约。导致在商事、政治、司法合作以及人权等领域,国家都要遵守一系列极大限制其国内法律制度和在国际舞台上行动自由的法律义务,在实践中,由于政治、经济、外交、军事以及心理方面的因素都会构成障碍,国家要从其承担的各种义务中抽身而出并非易事。一战深刻改变了传统国际共同体,美国的出现、苏联的崛起、殖民扩张的终结,以及由此造成的"旧"的共同体固若磐石的意识形态与政治一统性的分崩离析标志着"欧洲时代"的终结。[1]这是历史上第一次规模如此之巨以至于牵涉国际共同体所有成员的战争,它使整个世界以一种被迫并且不幸的方式团结了起来。于是,各国首脑开始不断在国际公约中增加限制诉诸武力的法律义务,削弱了国家发动战争的权力,虽然在实施机制方面存在许多漏洞,但在整个国际共同体中禁止使用武力逐渐成为普遍适用的原则。

其次,人道主义与人权地位的升高。18世纪的启蒙运动触发了一场"人道主义革命",把人道、人权以及对于他者的包容,对于弱者的同情关注,逐渐摆到人们道德意识的核心位置,由此开启了至今仍然以各种"权利"为名进行的思想革命与社会改革。[2]战争中的个人命运成为审视战争的重要道德视角。

人道主义的核心是对于个人和个性的基本尊重。人道主义的思想渊源十分久远。公元前5世纪中国的《孙子兵法》中就有了体现

---

[1] [意]安东尼奥·卡塞斯:《国际法》,蔡从燕等译,法律出版社2009年版,第46页。

[2] [美]斯蒂芬·平克:《人性中的善良天使:暴力为什么会减少》,安雯译,中信出版社2015年版,第3页。

朴素人道关怀的内容。[1]公元7世纪的《伊斯兰教规》也表达并践行了同样的理念。事实上,伊斯兰教义对欧洲国际法的创始人——维多利亚、苏亚雷兹、阿雅拉、詹蒂利的著述产生了影响,而这些国际法鼻祖又影响了后来的格劳秀斯、普芬道夫等人,催生了欧洲中世纪的《骑士法则》(Code of Chivalry),并促进了当代国际人道主义法的发展。[2]

维克多·雨果曾说:"国家可以抵抗军队的入侵,然而却无法阻挡时代已经来临的思想的渗透。"孟德斯鸠和伏尔泰的启蒙作品,自由主义的道德个人主义,18、19世纪宗教的信条和教义,小说和诗歌的浪漫主义运动,都反映着这种以体认他人为特征的情操。人道主义的核心原则是一条简单的道德律令,即人类生活神圣而不应受到侵犯,迫切要求终结残酷的生活,并且把同情博爱扩大到全人类。这种价值如今看来可能是显而易见的,但其出现时具有划时代的意义。旧的价值排序被打乱和重置:家族、宗族、宗派和国家的主张被降级,而自主个体的个人的主张被置于至上的地位。人道主义认为人类的痛苦是不合理的,并且强烈地谴责暴力,"在不妥协地反杀戮和暴力斗争中,人道主义成为一种果断反战的鉴识和情操"。[3]

最后,基于地域主权的民族国家为主导的传统国际秩序开始向

---

[1] 如《孙子兵法·谋攻篇》中讲:"凡用兵之法,全国为上,破国次之;全军为上,破军次之;全旅为上,破旅次之;全卒为上,破卒次之;全伍为上,破伍次之。"又如《地形篇》中讲:"唯人是保,而利合于主,国之宝也。"

[2] [美]M.谢里夫·巴西奥尼:《国际刑法导论》,赵秉志、王文华等译,法律出版社2006年版,第24—25页。

[3] [美]戴维·嘎兰德:《为什么死刑在消失?》,樊文译,载陈泽宪主编:《刑事法前沿》(第八卷),社会科学文献出版社2015年版。

第一章 东京审判的背景

以人类共同利益为基础的国际社会转变。人道主义以及对和平的追求推动国际关系和国际法的演变,反过来,深深蕴含在人类社会中的道德思想也日益成为国际社会共同的价值观,并成为国际刑事司法的推动力。对体现人的尊严的个人权利和价值的共同认可,反映出世界对人类价值的共识。"人类由个人组成,包括了这些个人以及由个人组成的集体的历史经验的总和。"[1] 1927 年,希腊国际法学家波利蒂斯指出:"先前主权国家对于其国民来说是一个铁笼子,因而从法律上说后者只能通过狭窄的隙缝与外界发生联系。这个铁笼子现在开始松动,它最终将会化为齑粉。然后,人们就可以超越各自的国界,不受任何障碍地自由交流。"[2]

对现代法学家而言,战争法在根本意义上是一项人道主义事业,很接近于刑法的精神。它的主要任务是禁止邪恶行为和惩罚作恶者,这就是它始终围绕诉诸战争权和战争法——有关战争的正当理由的法律和有关对战争行为之人道主义限制的法律——来展开的原因。[3]换言之,国际刑法反映了人类的共同价值,人权保护这张盾需要国际刑事执行这支矛。[4]一方面,个人可以通过国际司法机构对国家的不法行为提起诉讼;另一方面,某些严重动摇或损害人类共同认

---

[1] [美]M.谢里夫·巴西奥尼:《国际刑法导论》,赵秉志、王文华等译,法律出版社 2006 年版,第 41 页。

[2] [意]安东尼奥·卡塞斯:《国际法》,蔡从燕等译,法律出版社 2009 年版,第 52 页。

[3] Rebert Kolb and Richard Hyde, *An Introduction to the International Law of Armed Conflicts*, Hart, 2008, pp.9-15.

[4] [美]M.谢里夫·巴西奥尼:《国际刑法导论》,赵秉志、王文华等译,法律出版社 2006 年版,第 41 页。

可价值的人被视为"全人类的敌人"，因其违背了人类的基本伦理，侵害了人类根本法益，背离了法秩序，刑法对其可以进行谴责和非难，科处最严厉的刑罚。

因此，违反国际刑法的个人在受到国际或外国司法机关具有审判权的追诉的情况下，不得以行为系"国家主权行为"而根据"平等主体间不具备司法权"原则主张只接受本国司法管辖。国家主权行为理论排除原则并非对国家主权的否定和蔑视，相反，这是对"按照国际法准则"行使的国家主权的真正保护。原因在于，国家主权是对内最高权、对外独立权与防卫权，但并不是绝对而无限制的。"主权行为排除论"的着眼点针对的是"国际犯罪行为"，而不是"国家主权"，只不过这种国际犯罪行为打着该国主权的幌子而已。随着国际法价值理性的发展，大规模侵害本国人权的罪行不再是一国范围之内的事，行为国不能以国家主权为理由逃避其应负的国际责任。

战时日本社会民主尚未发育，国家权力集中在领导人手中，倘若东京国际军事法庭缺乏确立个人刑事责任的胆识，而是保守地采取国家主权原则和集体责任论的立场，战争责任将被转嫁到不被允许发表任何政治性言论且同时又深受战祸之苦的民众头上，真正的责任反被掩盖。令人欣慰的是，所有的抽象国家主权豁免论都被东京审判坚决地驳回了。这样，不但前文所述的两个法律障碍被成功克服，东京法庭也成为了确立国际战争罪行个人刑事责任的先例开创者，为后来国际刑法的发展铺平了道路。

（三）从文明话语到文明法治

前文述及的东京法庭首席检察官季南的开庭陈词中，明确东京审判的原告乃是"文明本身"，东京审判亦是一场文明之战。然而，

第一章　东京审判的背景

"文明"在20世纪前更多是一种文明话语而非法权结构。

"文明"一词早在18世纪就在法语和英语世界中先后出现,"文明国家""文明民族"等用语在1758年出版的瓦泰勒的《万民法》中占据重要一席。这一词语试图反映的是启蒙运动以来的欧洲人对世俗的、进步的人类自我发展的信仰,即所谓19世纪的时代精神。然而,国际法文明话语发展史上的关键性人物是美国人亨利·惠顿,惠顿将文明界定为国际法的核心认同标准,提出只有文明才是国际法的最根本属性。但文明这一高度抽象且高度空洞的词汇在惠顿看来却具有清晰的地域性,作为文明产物的国际法也只能在特定空间诞生:"几乎没有例外的是,公法曾经总是,并且依然是被限制在欧洲文明的和基督教的国家,或者那些拥有欧洲血统的国家。"并且,这种文明具有可输出性,国际法因此具有某种全球扩张的动向。[1]至于文明究竟由哪些要素构成这个基本问题,彼时的国际法学家都语焉不详或避而不谈。

话语式文明的"空心化"和"侵略性"给非西方国家带去了深重的灾难。"国际法"一语可以追溯到1780年杰瑞米·边沁的《道德与立法原则导论》,此后,这一表述日益取代了此前适用的"万国法"以及"国家间法"。欧洲与美洲的一些著名学者为国际法尤其国际习惯规则的发展作出了突出贡献,并推动创立了国际法协会。但这一期间创设的法律规则具有两个明显的特征:一是国际法原则与规则是西方文明的产物,打上了欧洲中心主义、基督教意识形态以及"自由市场"观念的烙印;二是国际法原则与规范主要是由大国或中型国

---

[1] 赖骏楠:《国际法与晚清中国:文本、事件与政治》,上海人民出版社2015年版,第28页。

家,尤其那些通过政府或者扩张建立起幅员辽阔殖民帝国的国家制定的,以服务于它们自身的利益。许多个世纪以来,国际共同体中最活跃与最突出的成员都是欧洲国家,借用黑格尔的描述,可以认为在这一时期欧洲是"世界历史的中心",是"世界精神"的家园。在许多方面,数百年来非基督教国家生存在国际共同体的边缘,它们既没有积极参与其中,也没有在其中扮演任何主要角色。欧洲国家自始就为与非欧洲国家的交往确定了基调,并且全面扮演主导地位。此时的国际法极大地便利了欧洲大国完成它们的殖民征服,为它们提供了大量的、使得殖民政府变得顺畅与容易的法律手段,例如,将殖民地贬低为无主地,剥夺地方性共同体或统治者的任何国际地位,允许欧洲大国拥有对殖民地的主权等。如果地方统治者反对殖民征服,国际法提供了两种手段:战争——所有针对"文明"国家之间战争的法律限制在此都不适用,或者缔结条约——通常缺乏任何互惠。[1]因此,向欧洲学习和看齐成为非西方国家跻身"国际文明共同体"的唯一道路,改革政治与法律、积极缔结国际公约、参加国际组织和国际会议、改造自身的"民族性",甚至战胜一个"野蛮"帝国从而证明"文明"的力量等手段成为当时"落后"国家进阶的"投名状",只要掌握了文明话语权,因发动的战争带给邻国的苦难与不正义都会被掩盖殆尽,直到灾难蔓延到共同体内部。

  文明没有统一的标准,但"不文明"现象愈发显而易见,可以基于历史的眼光度量。国际法的奠基人、荷兰国际法学家格劳秀斯,曾发表过一个简单而又不同寻常的观点:国家与个体在道德上没有明

---

〔1〕 [意]安东尼奥·卡塞斯:《国际法》,蔡从燕等译,法律出版社2009年版,第29—30、41—45页。

第一章 东京审判的背景

显差别,二者可以用同样的方式、为同样的目的而使用武力,所以私人贸易公司像传统欧洲主权国家一样有权发动战争。这样的个体,为自保的欲望和不可原谅的权力动机所驱使,完全以自己为中心而很少顾及他人,和国家之间的关系本质上很相似。这种抽象的、被剥离了一切社会关系与义务的、被赋予所有自然权利的自律的自由个体,变成了随后许多政治理论的基础。当霍布斯明确提出所谓自然状态就是一切人对一切人的战争时,这位西方现代政治哲学的奠基人、人文主义先发制人理论的集大成者算是将其推到了极端。正如卢梭所指出,霍布斯式的人事实上就是一个国家,霍布斯政治思想的核心就是个体和国家之间的相似性。[1]对于19世纪的实证主义国际法学家来说,将战争视为一种实现正义或保护国际社会共同价值的手段的观点,已经成为历史,因为"正义"或者"共同价值"已经不复存在。相反,支撑起19世纪法律思想的是一种国际关系的无政府画面,战争是国际生活中根深蒂固的特征。至于发动战争的理由是否合法,这不在检验范围之内;只要在战争过程中遵守游戏规则,就是文明。[2]重所谓实证形式而轻正义实质的状况引发了暴力、混乱和残酷。一战的灾难后果和人道主义和人权运动的发展,让不同地域和文化的人们都意识到,战争和战争中的暴力是一切不文明中最大的恶,是最不文明的产物,必须加以遏制。虽然民族、宗教、种族、文化、国家之间常常因为不同的利益诉求和价值理念发生剧烈冲突,但

---

[1] [美]理查德·塔克:《战争与和平的权利:从格劳秀斯到康德的政治思想与国际秩序》,罗炯等译,社会科学文献出版社2009年版,第3页。

[2] 赖骏楠:《国际法与晚清中国:文本、事件与政治》,上海人民出版社2015年版,第158页。

绵延数百年的战火洗礼使人们意识到,人类成员的某些共同利益可以超越单个国家的利益。

　　文明的价值回归奠定国际刑事审判的基础。废墟之上,人类价值理性的觉醒带动了自然法在国际法之中的复苏,自然法进而构成了联合国、纽伦堡审判、东京审判和《世界人权宣言》的基础。这实际上是对于现实主义理论和实证法在国际关系中占压倒性优势所引致的不良后果的纠正。来自古希腊、古罗马的自然权利理论,经过卢梭、洛克、托克维尔、康德的阐释而形成一种人权文化,重新赋予"文明"全新的方向——通过尊重人的基本尊严和价值的国际法对国际关系进行伦理限制。[1]康德在《世界公民观点之下的普遍历史观念》中写道:战争,紧张且不可懈怠的战争,聚合为每一个国家迟早都必能感受到的压力,即使在和平时期也概莫能外。这些因素自然地驱使民族国家开始尝试寻找出路,虽然不尽如人意,但是,在最后,经过各种浩劫、动荡甚至彻底耗尽一国之国力,他们终于找到理由来行动了——尽管理由不需要如此之多的悲惨经验,他们也应该早已知道。这个行动就是放弃他们毫无法律约束的野蛮状态。[2]亨金的一句名言也充分体现了这种理想倾向:"在各国关系中,文明的进展可以认为是从武力到外交、从外交到法律的运动。"[3]

---

〔1〕 David Boucher, *The Limits of Ethics in International Relations: Natural Law, Natural Rights, and Human Rights in Transition*, Oxford University Press, 2009.

〔2〕 转引自[美]詹姆斯·Q. 惠特曼:《战争之谕:胜利之法与现代战争形态的形成》,赖骏楠译,中国政法大学出版社2015年版,第57页。

〔3〕 Louis Henkin, *How Nations Behave: Law and Foreign Policy*, Frederick A.Praeger, 1979, p.5.

第一章　东京审判的背景

如果说法律的演进往往是人类历史一些最黑暗篇章的结果,二战后的东京和纽伦堡战争罪行审判无疑是黑暗后最令人欣喜的黎明。20世纪初尚被认为是不可执行的道德规范的战争法则,已经获得了国际法的刚性地位。国际审判机制的背后是西方国家强烈的以人权法来补充人道法的信念。虽然人道法的基本目标是为了保护人权,但它缺乏罚则,很难惩治违法者。如果一方对另一方进行报复,则又陷入暴力循环。通过战后的两大国际刑事审判,人类社会对和平和正义的诉求、对暴力和战争的厌恶也都达到了顶点。自20世纪90年代以来,建立国际刑事法院,以审判包括战争犯罪在内的更大范围的国际刑事犯罪,并力求国际刑事管辖权优于国内刑事管辖权,主要目标正是以此塑造一种以保护和尊重"人权"为基础的世界秩序。

二、战争法观的流变

在很长的时间里,战争一直被奉为光荣、英雄、名誉的代名词。用克劳塞维茨的话来说,战争"仅是政治以另外一种方式的继续"。著有《战争》一书的伊恩·莫里斯(Ian Morris)也高度赞扬战争,认为"战争是好的,战争塑造国家,国家缔造和平"。人类历史的好战传统是否因两次世界大战而彻底颠覆?国际社会对战争的共识自何时起开始发生变化?战争法观的剧变对战后两大审判的确立有何影响?厘清这些问题,才能深刻理解东京审判的主旨和历史意义,理解国际法上最重要的主题——战争与和平。

(一)从有限暴力到全面战争

自古以来,战争就经常使敌对双方的全体人民卷入残酷与浩劫,其中平民所遭受的痛苦不亚于战斗人员。拿破仑发动的毁灭性的武装冲突(1792—1815)很快地更强有力地否定了卢梭的名言:战争不是人与人之间的一种关系,而是国家与国家之间的关系,私人与私人只是偶然地成为仇敌。曾经与拿破仑交战的克劳塞维茨在《论战争》(1832)一书的最后指出,敌对国全部居民为了生存的需要必须进行战争。在拿破仑时代以后发生的,并且迄今为止仍在蔓延的武装冲突中,多数都属于克劳塞维茨所说的全面战争。

当今国际社会普遍接受的战争法观念,源自现代战争法学家们对战争本身的感知。两次世界大战与古典时期的战争相比,已经几乎没有任何共同之处:它们是长期持续的"畸形怪物","是完全不介意将暴力泛滥于整个社会的无尽恐怖"。人们看见的是"难以言状的绝望和痛苦",是"死亡阴影下扭动的面孔"。[1]这与东京和纽伦堡法庭的视角一致,轴心国挑起战争,犯下累累罪行——这"本质上是一种邪恶的东西"。法学家们的任务必须是以任何可能的手段来减轻战争带来的痛苦,并禁止任何邪恶。

季南在开庭陈词中充满感情地陈述道:"我们的时代与过去的不一样,今天,更重要的是明天,以及从此往后,战争必将是全面战争。战争将不再受领土限制。受害者会是年轻人和老人,不论是武装人员或是非武装人员。无论是大都市还是最偏远的小村庄,不会有任何家庭可以免遭它的破坏。未来战争将威胁到的不仅是文明的延续,而且是任何生物的生存。人类一直渴望的和平问题现在到了一个重要的十字路口。因为我们所知道的破坏能力,即使在很原始的

---

[1] [美]詹姆斯·Q.惠特曼:《战争之谕:胜利之法与现代战争形态的形成》,赖骏楠译,中国政法大学出版社2015年版,第75页。

阶段已达到了这样的规模。我们必须想象这种破坏能力的最发达阶段，我们才能应对现实。在这个十字路口我们的问题实际上是：活着还是死去。"[1]

（二）从战时法到诉诸战争法

限制诉诸战争权（jus ad bellum）的前提是正义战争与非正义战争的区分。正义战争的思想源远流长，在中国古代就有兵刑的正义观，"兴甲兵以讨不义"[2]，"伐不祀，征不享"[3]，战争是天子维护礼制的不得已手段。同时强调文伐为先，慎战全胜，"杀一人，谓之不义，必有一死罪矣"[4]，"圣王号兵为凶器，不得已而用之"[5]。

17世纪上半叶，格劳秀斯区分了正义战争和非正义战争的标准。他指出，从事战争的正当理由包括保护自己的生命、肢体、贞操和财产不受侵害，取得本来属于自己或应当属于自己的财产，以及对敌人实施惩罚。而出于对邻国的并不确定的恐惧，或为谋求优势地位而从事战争则是不正义的。国家与个体在道德上没有明显差别，二者可以用同样的方式、为同样的目的而使用武力，所以，私人贸易公司像传统欧洲主权国家一样有权发动战争。这一学说为紧随航海大发现而兴起的西方殖民主义提供了有力的理论武器。克里斯蒂安·沃

---

[1] 中国国家图书馆东京审判数据库—庭审记录库，载国图网，http://mylib.nlc.gov.cn/web/guest/djsp/pdfplayer?id=E2D98C9C0E104E2D856777332B7BD63C&type=pdfinfo&module=theTrialRecord.

[2]《司马法·仁本》。

[3]《国语·周语上》。

[4]《墨子·非攻上》。

[5]《兵道》。

尔夫（Christian Wolff）、塞缪尔·普芬道夫（Samuel Pufendorf）、拉萨·奥本海（Lassa Francis Lawrence Oppenheim）等一批国际法学家也曾对战争的正义性和合法性进行了论述，并推动了战争规则的制定。

到18世纪，战争现实主义思想开始兴盛。欧洲君主从贵族手中夺取并垄断了发动战争和合法使用暴力的权利。战争成为解决王室之间财产纠纷的一种"正当模式"。每一个主权国家都可以自由地发动战争，以追求自己的利益。当时的国际法学家更多关注战争手段和方法的正当性，而不是战争本身的合法性。战争法则成为一种不折不扣的胜利之法，国家之间可以"一战解纷争"。正义战争和非正义战争的区别已经不明显了。战争成为"国家不受控制的主权的一种特权"。

在这种情况下，战争法则事实上成为弱肉强食、胜者通吃的丛林规则。正义战争和非正义战争在法律上并无区别。国际实践也充分证明了这一点。例如，从鸦片战争开始，中国不断遭受帝国主义国家的侵略，被迫签订了一系列不平等条约，接受割地、赔款、开放通商口岸、租借领土等一系列屈辱的条件。从战争的性质来看，帝国主义国家侵略中国的战争完全是非正义的，但这并没有影响列强根据当时的国际法在中国取得特权和利益。

虽然在近代国际法时期，正义战争和非正义战争的区别反映的还只是一种道德诉求，并没有取得应有的法律地位，但在现代国际法中，这种区别无疑构成了确立反和平罪的道德基础。人们逐渐认识到，只要国际法不对国家的战争权加以限制，国家就可以为任何目的合法地进行战争，包括计划、准备、发动和从事侵犯别国政治独立和领土完整的侵略战争。

第一章 东京审判的背景

18世纪末,国家拥有无限制的诉诸战争权的观念受到了强有力的挑战。伊曼努尔·康德(Immanuel Kant)对18世纪的军事、政治和法律文化充满蔑视,他坚信人性的限制,认为"人性是块弯曲的木材,做不成任何正直的东西",因此人类才一直受到战争的威胁。1795年,康德贡献了那个时代最出色的反战文献——《永久和平论》。康德呼吁放弃毫无法律约束的野蛮状态,提出了实现永久和平的六个先决步骤和三大原则,主张以自由国家的联盟为基础制定国际法,通过法律来解决国际冲突,培养"世界公民"。[1]这一思想深刻影响了后世的政治家和法学家,成为第一次世界大战后的国际联盟和第二次世界大战后的联合国成立的思想与理论基础。

国际法意义上对国家的战争权进行限制,是从1899年和1907年两次海牙和平会议开始的。这两次会议谨慎地探讨了国家无限制地从事战争的权利问题。1899年海牙和平会议缔结了《和平解决国际争端公约》,规定在国际关系中尽可能防止诉诸武力,各缔约国同意竭尽全力以保证和平解决国际争端。遇有严重分歧和争端,如情势允许,在诉诸武力前应请一个或几个友好国家进行斡旋或调停。1907年海牙和平会议对《和平解决国际争端公约》进行了修订,并订立了《限制使用武力以索偿契约债务公约》,规定各缔约国同意不得因一国政府向另一国政府索偿契约债务而诉诸武力,除非债务国对交付仲裁的提议表示拒绝或不予答复,或接受仲裁提议后使仲裁协议不能成立,或仲裁后不服从裁决,方可使用武力。《和平解决国际争端公约》是最早总括规定和平解决国际争端方法的一般性

---

[1] [美]詹姆斯·Q.惠特曼:《战争之谕:胜利之法与现代战争形态的形成》,赖骏楠译,中国政法大学出版社2015年版,第168页。

条约，其作用和意义并不以规定和平解决国际争端的方法为限。这是人类历史上第一次对国家诉诸战争权或发起战争的权利进行了限制。

国际社会也一直致力于对战争中的交战行为进行限制，制定交战规则（jus in bello）以尽量减轻战争的破坏程度和残酷性。最早的规则可以追溯至1621年瑞典颁布的《在战争中遵守的军事法律条款》，其中规定："凡上校、中尉都不得命令士兵做任何不法之事，违者得根据法官判决处罚。"明确了战争中指挥官的责任。1863年美国内战期间制定的《利伯守则》（Lieber Code）则是对战争法规和惯例进行编纂的首次尝试，经林肯总统颁布成为对美国军队具有约束力的法律文件，并成为1874年《布鲁塞尔宣言》以及1899年和1907年《海牙公约》的来源。

1868年《圣彼得堡宣言》第一次以正式条约的形式明文禁止了在战争中使用特定武器。1907年《海牙第四公约》的附件《陆战法规和惯例章程》第46条将尊重"家庭荣誉和权利，人的生命，私有财产，以及宗教信仰和活动"尊奉为神圣不可侵犯。这一文件的其他条款还规定了保护文化目标和平民的私人财产。《海牙公约》的序言承认其并不完善，但承诺在完整的战争法颁布之前，"居民和交战者都受国际法原则的保护和管辖，因为这些原则是来源于文明国家间制定的惯例、人道主义法规和公众良知的要求"。

这一系列规制作战手段和方式的规则被称为"海牙法体系"（Hague Law）。1913年，卡内基基金会（Carnegie Foundation）派出的一个调查委员会，就是以海牙第四公约为基础，对在巴尔干半岛战争期间所实施的暴行展开调查的。第一次世界大战刚刚结束，为指控轴心国所犯战争罪行而设立的"战争发动者责任和刑罚执行

第一章　东京审判的背景

委员会(Commission on the Responsibility of the Authors of the War and on the Enforcement of Penalties)"也是以该公约为基础展开调查的。直到纽伦堡和东京审判,才开始对违反《海牙公约》的行为进行起诉。

与此同时,在红十字国际委员会的推动下,1864年在日内瓦召开有16个国家参加的国际会议,通过了第一个《日内瓦公约》。该公约规定了对战地武装部队伤者以及救助者的保护,旨在保护伤病员、不实际参加战斗的人员以及战俘和平民等战争受难者。在此基础上陆续发展出了后来被称为"日内瓦法"的人道法规则。由于日内瓦法人道主义保护的宗旨必须通过限制作战手段和方法才能更好地实现,而海牙法的各项条约也是本着人道主义精神签署的,因而日内瓦法和海牙法在限制战争、实施人道保护方面具有高度的内在一致性。

(三)战争违法到侵略犯罪化

前已述及,追究侵略战争的法律责任的想法历史悠久,对违反交战法的个人的处罚,在国际法上亦被认为是有其传统的[1]。但是,一方面,因为德国铁血宰相俾斯麦所代表的把国际关系看作权力斗争

---

[1] 美国独立战争时期的1778年9月29日,英军副官约翰·安德烈少校被捕落入美军之手。革命军总司令乔治·华盛顿对此直接根据国际法设置了相当于军事委员会的机构,10月2日该机构判安德烈为"敌国间谍",处以绞刑。之后,于1787年制定的《美国宪法》把国际法上的交战法作为权限的渊源,赋予军队的司令官设置军事委员会的权利。1846年开始墨西哥战争时,温菲尔德·斯科特将军设立了美国史上最早的正式的军事委员会。

空间的现实政治的理念,在19世纪后半期占据支配地位、不问战争的合法和违法的"无差别战争观"是确保各国间进行复杂的力量的利益调整的主流思考方式。另一方面,战争自身则被理解为超越法的存在。也许正如卡尔·施密特(Carl Schmitt)所指出的,1914年夏天的第一次世界大战中的"攻击",也不具有基于《海牙第三公约》的"形式的战争"通告以外的意味。但是,以第一次世界大战为契机,出现了将不正当的战争视为违法的动向,由此也可看到国际法上战争观"变化的征兆"。

1. 发轫:凡尔赛的未竟事业

第一次世界大战结束后,战争胜利方协约国在法国巴黎召开1919年和平筹备会议,又称巴黎和会,并于1919年6月28日在凡尔赛缔结了和平条约,史称《凡尔赛和约》(Treaty of Versailles, 1919)。[1]《凡尔赛和约》第227条规定,"建立一个特设国际刑事法庭对德国皇帝威廉二世发动战争进行起诉",这树立了一种空前的观念,即领袖个人可以为发动战争的决定负上责任——德皇会由于违反"国际道德和条约之神圣"而被起诉;第228条规定,"德国政府承认协约国及其参战国有权在军事法庭审判违反战争法规或习惯之

---

[1]《凡尔赛和约》与对奥地利、保加利亚、土耳其、匈牙利的和约统称为《巴黎和约》,构成战后帝国主义在欧洲和中东的统治秩序,称为凡尔赛体系。凡尔赛体系并不完整,它给世界留下了两个悬而未决的问题,即德国的赔款问题和欧洲的安全问题。鲁尔危机后,美国出台了德国赔款计划即道威斯计划,德国从美国取得贷款,经济复苏;1925年英、法、意、德、比、捷、波七国在瑞士洛伽诺召开会议解决欧洲安全问题,提高了德国的政治地位。法国一战元帅福煕说"《凡尔赛和约》只是二十年的休战",列宁也曾说"靠凡尔赛体系所维系的国际关系是建立在火山上的",反映出这一体系中隐含着复杂的矛盾,随时随地会崩溃、瓦解。

第一章 东京审判的背景

被告。如果被判有罪,对其应当处以法律规定的刑罚";第229条规定,"针对协约国及其参战国一国公民实施犯罪之被告,由该国军事法庭进行审理。针对协约国及其参战国一国以上公民实施犯罪之被告,由所涉国家的人员组成的军事法庭进行审理"。

为此,和平筹备会议建立了一个官方政府间委员会,即"战争发动者责任和刑罚执行委员会",这是人类历史上首个战争罪行国际调查委员会。委员会由美国、英国、法国、意大利、日本和中国等国代表组成[1],成员包括美国国务卿罗伯特·蓝辛(Robert Lansing)、英国法务部副部长欧内斯特·波洛克(Ernest Pollock)等15名法学家,即所谓"15人委员会",专门负责调查谁应该对第一次世界大战负责,以及是否有事实上和法律上的理由来审判那些应该对战争以及战争中行为负责的人,换言之,委员会的职责在于对战争发动者和违反战争法规和习惯者的责任进行调查并提出报告,以便对他们进行起诉。

委员会举行了两个月的秘密会议,并进行了广泛的调查。最终委员会意见分成了多数派和少数派,多数派的意见可以概括为:第一,倾向于对战争犯罪进行惩罚,认为德国人及其盟友至少要为战争负上政治责任;第二,赞同设立国际(国内)战争罪行法庭,公开进行审判;第三,审判对象应包括违反战争法和违反人道法的人,虽然违

---

[1] 美、英、法、意、日各派两名代表,其他的协约国及其参战国成员包括:中国、比利时、玻利维亚、巴西、古巴、捷克斯洛伐克、厄瓜多尔、希腊、危地马拉、海地、沙特阿拉伯、洪都拉斯、利比里亚、尼加拉瓜、巴拿马、秘鲁、波兰、葡萄牙、罗马尼亚、塞尔维亚-克罗地亚-斯洛文尼亚、泰国和乌拉圭。参见 Carnegie Endowment For International Peace, The Treaties of Peace 1919-1923。

反人道法因为没有先例而充满争议性。在这里，我们不难看出日后纽伦堡—东京审判一套三罪的雏形：破坏和平罪、战争罪和危害人类罪。但是，多数派对战争入罪的法律根据也充满疑虑。在委员会对战争发起责任的调查过程中，多数派也承认，"侵略战争"可能不是简单可以由司法分析确定的"行为"，而是政治、外交、经济等多种力量相互作用的后果，这些力量是超越法庭能够评定的范围的。因此他们认为，战争问题应该留给历史学家和政治家去考虑，而不是由法庭来决定。[1]

少数派包括美国和日本，他们提出了异议。在"委员会报告书"附件三中，日本代表安达峰一郎（Adachi Mineichiro）和立作太郎（Tachi Sakutaro）与美国代表一起，在几个问题上同多数派意见相左[2]：第一，反对将战争犯罪化，虽然战争的过程中有犯罪发生，但把整场战争归结为犯罪并不可行，因为战争与和平问题并不易于以法律方式解决；第二，作为战争的胜利国，日本代表出乎意料地提出了"法不溯及既往"与"胜者的正义"的疑问："一个由交战国组成的高等法庭，在一场战争结束之后，审判属于对方阵营的个人，这能否被承认为一个国际法原则……"；第三，"进一步的疑问在于"，拟进行的审判的法律依据是否已经得到了当时国际法的认可，"国际法是否承认一种刑法适用于被定罪的人"，这里更为明确地提出了

---

[1] Commission on the Responsibility of the Authors of the War and on the Enforceent of Penalties, "Report Presented to the Preliminary Peace Conference, March 29, 1919", American Journal of International Law, 95 (14), p.114.

[2] 似乎日本代表团已经预料到会有东京审判，所以提前就表示反对。

第一章 东京审判的背景

审判是否违背合法性原则的疑问,这同样是一个延伸到纽伦堡和东京的问题;第四,少数派对审判国家元首的后果感到不安,美国代表认为追究国家元首的个人责任与主权豁免学说存在冲突,并且,追责的理由"仅仅是这些人没有预防、制止或约束违反战争法律及惯例的行为",这似乎很不充分。[1]这些异议前瞻性地揭开了反和平罪中最为核心的战争犯罪化、侵略的含义、战争发起者的个人罪责、战争罪行审判法律依据的"事后"性等重大法律问题争论的序幕,这些争论延续到了纽伦堡和东京审判,至今仍不断发展和影响着人类对于战争和和平的法律思考。这些争议深刻反映了人类对于以法律手段对战争实施惩罚的谨慎和顾虑,这些顾虑部分来自一丝不苟的法律至上主义,而非胜利者的自得或失败者的狡辩,显得格外珍贵。

1920年,战争发动者责任和刑罚执行委员会完成了调查报告,提出了一份895名战争罪犯的名单,对这些个人以特定的战争罪行提出指控。然而发动战争的罪魁祸首德国皇帝威廉二世宣布退位逃到荷兰,荷兰国王是德国皇帝的堂兄弟,他让威廉躲在边琪克伯爵城堡,而且荷兰的法律及获批的条约中也没有"严重违反国际道德和条约神圣"这类罪行。此外,协约国担心如果强制引渡威廉,可能会引发德国内战并导致德国和协约国再生战端,因此虽然谴责了荷兰,但并未就交出威廉发出最后通牒,也没有采取进一步的措施。就这样,对德国皇帝的起诉没能得到执行。

到了1921年,协约国建立军事法庭的热情已经消退,调查与起

---

[1] "Report Presented to the Preliminary Peace Conference, March 29, 1919", American Journal of International Law, 95(14), p.114.

诉之间出现了制度性真空。德国通过新的国内立法取得管辖权,协约国也同意了由德国自主进行审判。这次审判在德国莱比锡进行,德国政府先是把将近900人的战犯名单缩减为45人,称之为"试验审判"。而最后只有13个案件进入了正式审理,共作出了9个判决,10人被认定为有罪,但判刑很轻,从6个月到4年不等,如对待战俘残酷无比的中士哥年只被判了10个月的徒刑。还有2名罪犯在可疑的重审中被宣告无罪。当那个罪恶昭彰、杀人如麻的石坦格尔将军被法庭宣告无罪的时候,观审群众竟然喝彩欢呼,献花致敬,把他当作"民族英雄"看待。[1]

这个"审判"的乖谬荒唐,在历史上难有匹敌。它敷衍了事,草草收场,对德国的战争狂人并没有起到威慑作用。就在短短十多年后,更大规模、更加惨烈的二战就爆发了。这场闹剧般的莱比锡审判,对二战后的战犯审判计划也产生了巨大影响。

莱比锡审判是在国际和国内政治的祭坛上牺牲正义的例子。《凡尔赛和约》中对违法者进行审判和处罚的承诺没有得到遵守。当时主要大国的政治领导人更关心确保欧洲的未来和平,而不是追求正义。虽然国际联盟已经意识到必须建立预防所有未来战争的世界新秩序,但是,最终协约国丧失了通过建立一种国际司法制度的方式实现这一目标的机会,更为遗憾的是,使得纽伦堡-东京审判失去了审判国家元首、追究发动侵略战争个人责任的绝好先例。虽然莱比锡审判被看作"闹剧",第一次世界大战后的战犯处罚构想也在稀里

---

[1] 参见[美]M.谢里夫·巴西奥尼:《国际刑法导论》,赵秉志、王文华等译,法律出版社2006年版,第339—340页;[德]格哈德·韦勒、[德]弗洛里安·耶斯伯格:《国际刑法学原理》(上册),王世洲译,商务印书馆2017年版,第28页。

第一章　东京审判的背景

糊涂之中被归结为"大失败",但正是这个历史教训,给予第二次世界大战的战争犯罪处理计划以巨大的影响。

2. 推进:两次大战期间战争违法化的努力

在两次世界大战之间,又有一系列将战争入罪的努力。1923年的国际联盟《互助公约草案》第1条宣布侵略战争是一种罪行[1];1924年10月2日签署的《日内瓦议定书》(和平解决国际争端议定书)开宗明义指出侵略战争破坏国际社会的团结[2],但宣告失败;国际联盟大会在1927年9月24日的关于禁止侵略战争的决议《关于侵略战争的宣言》中用"罪行"一词描述侵略战争[3]等。但这些基本上都是以来自边缘的改革建议形式出现的。如前所述,1928年的《凯洛格－白里安公约》,即《巴黎非战公约》可谓战争违法化的顶点,这份公约是人类第一次放弃战争作为国家的外交政策,标志着侵略战争乃至不正当的战争被视为"犯罪"的原则已获普遍认同。《巴黎非战公约》成为后来"反和平罪"确立的最重要法源,对这份公约的解释成为反驳反和平罪属于事后立法的有力武器。

1934年10月9日,南斯拉夫国王亚历山大一世卡拉乔尔杰维奇访问法国马赛,与法国外长路易斯·巴特乘坐汽车缓慢穿过城市的街道时,一名男子突然冲出人群跳上汽车踏板,对着国王连开两枪。当天南斯拉夫国王便不治身亡,法国外长也不幸去世。凶手科林是一名职业恐怖分子,幕后主使至今没有定论。这起惨案促使国际社会

---

[1] [1923]4 League of Nations Official Journal, p.1521.

[2] [1924]4 League of Nations Official Journal, special sup23, p.498.

[3] [1927]4 League of Nations Official Journal, special sup53, p.22.

开始讨论有必要成立审判恐怖活动的国际刑事法庭。为此，以剑桥大学法学部成员们为主的欧洲法学家们组成了"刑法的重建与发展剑桥委员会"（以下称"剑桥委员会"）。1941年11月在剑桥召开了会议，设置了研究"对国际公共秩序犯罪"的规则和手续的委员会。1942年在伦敦成立了讨论战争犯罪问题的专门国际法委员会，比利时法官马塞尔·德·贝尔（Marcelo de Baer）担任委员长。委员会讨论了战争罪行的定义，主张侵略战争是国际性的罪行。同时，也提出对犹太人的人种灭绝即使未能受到当地法律的惩处，也应该由国际法来处罚。大会认为各国拥有审判战争罪行的权利，并提议设置国际刑事法庭来处置各国无法处理或没有管辖权的罪行，例如对犹太人或无国籍人士的罪行、涉及数个国家或复数国籍人士的罪行、国家元首犯下的罪行等。1943年9月，又对《国际刑事法庭宪章以及赋予该法庭的管辖权》的报告进行了讨论。该委员会的一些成员，如荷兰鹿特丹法庭法官德摩尔（De Moor）、比利时法官贝尔、中国的梁鋆立、捷克斯洛伐克的博胡斯拉夫·艾切尔、法国的勒内·卡森、卢森堡的维克多·博森以及挪威的埃里克·科尔本等，后来成为同盟国战争罪行委员会（UNWCC）的成员，发挥了重大作用。[1]

可以看到，把战争视为违法，成立国际刑事法庭来审判战争罪行，是第一次世界大战以来各国的法律家和法学家们的共同目标。这些法官、律师、大学教授等法律专家，积极组织和参加相关的国际法活动，一直关注和研究战争罪行问题，试图实现战时国际法的新发展，建立国际刑事司法制度。有了他们的持续探索和共识累积，战争

---

〔1〕 参见［日］林博史：《东京审判和B、C级审判》，载东京审判研究中心编：《东京审判再讨论》，上海交通大学出版社2015年版，第367页。

第一章　东京审判的背景

罪行研究日益深化,并从理论研讨逐渐具备了越来越高的可操作性。正因为如此,在面对第二次世界大战中前所未有的战争罪行时,他们中的大多数成员又代表各国政府聚集在同盟国战争罪行委员会等组织机构,为同盟国战犯处罚政策的出台建言献策。某种意义上,正是他们这20年的努力催生了战争犯罪观的成型,而这样的战争法观和国际审判构想成为了纽伦堡和东京审判的前提。

三、审判政策的出台

(一)战犯处置的论辩与交锋

第二次世界大战后期,如何结束战争、清算战争责任以及惩罚战争祸首和罪魁,成为反法西斯同盟各国共同关注和激烈争论的焦点,纽伦堡和东京审判得以确立和开展,事实上并非必然而且十分艰难。纳粹在欧洲特别是东欧惨绝人寰的暴行令国际社会震惊,日本"'大东亚共荣圈'的狂想失去了节制"[1],在中国、东南亚地区犯下罄竹难书的残虐罪行,这些以往战争无法比拟的大规模的组织性暴虐激起了同盟国强烈的憎恨和报复欲望。尽管同盟各国对于如何处理战犯作了相当周密的考虑,不过一直到审判开始前不久,对战犯施以严惩的迅速处决论仍被认为是最恰当的方式而占据上风。美国首席检察官罗伯特·杰克逊在纽伦堡审判的开场陈述时说,"这是权力向理性作出的最意义重大的致敬",的确是对这场世纪大辩论的精当总结,结果是,同盟各国"因为所获得的胜利而激动,因为所受的伤害

―――――――
[1] [美]约翰·W.道尔:《拥抱战败:第二次世界大战后的日本》,胡博译,生活·读书·新知三联书店2015年版,第2页。

而刺痛,但是,他们不打算报复,而是自动将他们俘获的敌人交给法律处置"[1]。

1. 政治处决论

英国政府和美国当时的财政部长亨利·摩根索(Henry Morgenthau)坚决主张即刻处决。1945年,许多英美官员开始设想对敌方阵营的"主要罪犯"进行立即裁决。英国首相温斯顿·丘吉尔尽管同意在犯罪现场审判这些人的罪行,但是,他在1943年12月9日列出了一份"名单,认为有五十到一百个纳粹……应在六小时内枪决,而且不需要告知上级"[2]。美国国务卿科德尔·赫尔也曾告诉英国和苏联两国的高官,如果能办得到,他"将让希特勒、墨索里尼、东条英机以及他们的主要帮凶,接受战地军事裁决。只要到第二天的日出时分,就会发生历史性的事件"[3]。其实这种主张并非仅是基于报复的冲动,英国的罗伯特·安东尼·艾登外长就曾对此说明,基于一战的经验,战后舆论很可能会失控,故而主张不必设立国际法庭和特别法庭施行审判,而是直接将敌国领导人作为"政治问题"处理。他认为,只要展开审判,欧洲恢复和平的日期将会被延长,从而希望停战后尽快处罚战犯。[4] 美国国务院特别政治局的劳伦斯·布

---

[1] [英]萨达卡特·卡德里:《审判为什么不公正》,杨雄译,新星出版社2014年版,第221页。

[2] [英]萨达卡特·卡德里:《审判为什么不公正》,杨雄译,新星出版社2014年版,第221页。

[3] [荷]伊恩·布鲁玛:《零年:1945——现代世界诞生的时刻》,倪韬译,广西师范大学出版社2015年版,第228页。

[4] [日]日暮吉延:《东京审判的国际关系》,翟新、彭一帆译,上海交通大学出版社2016年版,第44页。

第一章　东京审判的背景

伦斯认为，一些国家在战后会出现处罚情感软化的问题，以一个国家为单位进行排他性审判时，很容易变成闹剧或不统一；另一方面他也担心战争犯罪的扩大会成为事后法，所以最好还是进行政治性处罚。[1]

美国财政部长亨利·摩根索首先考虑的是德国，有着犹太血统的他愤恨纳粹对犹太人的迫害，故而持有强烈的反德感情。他建议同盟国列出一张清单，标明被捕和指认之后应立即"被联合国士兵组成的行刑队"处决的最高领导人。摩根索认为一战后的对德政策只有负面的教训，期待德国人自发地民主化是极为愚蠢的，应该采取使德国"无力化"的惩罚政策。而罗斯福认为只追究纳粹领导人而不是德国全体国民的责任是错误的，因为德国全体国民从事了"与近代文明相对立的违法的共谋罪"。罗斯福不仅对丘吉尔的观点没有表示反对，还倾向于支持摩根索的"超严厉"政策——拆除德国的工厂、分割德国的土地、重新安置数百万德国人民，并不经审判将2500多名前纳粹党人全部枪决。

2. 简易审判论

这一主张深受珍珠港事件的影响和迅速处罚的需求。麦克阿瑟憎恨没有进行宣战的珍珠港偷袭，把处罚东条英机等人视为自己的义务所在。对于麦克阿瑟来说，正如山下奉文审判那样，"用自己的手更加确切和更加迅速地进行审判才是王道"[2]。1944年9

---

[1] [日]日暮吉延：《东京审判的国际关系》，翟新、彭一帆译，上海交通大学出版社2016年版，第46页。

[2] 同上书，第183页。

月成立的美国法务总监部(JAG)[1]及其总监密朗·克拉默(Myron C.Cramer)就曾强烈反对过美国前陆军部长亨利·史汀生(Henry Lewis Stimson)的侵略战争犯罪化、通过统一的"共谋"将侵略战争和残虐行为包罗其中的国际审判方案。克拉默认为,珍珠港事件就是违反《海牙第三公约》对美国背信弃义的敌对行为,这一主张得到了麦克阿瑟的强烈认同,作为职业军人的麦克阿瑟的确对改革传统的战争犯罪处罚方式十分反感,但另一方面,在战时法范围内追究东条对珍珠港的责任也同样存在法律困难。

美国副国务卿斯特蒂纽斯从另一角度表达了希望采取迅速审判方式的理由:如不能在短期结束审判,随着时间推移,处罚将会失去冲击力。国际法庭的设立、组成、手续、权限等方面的问题需要大量时间进行国际协调加以解决,国际法庭烦琐的审判程序以及被告利用审判实行拖延战术的可能难免使莱比锡闹剧再现,因而主张即刻处决少数纳粹主犯,其他传统型的战犯最好由各国迅速处理。[2]

3. 国际审判论

与以上观点形成鲜明对比,史汀生独排众议力主进行国际审判。可以说,如果没有史汀生,国际军事审判能否以今天我们所知的方式进行就成了未知数。

---

[1] 1944年9月25日美国法务总监部(Judge Advocate General, JAG)成立,后来应UNWCC要求,于1944年底将JAG下设的"战争犯罪部"(War Crime Division)同时设立为美国国家战争犯罪办公室,负责为UNWCC提供信息。1945年3月22日,JAG的战争犯罪部改组为"战争犯罪局"(War Crime Office),除规模扩大外,功能没有实质性变化。

[2] [日]日暮吉延:《东京审判的国际关系》,翟新、彭一帆译,上海交通大学出版社2016年版,第105页。

第一章　东京审判的背景

史汀生的立论在于，利用法律将身处荒野中的国际社会予以文明化，将东京审判视为战后国际秩序形成的重要条件，把对德日的审判作为消除战争罪恶的象征来操作，使敌国无害化。他在1945年1月22日发给总统的备忘录中就指出，战犯处罚的目的是为寻求"正义""战后安全保障"和"德国民众的再回归"。1944年的三部会议上，史汀生指出，必须处罚纳粹，但反对妨碍欧洲重建的过度惩罚政策，这样的情况在日本也是同然。史汀生对《凡尔赛和约》的理解与摩根索完全相反，他在该和约的破坏性中看到了过度的问题，也即破坏性的政策决不能使国际秩序稳定化，相反还会为将来的战争播下种子。这样让危险的败者复归国际体系是极为不适当的。史汀生认为，这场战争是"纯粹的权力政治的结果"，日德的政治结构被两分为"军国主义的党派"和"和平的党派"，但前者的势力掌握了国家的支配权。史汀生是在总括《凡尔赛和约》的教训和解释日德政治的二元论的基础上，考虑对德和对日政策的。他的立场的特征是，"绝不要忘记这个处罚的目的不是报复，而是预防"。所谓"预防"，意在通过不让德国国民痛感毁坏了其名声和没从他们心里夺取德国再生的希望，从而防止将来出现反叛。史汀生的审判论推动舆论朝着把公平的审判、法律的正当程序即"文明"的方法导入战犯审判的方向升级。他强大的智囊团给了他法律上的巨大信心：钱德勒的侵略犯罪性的研究，麦克罗伊对史汀生思想的理解、坚守和把握以及在三部协调委员会中的强大协调力，马莱·巴耐兹基于共谋的流线型审判政策构想等。如后文详述，这些努力使得史汀生主义得以落地，并最终赢得罗斯福和杜鲁门的支持，成为美国正式推行的政策。

(二)政治家和法学家的贡献

1.史汀生和史汀生主义

第一次世界大战以来,一些国家试图使"合法性"超越纯粹的武力或权威。这方面的努力的主要动力源于1932年的史汀生主义。在日本侵略中国东北后,时任美国国务卿史汀生宣称,美国政府"不承认任何实际上情势之合法性,也不承认这些政府或其代理人所订立足以损及美国或其国民权益,美国政府也不承认任何由违反1928年8月27日《巴黎非战公约》之方法所造成之情势或缔结之条约或协定"。1932年3月11日,国际联盟特别大会通过了一项内容与此相似的决议。1938年,美洲国家联盟会议在利马通过了一份不承认经由武力取得的领土的协议。这意味着,根据史汀生主义,如果某些局势侵害了日益被认为具有根本性的价值,尽管其是有效的,但不具有正统性。其目的在于鼓励从事不法行为的国家,促使其改变遭到谴责的该种情势。[1]

史汀生担任国务卿时曾发表这样的声明:

> 各国间的战争因巴黎非战公约而被放弃。这件事实际意味着在全世界战争将成为非法。战争已经不能成为权利的对象和源泉。……今后,如果两个国家交战,其一方乃至双方都将被视为不法行为者。……我们将把他们作为法律违反者加以谴责。

---

[1] [意]安东尼奥·卡塞斯:《国际法》,蔡从燕等译,法律出版社2009年版,第451页。

第一章 东京审判的背景

正是通过这样,我们把许多先例视为落后于时代的。[1]

1941年1月16日,在美国众议院外交委员会的会议上,史汀生从拥护武器租借法(1941年3月)的目的出发,提出《巴黎非战公约》已经使国际法焕然一新,违反非战公约的国家将会失去交战国的传统权利。

根据史汀生的立论,战时陆军部民事部代理部长威廉·钱德勒(William C.Chandler)大校指出,实现侵略的犯罪化的好时机已经到来,把轴心国的侵略作为战争犯罪处罚是可能的。他知道当时存在诸如处罚"太过严厉"、英法的对德宣战告示容易成为把柄、"侵略"的定义十分困难等问题,但又深感把侵略诉因加入"共谋"之中时不我待,因此展开了以上的主张。史汀生对此论述给予了高度评价,还指令麦克罗伊继续探讨有关问题。史汀生认识到侵略战争犯罪化有助于起诉正当化,进而促成国际法的革新,《巴黎非战公约》因此被重新发现和解释,担起了新的历史使命。

在史汀生的观念中,战犯审判无疑与"正义"和"道义"具有同等意义,但与"报复"应该是处于对立的。因此,只处罚"首谋"就足够了,其他国民应使其复归社会。史汀生认为,如果处罚国家整体,一战后那样遍及国民的敌忾心就会重现,所以通过处罚战犯而间接明确国家的责任才是更聪明的做法。史汀生在倡议对日劝降之际,一方面主张打击将日本引入歧途的势力,另一方面则对稳健派领导人和国民的理性寄予期待,也是基于同样的逻辑。1946年5月13

---

[1] [日]日暮吉延:《东京审判的国际关系》,翟新、彭一帆译,上海交通大学出版社2016年版,第106页。

日,史汀生退休后在给杰克逊的书信中这样写道:

> 我相信审判的成就是战争结束后能够实行的最为重要的努力之一。这个审判不仅关乎美国为镇压邪恶而斗争的记录,而且是把世界导向正义和公正的规范的巨大一步。[1]

史汀生不断展开其作为"文明的审判"的"规范"论。认为处罚对于极权主义的崩溃是不可缺少的,但它不是报复,是文明批判将世界陷入战争的纳粹的哲学和侵略,所以必须以经得起历史审视的公平方法去审视。在对日政策中,史汀生建议,美国应该担心将日本弄得一塌糊涂,对日占领必须限于必要的方面:第一,使日本和东洋整体对于日本失败的事实留下深刻影响;第二,将日本非军事化;第三,处罚包括在珍珠港施行背信弃义行为的责任者在内的战犯。[2]

史汀生观点中的战犯审判的有力点包括:第一,原本刑事审判就具有很强的伦理性,在政治共同体中可以视为具道义权威的公权力,实施审判可以彰显同盟各国的道义性;第二,战犯审判这一基于法和正义的文明方法,将成为抑制不可避免的对同盟国报复热浪的良策;第三,通过审判将轴心国邪恶的犯罪性铭刻于历史,也意味着参战前史汀生和美国政府关于美国具有对英支援的法律权利的主张的正当性。因此,主张需要考量的不是战争的方法,而是战争的性质。

国际军事审判只要将其目的置于追求建立国际社会的法的支

---

[1] [日]日暮吉延:《东京审判的国际关系》,翟新、彭一帆译,上海交通大学出版社2016年版,第108页。

[2] 同上。

第一章　东京审判的背景

配,就势必也能符合联合国的理念,两者可以看作是同向的。于是,国际军事审判就被内化为一种使命,在理念和情感两方面形成推动人们促成国际审判的框架。

2.法学家和同盟国战争罪行委员会的贡献

观察同盟国的战犯审判政策,出发点在于德国和日本的大规模残暴行为引起了民众和受害国的极大愤慨,震撼了"国际社会的公众良知"。不能容忍加害者的公众舆论,促使英国政府推动了同盟国战争罪行委员会的设立。

1943年10月20日,英国外交部会议上,来自澳大利亚、比利时、加拿大、中国、捷克斯洛伐克、希腊、印度、卢森堡、荷兰、新西兰、挪威、波兰、南非、英国、美国、南斯拉夫、法兰西民族解放委员会等17国政府参会,就成立同盟国战争罪行委员会(United Nations War Crimes Commission,UNWCC)达成协议。[1]由于一些复杂的原因,苏联代表并未与会,最终也没有参加同盟国战争罪行委员会。

英国的赫斯特(Cecil Hurst)被选为主席。英国政府只允许委员会收集信息等,采取了限制的方针,却遭到各国代表的反对,最终确定其为"代表同盟国惩处战犯的唯一机构"的地位。设立了以下机构:负责证据收集、检证和目录制作的第一委员会;负责逮捕和审判等技术性问题的第二委员会;探讨法律问题的第三委员会。[2]各委员会委员可以兼任。同盟国战争罪行委员会的重要论点之一就是究竟应当将哪些人、哪些行为确定为审理对象,也即"战犯"的概念和范

---

[1] 程兆奇:《东京审判——为了世界和平》,上海交通大学出版社2017年版,第27页。

[2] [日]林博史:《东京审判和B、C级审判》,载东京审判研究中心编:《东京审判再讨论》,上海交通大学出版社2015年版,第367页。

围如何确定的问题。

在同盟国战争罪行委员会的第一次会议上,捷克斯洛伐克代表博夫斯拉夫·艾切尔(Bohuslav Ecer)博士就提出应该扩大战犯的概念。他说,"'战犯'是过去的概念,已被全面战争凌驾其上……我们需要更广义的'战犯'概念"。[1]

1944年3月21日的第十三次会议上,法国代表安德鲁·葛洛认为,"制作战犯名单也许在1918年还是个正确的想法,那时候的犯罪尚在个人可以承担的范围内。然而在1944年,数十万人可以将其他数百万人置于死地,这种犯罪具有集体性格,个人的罪犯名单并不妥当。就算同盟国各国政府查明了所有个人的犯罪事实,德国犯下的暴虐罪行却远远超出了这些犯罪的总和。德国的犯罪组织体系才是罪犯"。

1944年10月2日,美国代表威廉·约瑟夫·西博尔德(William Joseph Sebald)中校在给麦克罗伊(美国陆军部司令助理)的报告中将问题归纳如下:

> 将敌人发起的众多暴行看作以往战争中那种单纯的个人或集团的犯罪行为是不合适的。当然,它们也具备这种性质,然而这却不是最大的特点。现在的战争之所以如此残忍,是因为柏林下达的命令方针具有明确的计划性和目的性,为贯彻这些命令方针,极端的犯罪行为持续重复,并获得奖励。[2]

---

[1] [日]林博史:《东京审判和B、C级审判》,载东京审判研究中心编:《东京审判再讨论》,上海交通大学出版社2015年版,第367页。

[2] 同上书,第368页。

第一章 东京审判的背景

也就是说,德国的行为不是某个兵将的单独行为,而是德国这个国家,或者说是与纳粹国家一体化的组织进行的有组织有体系的行为。仅仅惩处末端的犯罪现场的命令人或执行人是不能解决问题的。从这一认识出发,可以得出这样一个结论:不能仅仅审判单个的犯罪案件的嫌疑人,而是应该把国家和纳粹组织的领导人也作为战犯来审判,这是不可或缺的。

以往的战犯概念建立在个别的非人道行为的基础上,但是,面对二战中空前的暴虐行为,如何理解战犯的问题被提了出来。

委员会上的讨论对象主要是纳粹德国,对于如何处置太平洋战区的日本的战争罪行,中国代表率先提出意见并作出了决定性贡献。早在圣詹姆斯宫会议召开之前,中国驻英大使顾维钧就提出,中国受日军暴行之苦最深,建议在大会时中国政府应发表声明,表明立场。会议召开后,中方宣言与欧洲九国宣言同时在英国当日晚报及次日各报发表。中方宣言提出:"在日本占领的中国领土上,人民长期沦为日军野蛮暴力行径的受害者。他们大规模屠杀平民,蓄意摧毁文化和教育机构,使用毒品有组织地残害中国人。他们的罪恶行径罄竹难书,令人发指。中国政府认为,只有依法惩治日寇给中国人民及其他国家的人民造成的损害,公平和道德的基本原则才能够得到伸张。"[1]中国政府认为:"凡中国人民所受之冤苦,若不与其他人民所受者同样得到昭雪;又若一切作恶人员,不予同样依法惩处,则无以彰公道而维道德矣。"[2]中方宣言表示,中国政府赞同《圣詹姆

---

[1] Solis Horwitz et al., *The Tokyo Trial: International Conciliation*, *No.465*, *November*, *1950*, Literary Licensing, LLC, 2013, p.478.

[2] 刘萍:《联合国战争罪行委员会的设立与运行——以台北"国史馆"档案为中心的探讨》,载《历史研究》2015年第6期。

斯宣言》,"并希望时机来到时,以同一原则,施诸占领中国之日本官兵"[1]。这就是著名的以"同一原则惩治日军暴行"。

同盟国战争罪行委员会第三十五次会议上,中国代表金问泗再次提出,"如果不严惩日本侵略战争的始作俑者们,惩处战犯的努力就起不到防止战争的效果。如果再发生其他的战争,恐怕这种暴虐行为将更大规模、更残忍地被重复"。[2]此外,澳大利亚代表也高度关注日本的问题。

这些基于二战中暴虐行为具有区别于以往的系统性、组织性的认识,使人们逐渐意识到,引起这些暴虐行为的战争本身就是一种更为严重和根本的战争犯罪。

1944年5月16日,同盟国战争罪行委员会法律问题委员会(第三委员会)提交了"同盟国的惩处行动范围"的报告,就战犯概念提出了四点意见:

(1)无论这些犯罪所涉及的领域如何,因准备战争或基于开战目的而犯下的罪行;

(2)无论嫌疑人的地位如何,在同盟国或同盟国外,以及对空中、海上的同盟国军队成员或民众犯下的罪行;

(3)无论犯罪地点如何,以人种、国籍、宗教或者政治信仰为由,不分国籍或是对包括无国籍人员在内的任何人犯下的罪行;

---

[1] 刘萍:《联合国战争罪行委员会的设立与运行——以台北"国史馆"档案为中心的探讨》,载《历史研究》2015年第6期。

[2] [日]林博史:《东京审判和B、C级审判》,载东京审判研究中心编:《东京审判再讨论》,上海交通大学出版社2015年版,第370页。

第一章　东京审判的背景

（4）妨碍恢复和平的罪行。[1]

以上对战犯的理解，除了第（4）点以外，（1）至（3）点分别对应反和平罪、普通战争犯罪（违反战争法规惯例）、反人道罪这三种类型，可以说是后来纽伦堡和东京审判管辖权规定的原型。其中，后来被定格为反和平罪的第一点，从委员会的讨论中可知，他们认识到正是由于准备和开始战争才引起了庞大的、有组织的暴虐行为。但是否明确将侵略战争当成战争犯罪看待，委员会从1944年10月至12月进行了审议，却未能得出结论。

及至战争尾声，侵略就是犯罪的观点越来越受支持，支持方提出的方案和理论等成为美国政府制定政策的出发点和重要参考。美国支持对侵略战争进行刑事定罪，正如1945年6月6日联邦最高法院法官罗伯特·H.杰克逊向总统报告所阐明的那样：

> 我们遵从《巴黎非战公约》，并且视其为我们国家政策的基石。我们有理由相信，遵循这一公约，可以省略掉武器和战争机器，而无论何时违反公约，都将威胁到我们的和平。对国际关系基础的攻击，只能被视为一种反对国际社会的犯罪行为，可以通过惩罚侵略者恰当维护自我基本契约的完整性。因此，我们提议指控侵略战争为一种罪行，而且现代国际法已经废除了关于"那些煽动或进行战争具有正当性的"条文。

---

[1] [日]林博史:《东京审判和B、C级审判》，载东京审判研究中心编:《东京审判再讨论》，上海交通大学出版社2015年版，第369页。

在1945年7月的伦敦会议上,美国的这一立场在国际上得以明确,赢得了其他同盟国的支持。反和平罪写入了《伦敦协定》的附件《纽伦堡宪章》,就此正式得以确立。

3. 凯尔森的思辨

1943年,法学家汉斯·凯尔森(Hans Kelsen)在《加利福尼亚法律评论》第31期上发表了关于战犯问题的论文 Collective and Individual Responsibility in International Law With Particular Regard to the Punishment of War Criminal,他指出:"处罚战争犯罪人不是为满足报复欲,而应是伸张国际正义的行为",所以需要设置包含战胜国和战败国双方的"独立公平的国际法庭",为了使追究国家领导人个人责任的国际法变革能够成功,就必须"根据国际条约成立把有强制性管辖权的法庭作为主要机关的各国联盟"。

凯尔森是出生于奥地利的犹太法学家,除了法哲学外,参与过第一次世界大战后奥地利共和国宪法的起草,并担任依据该宪法设立的宪法法院法官。其后由于纳粹排犹运动高涨,凯尔森流亡美国,余生便活跃于美国。他最著名的论点,便是提出一种伦理净化的建议,强调区分实然(sein)与应然(sollen),指的便是事实与规范应严格区别。凯尔森认为,我们无法以规范的内容符合道德正确性来证明条例是我们的行动依据。即使条例有道德做后盾,判断什么是"道德"却因人而异,结果难免产生冲突,甚至会得出"人没有必要依条例规定行动"的结论。凯尔森认为,条例具有在历史上某个时点由特定人实际制定的特质,所以才称为法律,这种法律的定义为"实证法"。[1]

---

[1] [日]长谷部恭男:《法律是什么? 法哲学的思辨旅程》,郭怡青译,中国政法大学出版社2015年版,第100—103页。

第一章　东京审判的背景

凯尔森学说的特质,就是太注重理论的一贯性,即使因此导出相悖的结论也在所不惜。可以说这是凯尔森理论的弱点,却也是他的魅力。

凯尔森在1944年至1945年之间提出许多报告书,为JAG战争犯罪局提供协助。在题为《开始侵略战争是犯罪吗?》的报告中,他指出,在国际法上,战争是否构成违法是有疑点的,但可以论断的是,非战公约以后诉诸战争是被禁止的。只是他不满足于进行能否处罚轴心国领导人等这样粗线条的议论,而是对"侵略战争"和"违法战争"进行严格区分。他讲道:"决定性的问题不是这场战争是侵略战争还是自卫战争,而是合法战争还是非法战争。"[1]为了审判和惩罚对"违法战争"负有道义和政治责任的个人,"创设"认定责任的法的基础就是先决条件,于是他提出根据国际条约赋予法庭起诉权限的方法。

凯尔森明确意识到了同盟国主导惩罚战犯会在国际法上碰到障碍,故而需要更为坚实的法律基础,而创制联合国宪章是极为适合的手段,因为可以通过宪章建立个人责任原则。旧金山会议开幕前,UNWCC曾建议把与2月16日凯尔森报告书几乎相同的内容添加到联合国宪章之中。虽然因为参加联合国宪章起草的各同盟国政府都持不承认联合国的立法权能拘束本国的立场,并因将来开战问题有可能涉及本国,故而对此相当警惕,导致提案被无视,但这也如实反映了处理开战问题的难度。

---

[1] [日]日暮吉延:《东京审判的国际关系》,翟新、彭一帆译,上海交通大学出版社2016年版,第112页。

(三)从《伦敦协定》到《东京宪章》

德国投降一个月之前,同盟国就苦心推敲出了对德战争罪行追诉政策的总体框架,但是直到1945年8月8日,即苏联对日宣战当天、广岛原子弹爆炸之后两天,确立审判纳粹领导人基本原则的《纽伦堡宪章》才得以发布。不可否认,同盟国关注的重点是欧洲战场和对德战犯处罚问题。日本战犯处理政策无论在时间还是内容上,都跟随在同盟国对德国战犯处理政策的反复磋商和艰难共识之后,也可以说,纽伦堡国际军事法庭为东京审判框架的建立提供了蓝本。

1945年4月,罗斯福去世后继任的哈利·杜鲁门总统批准了陆军部长史汀生、司法部长比德尔、国务卿斯特蒂纽斯共同签名呈递总统的备忘录《纳粹战犯的审判与惩处问题》,延续并进一步明确了美国关于战犯处理的基本方针,即否决"违反同盟国整体共识的最基本正义原则"的"立即处决"方案,通过政府间协议组建国际法庭审判主要战犯。东京国际法庭的筹建由美国"国务院—陆军部—海军部协调委员会"负责。协调委员会制定了《美国关于远东战争罪犯的逮捕和处罚的方针》作为远东战犯起诉的指导文件,并希望迅速推动审判的筹备,任命美国联邦最高法院法官、曾任美国司法部长的罗伯特·杰克逊就这一方针与各同盟国展开国际协商。1945年6月26日至8月8日,美英法苏四国代表在英国伦敦的圣公会总部大楼集会,召开著名的伦敦会议,就莫斯科宣言的具体化和国际审判方案展开国际交涉。

几乎与此同时,1945年7月17日至8月1日,美英苏首脑在柏林郊外的波茨坦西席林霍夫宫召开举世瞩目的波茨坦会议,会议的主要议题是欧洲的战后处理,其中心是德国问题,但对日问题在公告

第一章 东京审判的背景

中正式提及，在其中也占据重要一席。

两大会议取得了重要的成果，《波茨坦公告》《伦敦协定》及其附件《纽伦堡宪章》正式声明了国际审判作为战犯处罚方针的国际共识，确立了起诉的罪名，奠定了战后两大审判的法律基础。作为纽伦堡审判依据的《纽伦堡宪章》也成为东京审判的重要蓝本。但会议协商的过程却并非一帆风顺，相反过程可谓剑拔弩张、争执不断，这些矛盾和成果一起深刻地影响了后来的东京审判。具体而言包括：

（1）采取国际审判，是道义驱使、政治博弈与法治追求多重力量作用的结果。这一点典型地可从英美与苏联之间的矛盾观察到。相比起有着悠久法治传统的英国一直坚持的立即处决的立场，斯大林却急切地盼着进行战后的起诉，他宣称："未经审判，不得直接处决战犯，否则，世人将认为我们不敢审判他们。"[1]但斯大林的主张显然不是为了区分有罪者和无罪者，"从1943年夏天起，苏联官方就开始在刚从纳粹控制下解放出来的地区小心翼翼地实施着贬损司法的行为"。[2]斯大林关心审判，显然缘于他首次提出该主张时的局势，他担心被人指责美英苏首脑为了复仇而杀了纳粹高官。[3]而反观英国的立场，则是认为即刻处决不仅可以尽早恢复和平，也是相对较少留下怨恨的文明智慧。英国敏锐地觉察到了国际审判的得失，担忧在组织化程度较低的国际社会，报应如果成为权力间"调整相互价值的

---

[1] [英]萨达卡特·卡德里：《审判为什么不公正》，杨雄译，新星出版社2014年版，第221页。

[2] 同上。

[3] Bradly Smith, *Reaching Judgment at Nuremberg*, Basic Books, 1977, p.29.

类型，势必会出现相当困难且危险的情况"[1]。但对美英而言，苏联对结束战争具有实质性影响力，必须争取苏联的协助。这也让在伦敦交涉的杰克逊深信苏联是一位麻烦的对手，与苏联共同审判将会很难，从而进一步认为最好不要施行国际审判。这也导致他后来力主在东京实行区别于纽伦堡四国平权的美国一国主导的审判模式，并建议在东京建立更具统合性的检察体制。

（2）侵略战争的定义以及适用对象。伦敦会议上，杰克逊试图厘清"侵略战争"的内涵，但苏联代表伊诺·尼基钦科（Iona Nikitchenko）在会议第二阶段开始表明苏联的态度。他主张，纳粹领导人不是普通的罪犯，而是"已经被各国政府首脑定了罪的……战犯"，"纳粹的政策在整体上就可以定义为侵略"。杰克逊反唇相讥：既然如此，为什么还费工夫审判这些人？尼基钦科解释说，审判的功能在于"裁量每个人的有罪程度，给予他们必要的惩罚"。尼基钦科强烈要求在国际法庭的宪章中规定，侵略战争是一种只有纳粹才可能触犯的罪行。但杰克逊的意见是侵略战争的相关法律原则必须具有普遍性，他威胁说，美国可能举行一场独立的审判。[2]英国官员在一旁调和双方的分歧，到1945年8月2日举行的会议上，必不可少的妥协最终达成——国际法庭的管辖权仅限于轴心国发起的战争。

（3）三大罪名以及有关共谋的争论。伦敦会议上，美国草案中适用英美法系的"共谋"理论遭到了大陆法系的苏联和法国的强烈反对。尼基钦科和特拉伊宁等苏方代表不理解美国的法体系，美国

---

[1]〔日〕日暮吉延：《东京审判的国际关系》，翟新、彭一帆译，上海交通大学出版社2016年版，第112页。

[2]〔英〕萨达卡特·卡德里：《审判为什么不公正》，杨雄译，新星出版社2014年版，第225页。

第一章 东京审判的背景

也难以理解苏联的法体系。苏联虽然表明理解美国提案的旨趣,但交涉一度停滞。杰克逊认为在法哲学上和苏联之间的鸿沟难以填平,并认真考虑如果美国提案被拒绝,则提议由各国单独设置法庭进行审判。[1]不难想象,要在法体系、政治文化、语言等方面都明显不同的国际性审判中取得共识,是极其困难的课题。在日暮吉延的研究中,还特别提到了人的因素,他根据英国外交官帕特里克·迪安(Patrick H.Dean)发回伦敦的报告内容,指出美国代表可能有过分夸大美英与苏联的对立之虞,在帕特里克看来,苏联代表"懂得道理",但杰克逊急躁并具攻击性,两大法系对法原理的理解本就不同,加上参会者的性格原因,进一步制造了达成共识的壁垒。最终,苏联妥协了,接受了美国提出的"共谋"审判方案。

可以说,《纽伦堡宪章》是妥协的产物,其中第6条规定,法庭管辖三类犯罪:首先,回避了"侵略"和"共谋"的定义,将侵略战争的计划、准备、开始、实行和共谋命名为"反和平罪",这种罪名背后的观念是,各国都已经明确表现出放弃战争的意愿,挑起战争本身就成了一种国际犯罪;其次,规定了"普通战争罪",即违反战争的法规惯例的传统战争犯罪;最后,把"战前或战时"对"所有普通居民"的非人道行为以及"基于政治、人种、宗教理由的迫害行为",确立为"反人道罪",以涵盖"战前"和"本国国民"。

战后初期,没有大国的主导和推动,国际审判政策就不可能出笼,但在确立的过程中,法律主义占了上风,英美的法律传统从一开始就对这两场审判发挥了决定性作用。那是因为,"真正的国际法

---

[1] [日]日暮吉延:《东京审判的国际关系》,翟新、彭一帆译,上海交通大学出版社2016年版,第124页。

庭"是约翰·斯图亚特·密尔（John Stuart Mill）活动的 19 世纪后半期以来文明各国梦寐以求的理想。[1]正如杰克逊在华盛顿向美国国际法协会发表的演说中宣称的，世界和平面临的挑战"急需"国际法律人士的参与。现代战争的恐怖需要法律在国际层面进行合作以惩罚罪犯；尽管他准备接受这样一个事实，即仓促而草率的审判可能被视为政治或军事上的权宜之计，但他绝不同意用一场虚假的审判去欺骗别人。但同时，也不能对审判的现实意图视而不见。选择"军事"法庭，就是因为能够迅速处罚和容易沟通，以便迅速实现"记录历史"和"明确战争责任"这样的特殊使命。

个人在国际法上的地位可以理解成经历了 18 世纪以前万民法上"有人的国际法"、19 世纪后国际公法上"人的退场"到 20 世纪跨国法上"人的回归"的过程。传统国际法上的诉诸战争权是对国际不正义行为的否定，但是战争本身的巨大伤害又导致国际社会努力使战争非法化。就这样，国际法在不断否定、质疑、审视既有道路，反思原有权利义务配置模式，开拓出新的道路，形成更为妥当的发展方向。[2]

历史的进程有其自身的因果，这种因果的表现，一是在于看似"必然"的进退，多由"偶然"造成；二是在于这种"偶然"量大而复杂。企图以若干原因加以概括，难免顾此失彼。而我们之所以还要研究这段历史，正是要了解现在的种种绝非自然，而是特定情境下艰难选择的结果。

---

[1] [日]日暮吉延：《东京审判的国际关系》，翟新、彭一帆译，上海交通大学出版社 2016 年版，第 130 页。

[2] 何志鹏：《国际法哲学导论》，社会科学文献出版社 2013 年版，第 72 页。

第一章　东京审判的背景

从这个意义上来看,法律在战争的灾祸中得到了成长,战争因为法律的革新受到了极大的限制。引发战争法的根本变革的战争罪行审判和国际司法实践,并非唾手可得的"理所当然",而是历史洪流下人类选择规则之治重塑文明,挽救命运以启未来的智勇手笔。

第二章
审判框架的确立

一、特别公告与法庭宪章

(一)《特别公告》的性质和特征

前已述及,1946年1月19日,盟军最高统帅(SCAP)麦克阿瑟公布了《盟军最高统帅部特别公告》(《特别公告》)及附件《远东国际军事法庭宪章》(《东京宪章》),宣布成立远东国际军事法庭。

《特别公告》的制定和颁布,同样是国际协商一致的结果。如前文所述,1945年10月至1946年1月下旬,美国政府以"国务院—陆军部—海军部协调委员会"制定的《美国关于远东战争罪犯的逮捕和处罚的方针》为基础形成提案,在8个同盟国[1]之间展开协商。提案主张:第一,作为推进日本民主化和非军事化的重要一环,应迅速推进东京审判的筹备事宜,尽早展开对主要战犯的起诉工作;第二,建议"有关战犯的审判和处罚参考欧洲的办法,即商定的纽伦堡审判的程序和方针基本也适用于远东之情形"[2];第三,设立的国际

---

[1] 8个国家分别为英国、法国、苏联、澳大利亚、新西兰、中国、荷兰、加拿大。

[2] Report by the State-War-Navy Coordinating Subcommittee for the Far East(September12,1945), in FRUS,1945, vol.6, p.929.

法庭将主要负责审判被指控犯有"反和平罪"的战犯[1];第四,对国际法庭在设立过程中具体的安排进行了提议,建议设置战犯调查和实施起诉的特别机构、任命国际法官、制定宪章和审判程序等一系列审判筹备任务皆由盟军日本占领军最高司令承担[2]。

《特别公告》开篇即设标题"设立远东国际军事法庭"(1946年1月19日,日本东京),表明此文件的主题是专门宣告远东国际军事法庭的成立及有关事项的规定。《特别公告》包括序言和3条正文。序言重申了《波茨坦公告》中"以严峻的法律制裁战争罪犯"的宗旨,重申"对于所有的战犯,包括对战俘犯有残暴罪行的人犯在内,予以严厉的法律制裁,是日本的投降条件之一";"鉴于1945年9月2日日本天皇和日本政府的全权代表已签署了投降文书",意味着"接受了波茨坦公告内所在的各项条款"。[3]

《特别公告》正式阐述和确立了麦克阿瑟的法定身份和权力来源。首先,《特别公告》与《波茨坦公告》《日本投降文书》和《莫斯科三国外长会议公报》一脉相承,均为同盟国共同抗击轴心国非法侵略战争、决意对日本等轴心国战争罪犯施以严厉法律制裁的宣言,《特别公告》是这一系列合法生效的国际协定、条约和宣言的具体化。其次,《特别公告》的签署人麦克阿瑟系盟国任命的旨在实现日本武装部队全面投降的盟军最高统帅。根据美国、英国、苏联三国政府

---

[1] Report by the State-War-Navy Coordinating Subcommittee for the Far East(September12, 1945), in FRUS, 1945, vol.6, pp.933-934.

[2] Ibid., pp.930-936.

[3] 程兆奇、龚志伟、赵玉蕙编著:《东京审判研究手册》,上海交通大学出版社2013年版,第266页。

第二章 审判框架的确立

在1945年12月26日莫斯科三国外长会议的讨论，其结果经中国同意，一致认可最高统帅有权为保障投降条款的实施而发布命令。同时，莫斯科会议宣布成立的负责"制定日本投降应恪守的政策、原则及标准"并审查有关措施和决定的"同盟国远东委员会"（FEC），也任命麦克阿瑟为实施远东委员会政策决定的代表人和负责人。由此，麦克阿瑟并非代表其个人或美国政府行事，而是获得了同盟国的法定授权而成为同盟国对日政策实施和国际审判筹备的代理人。最后，指出《日本投降文书》的签署表明"日本天皇和日本政府统治日本国家的权力应服从盟军最高统帅"，而盟军最高统帅有权采取"其认为实施投降条款所需的各种措施"，因此，《特别公告》从国际法上正式宣告"严厉的法律制裁"者，即为基于同盟国一致认可的原则和方针，由麦克阿瑟代为筹备组织，成立国际军事法庭，对日本战争罪犯进行审判。

为此，《特别公告》的正文进一步规定，设立远东国际军事法庭，意欲审判以个人身份或团体成员身份，或同时以上述两种身份犯有任何足以构成反和平罪者；法庭的组织、管辖权及其职权，详载于附件《东京宪章》中；《特别公告》规定的国际军事审判，不妨碍在日本国内，或与日本交战的其他联合国家为审判战犯而设立的国内法庭、国际法庭、占领军法庭或任何其他审判机关的管辖权。因此，战后除了东京法庭进行的A级审判，在美国、苏联、中国等地还进行了准A级和BC级审判。

设立东京法庭之后，美国政府再次向远东委员会提出本国提案寻求首肯。在此之前，美国政府仅仅是通过外交渠道得到各国的同意，但尚未获得国际组织的正式认可。1946年4月3日，远东委员会召开会议讨论美国提案。除了两三处修改，委员会对这一提案表示全面支持和认可。一处重要的修改在于,候补印度和菲律宾作为审判参加国。该决议达成 3 周之后,美国政府再次向麦克阿瑟传达了修订后的方针内容。1946 年 4 月 26 日,《东京宪章》据此进行了修订,法官人数由 9 人增加至 11 人。由此,东京审判政策的决定权正式由美国政府移交给了远东委员会。

(二)《东京宪章》的内容和特点

《东京宪章》是东京国际军事法庭的"根本大法",是东京战争罪行审判的基础规范。正如东京审判《判决书》第二章"法"中所明确的:"本法庭……的管辖权来自法庭宪章。在这一审判中,除宪章所规定者外,法官并无任何其他的管辖权。"[1]《东京宪章》对于东京法庭来说是决定性的法律依据。

《东京宪章》的文本由约瑟夫·季南率领的美国检察团 39 名成员负责起草,纽伦堡审判的《纽伦堡宪章》是其重要参考和蓝本。《东京宪章》共 17 个条文,分为"法庭的机制""司法管辖权及一般规定""对被告人的公正审判""法庭的权力与审讯的运作"以及"判决与刑罚"五章。实体方面规定了法庭的审判权,即对人和对罪行的管辖权、一般责任原则和刑罚权等内容。程序方面则确立了以英美法为主的混合式诉讼程序,明确了法庭组织、审讯程序和证据规则等重要程序问题,包括陈述的顺序、审判的进行、证据的被接受、对证人如何诘问、判决的型格、刑罚的执行等。

对比两份宪章,的确可以看到《东京宪章》对审判基本原则和手

---

[1]《远东国际军事法庭判决书》,张效林节译,向隆万、徐小冰等补校译,上海交通大学出版社 2015 年版,第 12 页。

第二章 审判框架的确立

续内容的规定与《纽伦堡宪章》大多相同,尤其是关于法庭管辖罪名、个人责任原则、证据规则、审判程序等基本完全一致。但存在明显区别的规定也不占少数。这些相同和不同之处究竟有哪些？相同和不同原因为何？笔者从两份宪章的异同入手分析《东京宪章》的主要内容和特征,并尝试归纳背后的原因,以此为基础探讨《东京宪章》对东京审判框架的建立发挥了怎样的作用。

1.《东京宪章》与《纽伦堡宪章》的一致之处

东京与纽伦堡审判同为清算第二次世界大战战争罪行责任的审判,二者针对的战场和对象虽有不同,但都是同盟国反法西斯战争的胜利成果。如果"东京审判和纽伦堡缺乏基本的统一性,两场审判就难以成为对历史和世界舆论具有说服力的先例"[1];此外,如前文所述,同盟国的战后对日政策本就是对德政策的沿袭,东京审判提案的起草者为美国"国务院—陆军部—海军部协调委员会",其中陆军部起了主导作用,而陆军部长史汀生正是"国际军事审判论"的实际奠基人,他和他的团队对罗斯福以及后来杜鲁门政府战后审判政策的出台起到了决定性作用。因此,东京审判的整体框架与纽伦堡审判属同根同源,《东京宪章》的思想理念与纽伦堡一脉相承实属必然;再者,当时美国的社会舆论对日本战犯虐待俘虏等行径声讨愈演愈烈,纷纷攻击麦克阿瑟在战犯处罚上的不作为,迫使美国政府敦促麦克阿瑟迅速行动,美国参谋长联席会议(JCS)在1945年9月11日的电报中命令尽早开始对日战犯审判。然而,不得不面对的现实是

――――――――
[1] [日]日暮吉延:《东京审判的国际关系》,翟新、彭一帆译,上海交通大学出版社2016年版,第221页。

证据的绝对不充分。[1]在时间紧迫和证据严重缺失的情况下,遵循纽伦堡审判的框架也是最为现实和方便的办法。基于这几点原因,《东京宪章》在如下重要事项上都与《纽伦堡宪章》保持了高度一致。

（1）《东京宪章》与《纽伦堡宪章》都规定了审判原则为"公正而迅速"。这一方面可以看作是国际军事审判的主张者对"立即处决"主张者担忧顾虑的回应,也有基于成本和审判影响力的考虑;另一方面,"公正"的要求在两份宪章中都被置于"迅速"之前,也即两大审判都把对"公正"价值的追求放在第一位,高于对"效率"价值的考虑。事实上,东京审判耗时31个月,远远比参与者们当时的预想长得多,成为截至目前人类历史上历时最长的国际战争罪行审判。

（2）两份宪章都规定,法庭是针对主要战争罪犯特别设立的法庭。"特设"（ad hoc）的拉丁语本意就是"一事一理"。特设国际刑事法庭就是为了起诉和惩治在某一时间内、某一地方发生的某些特定罪行而设立的国际性质的刑事司法机构,具有临时性质。有学者进一步指出,纽伦堡法庭和东京法庭是"占领军特别法庭",具有这种国际主权的实体不是某战胜国或个别战胜国集团,而是超国家的国际法共同体之"受托管理人",且并不排除主权平等理论。[2]因此可以说,纽伦堡审判以排除和限制国家主权的理论为基础,掀开了人类处罚"与国家主权相关"的犯罪的序幕,东京审判则是这一理论的再次实践。

---

［1］ 参见［法］艾迪安·若代尔:《东京审判:被忘却的纽伦堡》,杨亚平译,程兆奇校注,上海交通大学出版社2013年版。

［2］ 参见熊琦:《德国法学家汉斯－海因里希·耶赛克的比较刑法与国际刑法学思想》,载赵秉志、卢建平主编:《国际刑法评论》(第4卷),中国人民公安大学出版社2009年版,第77页。

第二章　审判框架的确立

（3）《东京宪章》管辖的三类罪名与《纽伦堡宪章》一致。
《东京宪章》第 5 条规定：

本法庭有权审判及惩罚被控以个人身份或团体成员身份犯有各种罪行，包括反和平罪之远东战争罪犯。

下列行为，或其中任何一项，均构成犯罪行为，本法庭有管辖之权，犯罪者个人并应单独负其责任：

（A）反和平罪……
（B）普通战争罪……
（C）反人道罪……

这与《纽伦堡宪章》第 6 条规定的三类罪名相同，且罪名的定义也十分相近。反和平罪涉及侵略战争的计划、准备和实行，战争罪针对违反战时犯规和惯例的行为，而反人道罪将有系统地针对特定平民人口的严重攻击犯罪化。"对战争的犯罪化是为保护外国国民的权利服务的，而反人道罪行是针对本国国民的，这样，国内舞台也被包括在国际法之中了。"[1]两份宪章都使用了共谋理论，规定"凡旨在筹谋、执行上述任何罪行的共同计划或共谋的领导者、组织者、教唆者及从属者，对任何人在实现此种计划的过程中的一切行为均应负责"，同时规定官方职务以及服从上级命令不能免除责任，只能在法庭认为公正的前提下减轻其罪责。三类罪名在两大审判中的法理基础是一致的，但东京审判显然是以 A 类"反和平罪"为中心展开的，只有控

---

〔1〕［德］格哈德·韦勒：《国际刑法原理》，王世洲译，商务印书馆 2009 年版，第 71 页。

告中包含反和平罪的个人才能被起诉,针对这一罪名检方提出了36项诉因。在东京审判之后,才有了A级战犯,A级审判,B、C级战犯(不以反和平罪为主要审理罪名的战犯),B、C级审判的区分[1],而这一区分在没有区分被告主要罪状的纽伦堡审判中是没有意义的。

(4)诉讼程序和程序规则基本一致。两份宪章都明确规定了"对被告的公正审判"的各项规则,包括"审判的语言文字应采用英语和被告人本国语言为之,且遇有需要时及被请求时,各种文件应备译本";起诉书必须表述准确而全面;保障被告人的辩护权,被告有权为自己聘请律师,或由法庭为其指派专职律师负责受理所有的诉讼文件;还明确规定了法庭的权力,制定了法庭证据的全部细则;规定审判的具体流程为:宣读起诉书—法庭询问每位被告是否认罪—检方与每一被告(或辩护律师代表)开场陈述—检方与辩方立证—质证及法庭辩论—被告及辩方最后陈述—检方最后陈述—法庭公开宣判。[2]

《东京宪章》与《纽伦堡宪章》一样,规定"法庭不受技术性采证规则之拘束",尽可能采取并运用高效而不拘泥于技术性的程序,采用法庭认为"有作证价值之任何证据";此外,两个法庭都被明确赋予了宣判被告死刑的权利,并要求其作出的有罪或无罪的判决应说明所

---

[1] 对A级战犯和B、C级战犯存在许多误解,最常见的是认为这是被告人官职高低的象征,即认为A、B、C三级分别对应领导者、高层军官、执行者。而简单地认为A级审判是国际审判,B、C级审判是国内审判的看法也是不准确的。相关研究成果参见[日]林博史:《东京审判与B、C级审判》,载东京审判研究中心编:《东京审判再讨论》,上海交通大学出版社2015年版; Totani Yuma, *Tokyo War Crimes Trial: The Pursuit of Justice in the Wake of World War II*, Harvard University Asia Center, 2008, p.27。

[2] 参见《远东国际军事法庭宪章》,载程兆奇、龚志伟、赵玉蕙编著:《东京审判研究手册》,上海交通大学出版社2013年版,第273—274页。

第二章　审判框架的确立

依据的理由；宪章规定两大审判均为一审终审制，被告没有上诉权。

2.《东京宪章》与《纽伦堡宪章》的区别

(1) 法庭机制更具统合性

相比《纽伦堡宪章》，《东京宪章》授予了麦克阿瑟极大的权限。第一，如前所述，《纽伦堡宪章》是通过签订条约制定的，而《东京宪章》是由麦克阿瑟作为远东盟军最高统帅通告签发的；第二，纽伦堡法庭由4个参加国推选和任命的4位法官（及4位替补法官）组成，而东京法庭的法官人数为11人，由在日本投降书上签字的9个国家以及同样来自远东委员会并饱受日本扩张主义之害的2个国家各推举一名[1]，麦克阿瑟有权从中选择和任命法官；第三，纽伦堡法庭的庭长开庭之前由各位法官选举产生，而东京法庭的庭长由麦克阿瑟任命；第四，麦克阿瑟有权组成统一的检察局并任命国际检察局局长，国际检察局同时也是盟军最高统帅的法律顾问，而出现在纽伦堡法庭上的则是由4名首席检察官率领的各国独立的检察局；第五，纽伦堡法庭有4位首席检察官，彼此之间地位平等，而《东京宪章》规定首席检察官仅限一人，由麦克阿瑟任命，其余各国检察官则担任陪席检察官，发挥辅助职能。

(2) 定罪量刑的权力更集中

纽伦堡审判中定罪量刑的权力归四国在占领德国所设的同盟国对德管理委员会所有，遵循四国间平权合作的原则。但东京审判中，法庭判决必须经麦克阿瑟审查，他有权批准或减轻量刑。尽管全部准备工作都交给了麦克阿瑟，但美国政府并不认可麦克阿瑟对国际法庭拥有绝对的自由裁量权。事实上，他承认了各国政府选派的所

---

[1] 这11个国家分别为：澳大利亚、加拿大、中国、法国、新西兰、苏联、美国、英国、荷兰、印度和菲律宾。

有法官人选，无一拒绝；首席检察官季南是由美国总统杜鲁门亲自任命的，并非麦克阿瑟自主选择；基于司法独立考虑，麦克阿瑟对宪章和法庭适用的法律并没有解释权，他的庭前演说也因庭长韦伯等法官们以辞职相威胁而作罢，甚至开庭后基于宪章规定的迅速审判原则对法官和检察官加快审理进程的催促也没有产生什么实际效果；认为麦克阿瑟一手操纵了裕仁天皇的起诉豁免也没有得到原始文献的证实，事实上，麦克阿瑟并没有官方或非官方的决定裕仁天皇处遇的权力。可以说，麦克阿瑟的这些权限大部分只是流于名目，绝非人们所认为的大权独揽、一手遮天。

（3）未起诉犯罪组织

和《纽伦堡宪章》不同，《东京宪章》不包含任何检举"犯罪组织"的授权。对此，检察局的成员霍维茨认为，"检方进行研究后，并没有从玄洋社、黑龙会和大政翼赞会等组织发现与纳粹组织之间的类似性，只能认为这些组织是让国民从心理上做好战争准备的宣传手段"。[1]此外，也找不到有说服力的证据证明成立这些组织的目的就是为了"破坏和平"，而这一点是宣判该组织该当"反和平罪"的必要的先决条件。《东京宪章》未将犯罪组织纳入管辖权的做法被认为是高明的，后来的研究指出，"难以站住脚的是纽伦堡宪章对组织犯罪特征的确立，在任何情况下，这种做法都是很可疑的，因为这有倾向于忽视个人责任的问题。"[2]

---

[1] Boister Neil, Robert Cryer eds., *Documents on the Tokyo International Military Tribunal*: *Charter*, *Indictment*, *Judgments*, Oxford University, 2008, pp.49-50.

[2] ［德］格哈德·韦勒:《国际刑法原理》，王世洲译，商务印书馆2009年版，第71页。

(4) 赋予被告更充分的辩护权

前已述及,与《纽伦堡宪章》相比,《东京宪章》还赋予了被告人更为充分的辩护权。[1]

二、检察官与法官的确定

(一) 检察官的确定

审判需要起诉机关。为此,盟军最高司令部决定成立国际检察局(International Prosecution Section,IPS),负责对日本战犯进行调查取证、确定被告人以及提起公诉。

1945年12月6日,以约瑟夫·季南为首的美国检察组抵达日本。12月8日,国际检察局正式宣告成立,季南被任命为局长,实际早在季南来日之前的1945年11月29日美国总统杜鲁门已签署任命,但正式公布还是在1946年1月19日《东京宪章》颁布之时。[2]

国际检察局的任务和职权十分繁重和复杂,权力也很大。它专门为处理日本战犯而设,依照《波茨坦公告》举行国际审判的要求,负责组织大批专业人员从事繁难的起诉准备工作。国际检察局的工作以《东京宪章》公布为节点可以分为前后两段,在宪章公布之前,即日本被占领的初期,国际检察局受命选择法庭的地址,修建和布置法庭内部,开具战犯名单,并对战犯加以逮捕、侦查和讯问。在法庭宪章公布之后,国际检察局就派员到日本各地和同盟国有关机关团

---

[1] 详见本书"绪论"部分二、之(二)。
[2] 程兆奇:《东京审判——为了世界和平》,上海交通大学出版社2017年版,第30页。

体以及有关人士处作实地调查、搜集罪证材料,并就这些材料进行深度分析比较,然后再确定被告人的名单,最后起草起诉书。法庭开庭之后,则要负责检方所应负责的一切事项,例如举证、质证、法庭辩论以及结案陈词等。[1]

由于国际检察局的工作十分艰巨,因此该机构所拥有的权力、所能调动的资源以及对审判的影响都相当巨大。国际检察局隶属于盟军最高司令部,因此,麦克阿瑟需要一位他和美国政府都信得过的本国同胞担任国际检察局的"当家人"。约瑟夫·季南成为他们眼中合适的人选,从而走上国际检察局和东京国际审判的舞台。

季南是一位老派政治家,是罗斯福的亲信,曾是白宫核心圈子的一员,据说影响过罗斯福后期华盛顿的多项人事任命,人送绰号"关键人物"(Joe the Key)。他是布朗大学和哈佛法学院的高材生,职业生涯早期曾参与打击黑帮组织,担任美国司法部刑事局负责人的20世纪30年代,他与埃德加·胡佛和联邦调查局紧密合作,领导了大量对"公众之敌"的起诉工作。[2] 他卓著的声誉和好斗、强硬的作风形象符合领导东京国际审判公诉工作的需要,他所具有的优秀倾听者、谈判者、组织者的品质以及略显粗犷的外交方式,让他有能力把来自十几个国家的同仁组成一个团队。到审判结束前,季南领导的国际检察局已经由最初的39人,壮大到50位检察官,以及由104名各盟国国家人员和184个日本人组成的工作人员团队,这一庞大的队伍也是美国发挥主导作用的基础。

---

[1] 梅小璈、梅小侃编:《梅汝璈东京审判文稿》,上海交通大学出版社2013年版,第200页。

[2] [美]阿诺德·C.布拉克曼:《另一个纽伦堡:东京审判未曾诉说的故事》,梅小侃、余燕明译,上海交通大学出版社2017年版,第42页。

第二章　审判框架的确立

不同于《纽伦堡宪章》，《东京宪章》关于各国检察官的规定并非"平权制"，而是"首长制"。《纽伦堡宪章》第 14 条规定，"每一签字国应各指派一名调查战争罪行和对首要战犯起诉的总检察官，所有检察官应组成一委员会……；此委员会对于一切事项应以过半数之投票决定之，并为便利起见，应按照轮流之原则指定一人为主席；如对应受本法庭审判之某一被告之指定或对该被告应被控诉之罪行，倘双方投票相等时，则应采取主张该被告应受审判或对该被告应控某项罪行之检察官的意见。"[1]据此，参加审判的苏、美、英、法四个国家都可以派出各自的检察官，他们的地位完全平等，工作中轮流担任委员会主席，对于待决事项采取合议制，由多数决定，每个法官拥有相同的表决权。而《东京宪章》第 8 条则规定，"盟军最高统帅指派之检察长对属于本法庭管辖权内之战争罪犯的恐高负调查及起诉之责。任何曾与日本处于战争状态之联合国家得指派陪席检察官一人，以协助检察长。"[2]可见，东京法庭首席检察官也就是季南权力高于其他检察官，他不仅对调查和起诉日本战犯要负起全部责任，而且是国际检察局的最高领导，对其一切事务要全权负责。而其他各同盟国家，只能各派一名陪席检察官以协助首席检察官，也即他们的关系并不是平等的，各国陪席检察官的权力明显低于季南。

关于陪席检察官有个值得注意的特点：第一，依据宪章规定，有权推荐检察官的国家范围大于法官人选推荐国。有权推荐法官的国家为"日本投降书各签字国、印度以及菲律宾共和国"，而有权推荐

---

[1]　何勤华、朱淑丽、马贺：《纽伦堡审判》，商务印书馆 2015 年版，第 309 页。

[2]　梅小璈、梅小侃编：《梅汝璈东京审判文稿》，上海交通大学出版社 2013 年版，第 202 页。

检察官的国家则是"任何曾与日本处于战争状态之联合国家",表明在审判组织者看来,凡有侵略者战火蔓延之地,皆可能有战争罪行的发生,则被侵略国都有权派出检察官提起检控。

第二,宪章规定,法官、庭长、首席检察官都要经过盟军最高统帅的任命,而对各国陪席检察官的任命却没有这样的要求。因此,各国得以自行任命适合的检察官,并不受"盟总"的影响和控制,也可以中途退职或换人接替。各陪席检察官请假回国、由其他人临时代理等事宜也是由各国自行决定,不需要征得麦克阿瑟的同意。

第三,虽然宪章规定的陪席检察官地位并不高,权力也低于首席检察官,但同盟各国对于派遣本国检察官依然高度重视和十分慎重,以期检举让亚洲人民饱受侵略之害的日本军国主义罪魁祸首。因此,各国派遣的检察官都是富有检察工作经验、法律知识丰富的人士。(详见表1)

表1 远东国际军事法庭检察官名单

国别	姓名	代表性履历
美国	约瑟夫·贝瑞·季南(Joseph Berry Keenan)	美国联邦副检察长,司法部刑事处主任
中国	向哲濬(Hsiang Che-chun)	国防最高委员会秘书,最高法院湘粤分庭首席检察官,上海高等法院首席检察官
英国	亚瑟·S.柯明斯-卡尔(Sir Arthur S.Comyns-Carr)	皇室法律顾问,伦敦四大律师公会之一的格雷公会高级成员
苏联	谢尔盖·亚历山德罗维奇·戈伦斯基(Sergei Alexandrovich Golunsky)	莫斯科总检察长,波茨坦会议中苏联代表团翻译和法律专家
澳大利亚	阿兰·詹姆斯·曼斯菲尔德(Alan James Mansfield)	昆士兰州最高法院法官,澳大利亚战争调查委员会成员,联合国战争罪行委员会成员

第二章 审判框架的确立

续表

国别	姓名	代表性履历
加拿大	亨利·格兰顿·诺兰（Henry Grattan Nolan）	陆军副军法长
法国	罗伯特·L.奥尼托（Robert L.Oneto）	法国塞因和玛伦陪审区法院首席检察官，司法部官员
荷兰	W.G.弗雷德里克·伯格霍夫·穆德（W.G.Frederick Borgerhoff Mulder）	海牙特别战犯法庭法官
新西兰	罗纳德·亨利·奎廉（Ronald Henry Quilliam）	新西兰军队代理副官长、准将
印度	P.P.戈文达·麦农（P.P.Govinda Menon）	
菲律宾	佩特罗·洛佩兹（Pedro Lopez）	国会议员

中国检察官向哲濬，字明思，1892年生于湖南宁乡。1910年考入清华大学前身游美肄业馆，1917年赴美留学。1920年耶鲁大学毕业并获文学士学位，同年进入耶鲁法学院，曾任耶鲁大学中国学生会和世界学生会会长。1922年获美国国会图书馆资助，转入乔治·华盛顿大学法学院，1925年获法学士学位，并在国会图书馆进修国际公法和国际私法。1925年秋回国，在北京大学、北京交通大学、河北大学、北京法政大学教授法律和英语。自1927年起，先后出任司法部和外交部秘书、收回法权筹备委员会委员、江苏吴县地方法院院长、上海第一特区地方法院首席检察官、国防最高委员会秘书、最高法院湘粤分庭首席检察官等职，期间曾兼任中央大学教授，被选派为东京审判检察官之前，已服务司法界二十余年。[1]经外交部批准，向

---

[1] 向隆万:《向哲濬东京审判函电及法庭陈述》（第二版），上海交通大学出版社2014年版，第297页。

哲濬选用东吴法学院毕业的裘劭恒律师为秘书,1946年2月7日,二人乘美军运输机抵达东京,并在8日会见了首席检察长季南。[1]

中国受日本侵略的时间最长,牺牲最大,但手中符合审判要求的证据并不多,中国检察官加上一名助手,显然难以胜任,必须扩大团队。且根据法庭宪章,检察官和法官的工作严格区分,为此向哲濬请示外交部,要求增派秘书,此后又聘请了翻译和法律顾问。在长达近三年的东京审判进程中,中国代表团先后有17位成员(详见表2)。向哲濬检察官率领的工作团队在东京审判过程中,克服了时间紧张、交通梗阻、调查困难、语言文化陌生等诸多障碍,很快适应了英美法系诉讼程序的特点和复杂要求,在庭前准备、确定战争嫌犯名单、撰写起诉书、调查取证、法庭审理等各个环节都兢兢业业,审理过程中无论起诉、辩论、反诘、总结都有出色表现,可谓"昕夕从公,未敢懈怠"。他们顾全大局、是非分明、艰苦卓绝的工作对于揭露日本战争罪行,帮助法庭基于证据对战犯定罪作出了巨大贡献。

表2 中国代表团名单(共17人)

职务	姓名
检察官	向哲濬
检察官秘书	裘劭恒、刘子健、朱庆儒、高文彬(兼)
法官	梅汝璈
法官秘书	方福枢、杨寿林、罗集谊
首席顾问	倪征𣋷
顾问	鄂森、桂裕、吴学义
翻译	周锡卿、张培基、郑鲁达、刘继盛、高文彬

---

[1] 向隆万、孙艺:《东京审判中的中国代表团》,载《民国档案》2014年第1期。

第二章 审判框架的确立

(二)法官的确定

《东京宪章》起初规定,法庭设6名以上、9名以下法官,法官人选由盟军最高统帅从在日本投降书上签字的国家所提出的候选人名单中任命。宪章公布之后,麦克阿瑟宣布将任命9名法官,分别来自美国、英国、苏联、中国、澳大利亚、加拿大、法国、荷兰和新西兰。1946年4月26日,宪章进行了修正,修正的内容是追加两个法官名额,而法官提名国是印度和菲律宾。虽然这两个国家都不是投降书的当事人,但它们取得独立后已被允许参加设在华盛顿的盟国对日管制的最高决策机关——远东委员会。巴基斯坦、缅甸、锡兰等国,由于当时它们的独立战争尚未取得最后胜利,理论上仍是荷兰和法国的属地,在远东委员会也没有自己的代表,因此并未被追加为东京国际法庭的法官任命国。[1]印度和菲律宾的加入增加了法庭"被害的亚洲"的分量,即便如此,受害人口占同盟国七成的亚洲,在审判席上也仅占据三成。东京法庭的法官组成见表3:

表3 东京法庭法官名单

国别	姓名	担任法官前原职
澳大利亚	威廉·弗拉德·韦伯爵士 (Sir William Flood Webb)	昆士兰州最高法院院长
加拿大	爱德华·斯图尔特·麦克杜格尔 (Edward Stuart McDougall)	魁北克皇座法院法官
中国	梅汝璈 (Mei Ju-Ao)	立法院涉外立法委员会主任委员
法国	亨利·伯纳德 (Henry Bernard)	军事法庭检察长

---

[1] 梅小璈、梅小侃编:《梅汝璈东京审判文稿》,上海交通大学出版社2013年版,第174页。

续表

国别	姓名	担任法官前原职
荷兰	伯纳德·维克多·A.勒林（Bernard Victor A.Röling）	乌特勒支法院法官
苏联	伊万·米歇耶维奇·柴扬诺夫（Ivan Mikheevich Zaryanov）	最高法院军事庭法官
英国	帕特里克勋爵（Lord William Donald Patric）	苏格兰最高法院法官
美国	约翰·P.希金斯（John P.Higgins）	马萨诸塞州最高法院法官
美国	密朗·C.克拉默（Myron C. Cramer）	陆军部军法总监
印度	拉达宾诺德·帕尔（Radha Binod Pal）	加尔各答高等法院法官
新西兰	艾瑞玛·哈维·诺斯克罗夫特（Erima Harvey Northcroft）	新西兰最高法院法官
菲律宾	德尔芬·哈那尼拉（Delfin Jaranilla）	司法部长

印度法官与菲律宾法官为宪章修正后所增加。美国法官希金斯开庭后三个月因故辞职回国，由克拉默将军继任，其余法官到闭庭为止均在任。11名法官中，除苏联法官柴扬诺夫将军与美国法官克拉默将军之外均为文官。法官们各有所长，在本国都享有盛誉。

中国派出的法官是梅汝璈，字亚轩，早年毕业于清华大学，后以优异成绩毕业于斯坦福大学和芝加哥大学，获法学博士学位，历任山西大学、南开大学、武汉大学、复旦大学教授，在法学理论方面造诣很深，曾以专家身份当选当时立法院立法委员、立法院外交委员会代理主席、司法部大法官等职。1931年至1933年担任国立武汉大学英美法教授,当时主要教授外国法、国际私法、法律哲学等课程。[1]梅汝璈著述颇丰,曾撰写《中国人民走向宪治》《中国战时立法》《盎格罗·萨克逊法制之研究》和《现代法学的趋势》等。[2]被任命为中国参加东京审判的法官后,在抵达东京的接风宴会上,梅汝璈曾说:"如今系法治时代,必须先审后斩,这些战犯扰乱了世界残害了中国,同时也葬送了日本的前途。这真是'自作孽,不可活'。我中华民族素来主张宽恕以待人,但为防止将来再有战争狂人出现,对这些战犯必予严惩。非如此,不能稍慰千百万冤死的同胞;非如此不能求得远东及世界和平。我既受国人之托,决勉力依法行事,断不使战争元凶逃脱法网!"[3]在审判过程中,梅汝璈法官始终坚持法律原则,以自己的智慧、勇气和学识维护了法律的尊严和中国的利益,赢得了世界的赞赏与尊重。

三、法庭机制

(一)庭长职权

庭长在审判程序和行政事务方面有其特定职权。首先,庭长要负责主持开庭并代表法官发言。每次开庭时,法官们由庭长领队进入法庭,座位居中。退庭时也是由他领队退出法庭。开庭审讯时,庭

---

[1] 何其生:《梅汝璈及其国际法思想评述》,载《武大国际法评论》2007年第1期。

[2] 何勤华:《梅汝璈与〈远东国际军事法庭〉》,载《法学》2005年第7期。

[3] 同上。

长代表法庭发言;当控辩双方质证或法庭辩论结束后,如果某一法官对某一事实或问题有疑问,便可用纸条传递给庭长,由庭长直接对出庭者加以询问;开庭过程中,控辩双方可能提出很多临时动议或申请,特别是当双方盘诘重要证人时,这种动议或申请相当频繁,这时,就由庭长根据法官的多数意见当场宣布对动议或申请的裁定。根据梅汝璈法官的回忆,法庭90%以上的裁定都是用当庭投票的方式作出的,只有遇重大问题才宣布休庭,举行法官会议讨论,任何法官认为有必要举行会议都可以随时递一张纸条给庭长要求开会,庭长必须立即宣布休庭。有些与审判实质无关、纯属事务性的临时动议或要求,是可以要求庭长个人解决的。[1]此外,任何法官对出庭人的陈述如有问题要提出,他可以要求庭长代为询问。庭长不但是开庭时的主持人,而且是代表法官们的唯一发言人。[2]

其次,庭长还负责召集法官会议并任会议主席。需要召开法官会议的情形包括三种:一是公诉方、辩护团或书记官有重要事项向法庭提出书面要求或建议,例如要求法庭休庭若干天以便准备诉讼材料、要求法庭对特定事项停止某一部分程序规则的适用、要求法庭传唤某人出庭作证等;二是开庭时当事人提出的临时动议以投票方式不能解决的,如问题重大或法官之间分歧较大,应由法官会议解决。法官要求召开会议的权利是绝对的,任何法官都可随时用书面或口

---

[1] 例如,有一次某一证人因为摄影记者的镁光灯太亮对他的目力刺激太甚,致使他不能冷静思考,请求法庭予以制止,庭长立即命令熄灭闪光灯停止摄影。参见梅小璈、梅小侃编:《梅汝璈东京审判文稿》,上海交通大学出版社2013年版,第193页。

[2] 梅小璈、梅小侃编:《梅汝璈东京审判文稿》,上海交通大学出版社2013年版,第192—193页。

头方式要求庭长召开会议,庭长不得以任何理由拒绝或拖延;三是法官们或者庭长本人如果发现备忘录中有要求重新考虑某项法律裁定或事实认定的内容,庭长可以召集会议,让大家就该内容进行讨论和争辩。这种讨论和争辩大都是学院式和理论性的,对于法庭未来的工作不乏指导和参考价值,但实际上从来没有推翻或改变法庭的裁定。法官会议是秘密的,一切程序都用口头进行,不作记录,法官们只能自己出席,不准携带任何私人秘书或随员。法官会议的气氛十分轻松,大家可以各抒己见,等到多数人意见已经很明显了,也没有强烈的抗议或异议,庭长便作出结论宣布法庭成员的多数意见。可见,法官会议通过决议一般不必经过投票或表决手续,宪章上关于票数相等时庭长的一票具有决定作用的规定也从未适用。

最后,庭长还要负责处理日常事务、签署法庭重要文件和进行交际。因为比较重大的关系审判程序的事项都已经过法官会议讨论和决定,比较细微的涉及行政、管理、人事以及经费的事项由书记处总揽,庭长只需要在一些必须盖章或签字的文件上进行签署,因此所花时间和精力与前两项相比并不多。[1]

(二)回避

宪章并未就回避问题作出规定,但被告人及其辩护方对法官存在司法偏见的指责从未间断。辩护方在庭审一开始就提出韦伯庭长对被告们可能存有先入为主的偏见,因此应当回避。韦伯曾任澳大利亚昆士兰州最高法院首席法官,1943年6月被澳大利亚政府任命

---

[1] 参见梅小璈、梅小侃编:《梅汝璈东京审判文稿》,上海交通大学出版社2013年版,第194—197页。

为调查日军战争罪行委员会委员长,调查日军在南太平洋地区所犯之暴行。但是,除韦伯外的其他法官投票驳回了这一提议,理由是根据《东京宪章》第2条的规定,法官均由盟军最高统帅任命,东京法庭无权对韦伯的任命进行任何变更。韦伯本人也对此进行了声明:他是经过对提名的深思熟虑后决定接受政府任命的,理由是他之前的工作并不是针对东京审判被告人的,与东京审判的案件无关,因此并不会对此后东京法庭的被告人形成预判。[1]除韦伯外,克莱默法官、柴扬诺夫将军和哈那尼拉法官也遭到类似的质疑。克莱默法官曾作出有关偷袭珍珠港法律责任的报告[2],而柴扬诺夫将军曾出席判处3个所谓反革命分子的日本人死刑的审判[3],哈那尼拉法官以前曾被迫参加巴丹死亡行军并作为战俘在战争期间被关押[4]。韦伯庭长驳回了这些回避申请,部分原因同样是法庭没有权力驳回法官任命,还因为替换法官将带来不公平的延误,但他要求每个法官审查自己的个人资历并自行陈述是否合格。[5]在涉及日本侵略菲律宾的审理阶段,哈那尼拉自己决定回避。[6]

　　M.谢里夫·巴西奥尼的观点是,除了勒林、帕尔和伯纳德,到庭

---

〔1〕 Totani Yuma, *The Tokyo War Crimes Trial*: *The Pursuit of Justice in the Wake of World War II*, Harvard University Asia Center, 2008, pp.14-15.

〔2〕 Richard Minear, *Victors Justice*: *The Tokyo War Crimes Trial*, Princeton University Press, 1971, p.83.

〔3〕 Arnold C. Brackman, *The Other Nuremberg*: *The Untold Story of the Tokyo War Crime Trails*, William Morrow & Co, 1987, p.65.

〔4〕 Ibid., p.242.

〔5〕 Neil Boister, Robert Cryer, *The Tokyo International Military Tribunal*: *A Reappraisal*, Oxford University, 2008, p.96.

〔6〕 Ibid., p.242.

第二章 审判框架的确立

的许多法官都是有政治动机的,尤其是韦伯。[1]然而,巴西奥尼的观点显然十分偏颇,他口中没有政治目的的帕尔法官,对被告人的预判可谓达到"不审而判"的地步。在抵达东京并听讯了任何论点或证据之前,帕尔宣布他将持有异议。[2]作为法官,他竟然经常探访巢鸭监狱内的被告,并告诉他们:"你们是日本的领导人。亚洲因为你们的领导而得到解放。有鉴于此,我向你们表达我的尊重。"[3]他几乎在每个控方的立场上都表达了异议,虽然在某种程度上起到了某种"中和""矫正"的效果,但这本质上毫无疑问是一种司法偏见。

司法活动由人来实施,国际审判中各国法官的法律教育背景不同、成长和工作环境各异、民族种族不同、年龄和地域差别也很大,此之蜜糖,彼之砒霜,何为偏正,难有统一的标准,很难用是否存在"偏见"来衡量他们司法活动的优劣好坏。事实上,现代诸多司法行为的评价性研究表明,衡量的路径绝非唯一。一种路径是从某些"好的裁判"中的某一条开始,再将具体的司法行为与这些规范加以比较;另一种流行方法则以好的审判的性情理论或性格理论为起点,该进路认为,拥有特定性格或品质,对于司法能力而言就足够了。[4]这些比较背后的推动力,可能正是对审判争议性本质的承认,也即多大

---

[1] M. Cherif Bassiouni, *From Versailles to Rwanda in Seventy-Five Years*: *The Need to Establish a Permanent International Criminal Court*, Harvard Human Rights Journal, 1997(10).

[2] Arnold C. Brackman, *The Other Nuremberg*: *The Untold Story of the Tokyo War Crime Trails*, William Morrow & Co, 1987, p.71.

[3] Ibid., p.344.

[4] [美]戴维·克雷因、[美]格里高利·米切尔编著:《司法决策的心理学》,陈林林等译,法律出版社2016年版,第269页。

程度上允许法官们的个人偏好或政治价值影响他们的裁判。

辩护方认为几乎全体法官都不适格并要求法官回避的动议,可以视为东京审判的批评者最主要的论点——东京审判是"胜者的法庭"之审判——的缩影和代表。东京法庭很早就预见到了可能的争议,虽然并没有规定回避事项,但也没有反对辩护方的回避申请。宪章还规定了协商和表决机制,来自不同国家的众多法官本身自然就形成了彼此之间的制衡。法官成员中没有日本法官,尽管日本是授降国,也是当事国。但正如审判时担任被告人大岛浩辩护律师的岛内龙起所言:"无条件投降的被审判者与审判者同列于法官席,无论理论上和实际上都是不可能的。拥有至高至平权力统合世界所有国家的法庭的存在也是难以想象的。即使委托中立国审判和处罚罪犯也只是乌托邦式的幻想。"[1]

所有法官在庭前签署了一份联合确认书,承诺将"依法履职,秉公执法,不带任何恐惧、偏向或感情"。尽管他们彼此之间观点立场差异很大,但一个共同的根本的目标把他们带到东京法庭,那就是通过刑事法治遏制战争,追求永久和平,通过这场史无前例的国际刑事诉讼确立战争犯罪的标准。这使得他们可以求同存异,遵循司法活动的标准和要求,达成最大限度的司法共识。

(三)表决与缺席

《东京宪章》第一章"法庭机制"中,对法庭成员、开庭法定人数、表决规则与法官缺席进行了规定。

第 4 条(A)规定,"全体法官过半数出席,构成法定人数",始得

---

〔1〕 島内竜起:『東京裁判弁護雑録』,信山社,1973。

第二章 审判框架的确立

开庭。东京法庭共有11位法官,因此,有6位法官出席,即可正式开庭。第4条(B)规定,"法庭所有的裁定和判决,包括定罪与科刑在内,应由出席法庭的法官以多数表决。遇意见相反的双方票数相等时,庭长的一票有决定效力"。这意味着表决时最少有4位法官达成一致意见,即可在法庭作出决定。遇到有争议的裁决相持不下时,庭长的立场有决定性作用。由于这些决定涉及法庭运作、审理和判决的所有方面,东京法庭庭长韦伯获得的权力远高于纽伦堡法庭与其他法官"平权"的庭长。由于东京法庭法官人数众多,彼此之间观点、立场差异很大,导致了很多争议性裁决,最极致的代表是法庭作出判决时,也是以多数即7位[1]法官的意见制作了判决书,而其他持不同意见的5法官[2]则发表了"少数意见书"。这些法官的意见后文将会详述,这里要说明的是,一方面宪章对法庭表决机制的设计和对庭长的赋权,为后来法庭的"分裂"埋下了隐患,也使得庭长韦伯遭受了颇多非难,而法官的频繁缺席也成为法官矛盾和纠纷的加速器。

《东京宪章》第4条(C)规定了法官的缺席问题,"法官某一期间内缺席而后又能出席时,只要他不在庭上公开声明他因缺席对其间诉讼工作缺乏充分了解而认为自己不合格,则他仍可参加以后一切诉讼程序。"这样的规定无疑为法官缺席大开方便之门,而缺席法官回归法庭后,是否具备参与后续程序的资格判断权由缺席法官自己

---

[1] 包括庭长韦伯在内的7位法官达成多数意见,据此制作判决书。但韦伯也对若干重要问题持保留态度,但迫于庭长身份,还是支持了多数意见,为表明自己的观点,韦伯又撰写了庭长分述意见书,当时并未公开。他的庭长意见书被后来的研究者一并列入"少数意见书"。

[2] 除了庭长韦伯,法国的伯纳德法官、荷兰的勒林法官、印度的帕尔法官和菲律宾的哈那尼拉法官撰写了共计5份少数意见书。

掌握,只要不自行声明自己因缺席而不合格(事实上也没有法官这样做),就完全不妨碍他"跟进"审理,甚至投票表决。

帕尔法官因为回到印度去探望他生病的妻子,缺席了80天。韦伯缺席了22天的审判和10位被告的个人辩护。柴扬诺夫、帕特里克和麦克杜格尔也经常缺席。[1]经常是只有七个法官出席,法官席的安排从上午到下午的开庭都会发生变化。韦伯在公开法庭坦承,法庭决定是否接受某个特定证据要取决于法官席当天的构成。

(四)审理流程

辩方反复提出修订后的宪章在程序上是不公平的。[2]的确,审判无法满足每个人的期望,冲突的一方满意的审判,通常只会引起另一方的怨恨。然而,一个明显的事实是,东京法庭牺牲了"迅速"审判的职责以确保被告人获得公平审判的权利。

《东京宪章》第7条规定了法庭具有制定及修改符合宪章基本规定的诉讼程序规则的权力,更为重要的是《程序规则》第9条的规定,它要求任何规则的解释、修改与补充都不应使法庭偏离"保证一个公平、迅速的审判"的目标,宪章第15条规定了具体的审讯程序,整个庭审过程也是遵循这一规定进行的。

1. 宣读起诉书、罪行认否、管辖权异议

1946年4月29日,国际检察局向东京法庭提交起诉书,并将起诉书副本交送巢鸭监狱内的犯罪嫌疑人。如前章所述,检方指控

---

[1] Neil Boister, Robert Cryer, *The Tokyo International Military Tribunal: A Reappraisal*, Oxford University, 2008, p.96.

[2] 其中,代表性的异议反映在1946年5月3日,辩护方提出的有关管辖权的动议中。

第二章 审判框架的确立

被告人犯下三组共55条诉因。5月3日,被告们被传唤到庭并查证身份后,由法庭执行官(Marshal of Court)当庭宣读起诉书,这一程序进行了两天。5月4日,起诉书宣读完毕之后,进入罪状认否(Arraignment)阶段。这是英美当事人主义刑事诉讼的必经程序,也是正式审判的前提。5月6日,法庭要求被告就起诉书指控之犯罪事实依次进行答辩。从荒木贞夫开始到梅津美治郎为止的27名被告均答以"无罪",唯大川周明一人因在前日宣读起诉书时在庭上作出非正常举动,被准以进行精神鉴定,故其答辩予以推后。6月4日,法庭根据大川的鉴定结果撤销了对其指控——不过一直也不乏大川系故意装疯卖傻以逃避审判的猜测。

5月6日至14日,辩方提出管辖权异议,随后,检辩双方就法庭管辖权以及法庭语言翻译问题展开辩论。5月17日,法庭驳回辩护方关于管辖权的所有异议,并就翻译等问题的异议一一进行裁决。

2. 检方立证

6月4日,庭审得以进入正式对被告犯罪事实的正式审理阶段。检方首先进行举证,共分15个阶段:日本的宪法与政府、引导战争舆论的共谋、在中国东北的军事统治、"中国事变"(卢沟桥事变)——中国本土统治权的扩大、在中国的暴行及鸦片麻药输送、伪满洲国及中国的经济统治、德意日三国同盟、法国·法属印度支那·泰国相关、苏维埃联邦相关、日本的战争准备、美·英·英联邦国家相关、荷兰·荷属东印度·葡萄牙相关、对战俘及平民的暴行(含两个阶段)以及部分被告的个人追加举证。

1947年1月27日,检方举证告一段落。辩方再次提出一系列撤销所有针对被告指控的动议。在双方激烈辩论后,法庭最终驳回了所有动议。

3. 辩方反证、检方反驳立证与辩方再度反驳举证

2月24日，庭审进入辩方反证阶段，分作8个阶段：一般问题、中国东北及伪满洲国问题、中华民国相关、苏维埃联邦相关、太平洋战争、保留·追加举证、个人辩护、追加·补遗立证。

1948年1月8日，检方作出对日本天皇不予起诉的决定。1月12日，各被告人辩护律师向法庭提交相关的补遗书证，辩方反证阶段结束。

1948年1月12日，法庭进入最终审理阶段。首先进行检方针对辩方反证的反驳立证，法庭就受理检方反驳立证阶段的书证进行讨论，庭长最终根据具体的证据裁定证据受理与否。

1月30日，辩方再度反驳立证开始，辩方针对检方对各被告人的反驳立证再度提交书证。

4. 总结陈词

1948年2月11日，检方进行总结陈词。检方首先进行了一般性最终陈词，包括"开场陈述""反和平罪""普通战争罪与反人道罪"三部分。随后，检方又进行了针对被告人个人的最终陈词。

3月2日，辩方开始进行最终辩护，随后法庭对辩方的一般性最终辩论和个人最终辩护进行审理。

4月15—16日，检方进行最终总陈述。4月16日，东京法庭宣布审理阶段结束，开始制作判决书。

第三章

被告人的确定与起诉

一、选择被告人的依据

（一）以共谋为顶层设计

战后同盟国试图通过东京审判实现处置战犯、安定远东、重塑亚太和平新格局的目标，无疑需要很高的法律智慧，必须找到实施审判的法律根据，利用足够好的理论工具进行最为合理的审判"顶层设计"。如前文所述，史汀生及其智囊巴耐兹等人设计了一套基于共谋的"流线型"审判方案，用英美刑法中的共谋贯通罪名之间的逻辑关系，扩大追诉个人刑责的范围，纲举而目张。在东京审判中，共谋获得了比纽伦堡审判更大的适用空间和更具纲领性的地位。关于东京审判对共谋的适用本书会进行专章论述，在这里仅就共谋在明确被告人的选择标准和依据，对被告人进行筛选和确定上发挥的作用进行论述。

共谋（conspiracy）是英美刑法中特有的犯罪概念，是指两人或者多人之间为了实施一个犯罪或者一系列犯罪行为，或者通过非法手段来完成一个合法行为而达成的协议。共谋罪的核心是共谋协议，这距离目标犯罪的实现可能还非常遥远，但一个单纯的协议，就具有独立于任何为贯彻该共谋而实施的行为而具有可罚性，是因为不同的人联合起来共谋犯罪表现了一种"截然不同的罪恶"[1]。由于审判实际由美国政府推动,在审判政策的设计上发挥了主导作用,因此在理论工具的选择上深受普通法影响。

弥补传统刑事责任分配理论的不足。麦尼尔在《胜者的正义:东京战争罪行审判》中,从国际法和程序正义的角度质疑东京审判,并特别批评了共谋的适用。麦尼尔认为,共谋是英美法系所独有的法律范畴,不存在于罗马法和欧陆法系,也不存在于审判时的国际法体系。东京审判的公正与否,主要取决于侵略的共谋能否成立。[2]这种批评十分流行,后来的很多学者也一直主张,是对共谋的体系性地位的误解。共谋不仅是一项犯罪,更是一个扩张的共犯责任理论。从19世纪以来,共谋就一直立足于解决重罪中个人责任的分配。侵略战争及伴随侵略的暴行无疑是一切重罪中最为严重的。审判开始前同盟国战争罪行委员会发布的报告中明确指出:"一方面反和平罪的定义与侵犯人权具有因果关系,我们所熟知的那些严重侵犯人权的行为是二战中侵略行为的后果;另一方面,在纽伦堡和东京法庭审判的战犯是因共谋、策划发动侵略战争而被起诉的。"[3]因此,战争犯罪中身居幕后的元凶和首谋,是犯罪的起点,往往比亲手实行更具有可

---

[1] Joshua Dressler, *Understanding Criminal Law*, Lexis Nexis, 2009, p.392.

[2] Richard Minear, *Victors' Justice: The Tokyo War Crimes Trial*, Princeton University Press, 1971, pp.40−42.

[3]《同盟国战争罪行委员会报告》(原文为《联合国战争罪行委员会报告》,同指 UNWCC 报告,为避免歧义,本书统一使用"同盟国"),参见杨夏鸣、张生编译:《南京大屠杀史料集29:国际检察局文书·美国报刊报道》,江苏人民出版社、凤凰出版传媒集团2007年版。

第三章 被告人的确定与起诉

谴责性。

可以说,共谋调整了个人责任范围的参数,更注重追诉"元凶"。通过将预备、教唆、帮助等行为正犯化,将刑事可罚性阵线前移,扩大了犯罪圈;然后着眼于"犯罪的起点",用犯罪体这种系统性眼光进行扩张,把追诉由线性的一维的模式,升级为立体的多层次的体系性模式,有利于搜寻集体犯罪中"看不见的手"。不但可以追诉犯罪行为,还可以同时揭发"极权主义战争"的计划和政策,不但能起诉侵略战争,还能够起诉对本国国民的迫害,可以说是由点及面,纲举目张,自上而下,从始至终。

这样,巴耐兹的共谋理论的影响就从纽伦堡延续到了东京,帮助检方首先找到日本近代以来不惜动用武力对外实行扩张的"合意",这是人类历史上最严重的犯罪协议,明确了这一点,追诉参与犯罪协议的人就变得顺理成章。

执行委员会主席卡尔曾抱怨说"日本的状况比德国要复杂得多,因为所有的政要、军官都在诡辩,而且在不断地欺骗,因此正确地选择被告绝对不是一件容易的事"[1],但他还是试图为这份由执委会负责的具有影响力的选择文件明确选择标准。卡尔指出,一旦确定为侵略战争,"就意味着这些日本文官或军官犯下了证据确凿的罪行,这些人曾策划、准备、发动和进行了这一场侵略战争"。关于具体的某个个人是否为主要战犯只是参与程度问题。他阐述说他们可先确定受审人的数量,然后再商讨具体某个疑犯应否包含在这个数量当中。选择的最终结果应该是均衡的,包括各个阶段的疑犯,每个阶段

---

[1] Neil Boister, Robert Cryer, *The Tokyo International Military Tribunal: A Reappraisal*, Oxford University Press, 2008, p.65.

的被告数量与该阶段的重要性成正比。参与多个阶段的疑犯与只参与了一个阶段的疑犯相比,应该选择前者。[1]

(二)追诉对象的层级和代表性

首先,执行委员会明确,按照《东京宪章》的要求,不选择无法以"反和平罪"起诉的人物。并且,执行委员会的立场是,只是投票支持战争本身不足以证明选择过程的正当性,嫌疑犯必须还有其他作为。按照这样的标准,则一是要追究侵略战争中参与政策制定的相关阁僚及军官的责任,但有证据证明曾公然反对侵略战争的人物除外;二是对于其他积极参加侵略的共谋,或可以反对但未加以反对的政府高官,也可以列入嫌疑犯名单。

其次,考虑到起诉规模,被选定和被控告的疑犯应该为对"事件负主要责任"的"主要领导者",按照他们所犯案件是"如此之强,以致他们几乎没有无罪获释的机会"[2]。涉及重大战争事件也是考虑因素,另一些重要因素是被告人的职位,这涉及日本的主要政治机构,例如内阁、陆军部、两周一次的联络会议、帝国会议和枢密院等。检察局在2月8日确定的70多名嫌疑犯中,只有11人不属于这些机构。[3]检察局有意识地将选定的全体嫌疑人组成一个可以代表"在策

---

[1] [日]日暮吉延:《东京审判的国际关系》,翟新、彭一帆译,上海交通大学出版社2016年版,第221页。

[2] Neil Boister, Robert Cryer, *The Tokyo International Military Tribunal: A Reappraisal*, Oxford University Press, 2008, p.67.

[3] Ibid.

第三章 被告人的确定与起诉

划日本侵略战争中起到重要作用的"政府和军队高层的集合体。[1]具体来说被告的构成包括：总理大臣4名、外务大臣4名、陆军大臣5名、海军大臣2名、大藏大臣1名、文部大臣2名、拓殖大臣2名、"大东亚"大臣2名、内阁企划院总裁2名、内大臣1名、枢密院议长1名、大使4名。基本上被告都有过在两个以上的"代表性机构"的战时工作经历。

最后，国际检察局要很好地体现出被告群体在战争各主要"阶段"中分布的平衡性。根据霍维茨的说法是要将"日本的侵略战争的长度"考虑进去，"每个阶段都要有合适的代表"。[2]基本上选为被告的人物都要能代表两个以上的"阶段"——这和上面说的"代表机构"的逻辑是相同的。国际检察局以这两条基准选择与政府机关和战争阶段关系密切的各类人等，一方面尽可能控制被告的人数，另一方面尽量将各个战争侧面相关的任务都包括进来。

（三）证据因素

挑选被告人的一条现实考虑是必须存在可能证明其有罪的证据，执行委员会在进行挑选被告人时，就不能只考虑嫌疑人的地位或参与战争的事实，还要结合证据考察个人的具体行动。例如，小矶国昭的起诉理由就不是因为他曾为战时的首相，而是因为他以前的活动；再如广田弘毅，是作为陆军的"追随者"而被起诉的；更典型的是选择了板垣征四郎而不是石原莞尔，就是因为具体证据的不足

---

〔1〕 Solis Horwitz, *The Tokyo Trail: International Conciliation*, No. 465, November, 1950, Literary Licensing, LLC, 2013, p.496.

〔2〕 Ibid.

和石原的中佐军阶过低的缘故。虽然木户幸一在1946年1月21日的讯问中说九一八事变的"中心人物是石原莞尔中佐",但查证本身很不充分,也正是这个原因,中国外交部在1946年2月中旬之前并没有向国际检察局提出要起诉石原。[1]但是,中国检察团来到日本后立即提供有关板垣的信息,卡尔综合这些信息以及对平沼骐一郎的讯问口供,认为可以认定板垣是"所有历史的出发点"的柳条湖事件(九一八事变)的主角。板垣因而代替石原,在头衔和行为两方面均被称为代表相关局面的"大鱼"。[2]

国际检察局成立后即为确定战犯名单及起诉证据展开调查取证。由于战争结束之际日本大量销毁官方文书,大量关键档案已不复存在,使盟军司令部检察处和国际检察局更加依赖口供,这既是不得已的下策,也有季南个人怠于继续搜寻书证的原因,加上尚存的档案等各类文献仍犹如汪洋大海,在语言不通的情况下想从中找出有价值的证据极为艰难。因此,当盟军宪兵搜查某公司时意外发现御前会议、内阁会议、五相会议、枢密会议、重臣会议的详细记录等日方最重要机密文件时,视之为"不可遇之天助",这些档案记录了侵略政策的形成、侵略战争的发动的过程,对认定被告个人责任起了关键作用。此外,国际检察局曾多次派人到中、菲、印(尼)、缅等地,对南京暴行、马尼拉暴行、"巴丹死亡行军"、缅甸—暹罗铁路强制劳动、南洋各集中营虐囚等日军暴行进行了实地考察和征选证人,取得

---

[1] 4月1日的被告人选定会议上,中国检察官向哲濬主张提出对土肥原、松井和石原的诉讼,卡尔以石原和东条对立为由加以反对。参见王俊彦:《记实日本战犯审判秘闻》,中国华侨出版社1995年版,第95页。

[2] 参见[日]日暮吉延:《东京审判的国际关系》,翟新、彭一帆译,上海交通大学出版社2016年版,第233—234页。

第三章　被告人的确定与起诉

了今天看来虽然不够充分但在当时十分珍贵的证据。即便如此，证据问题仍然成为被告人选择和罪行认定的最大障碍之一，例如松井石根就因为证据不足而逃脱了反和平罪的认定。

（四）起诉规模的限制

柯明斯－卡尔指出东京法庭的根本目标在于"确立日本策划的特定行动为犯罪的事实"，审判所期望的是使少数被告组成的团体对国际法规定的各项犯罪行为进行负责，"先以构成代表性人物为前提选人，然后再说明这些人构成了代表性人物"，因此应该对"15人或者至多20人左右"数量程度的主要犯罪嫌疑人进行起诉。他还指出审判越早开始，对日本人教育效果的预期就越好，并进一步发出忠告，"一旦审判推迟或拖延，日本人此时此刻对审判抱有的支持态度和同情心就会动摇。到时候，那些我们现在希望见证有罪宣判的人物就有可能成为殉道者"[1]。彼时，纽伦堡审判的审理已过半程，而东京审判还尚未开审，卡尔检察官的危机感实在不是杞人忧天。

反对者也大有人在。美国检察官史密斯认为，"如果单纯根据地位高低而选择15个人，对大多数的A级战犯进行惩罚的责任无法完成"，在他看来，考量的基准应该是每个嫌疑人在战时的所作所为，而不应该让某个特定的人去"代表"一个机构或者事件。也有检察官从"拘留所里剩下的嫌疑犯怎么办"的角度，要求得到明确答复。[2]

---

〔1〕　Totani Yuma, *The Tokyo War Crimes Trial*: *The Pursuit of Justice in the Wake of World War II*, Harvard University Asia Center, 2008, p.82.

〔2〕　Ibid., p.83.

季南对此解释道,"实际问题在于,如果 100 个人同时受审,很明显将无法保证所有人都能获得正当的辩护和反对询问的权利",而且"一次审理是无法处理所有的嫌疑人的","原本东京审判的主旨就是将违反条约、破坏世界和平的国家责任归于 A 级战犯,是他们侵害了文明社会的法则,导致世界性战争的发生",这也是"麦克阿瑟元帅、杜鲁门总统和其他许多人的意见"。[1]最终,国际检察局结束了争论,并在两个月后实现了开庭。

二、被告人的确定

摆在国际检察局面前最为紧迫和重要的问题就是"起诉谁"。美国检察团手上有两份纲领性文件。一份是《SWNCC 57/3》(1945 年 10 月 3 日),即《JCS 1512》。根据这份文件,检察机关要在麦克阿瑟的指挥下行动,搜集分析国际审判时使用的证据,逮捕嫌疑人以及制定审判的相关政策,负责起诉的准备、指挥和管理工作,但更为重要的是他们需要特别加强"反和平罪"的搜查工作。另一份是美国法务总监部(JAG)[2]的政策文书。其内容包括举证珍珠港事件以前支配亚洲和世界的共谋、开始侵略战争、实施残虐行为的个人和组织、

---

[1] Totani Yuma, *The Tokyo War Crimes Trial*: *The Pursuit of Justice in the Wake of World War II*, Harvard University Asia Center, 2008, p.84.

[2] 1944 年 9 月 25 日,美国法务总监部(Judge Advocate General, JAG)成立,后来应 UNWCC 要求,于 1944 年底将 JAG 下设的"战争犯罪部"(War Crime Division)同时设立为美国国家战争犯罪办公室,负责为 UNWCC 提供信息。1945 年 3 月 22 日,JAG 的战争犯罪部改组为"战争犯罪局"(War Crime Office),除规模扩大外,功能没有实质性变化。

第三章　被告人的确定与起诉

倒阁和暗杀等对本国国民实施的犯罪、鼓吹日本民族优越论、将白人逐出亚洲、预谋战争、违反红十字条约及虐待俘虏等。这之上还有麦克阿瑟的个人影响。12月7日他首次与季南会面时，对回避事后法的批评、希望早日开庭、"对东条及其合谋者进行起诉"等问题作了指示。

3月2日，季南设置执行委员会作为政策决定的中枢机构，承担决定全盘政策、调整各分委员会的职责、批准起诉书等任务，柯明斯－卡尔任委员长。[1]检察局在1946年2月8日确定了一份70多人的嫌疑犯名单，3月11日开始精简这份长长的名单，这个精简过程一直持续到5月，最后决定控告29名疑犯。[2]执行执委会于4月8日将这份选择文件提交给季南，季南对这些选择没有异议。但是，4月13日，拥有70名成员的苏联代表团姗姗来迟，并要求增加战犯。17日检察官会议经过激烈争辩，最后对苏联提出追加的重光葵、梅津美治郎、鲇川义介、藤原银次郎、富永恭次五人投票表决，最终重光葵以6∶4、梅津美治郎在第二轮投票中以5∶3被确认为A级战犯。[3]这样，东京审判的战犯名单最终确定为28人。

---

〔1〕　参见［日］日暮吉延：《东京审判的国际关系》，翟新、彭一帆译，上海交通大学出版社2016年版，第228—229页。

〔2〕　Neil Boister, Robert Cryer, *The Tokyo International Military Tribunal: A Reappraisal*, Oxford University Press, 2008, pp.53-54.

〔3〕　程兆奇：《东京审判——为了世界和平》，上海交通大学出版社2017年版，第37页。

表3　A级战犯名单

战犯	主要诉因	主要履历
荒木贞夫（Araki, Sadao）	陆军的政治支配，侵略中国东北	男爵，从裕仁执政就在军事和内务中起到核心作用，日本入侵中国东北时担任陆军大臣。
土肥原贤二（Doihara, Kenji）	侵略中国东北，虐俘	曾任伪满洲国奉天（沈阳）及哈尔滨特务机关长、奉天市长、华北"自治政府"首席顾问、陆军航空总监、东部军司令官、日本驻新加坡第七方面军司令官、教育总监等职。职业生涯最重要的活动是在中国从事间谍工作。积极推动华北"自治"，逼签所谓"秦土协定"。为使华北脱离中国指使成立冀东防共自治政府，并策划将华北建成毗连伪满洲国的另一"小满洲国"。
桥本欣五郎（Hashimoto, Kingoro）	侵略中国东北，政治宣传	成立"樱会"，积极提倡结合凯末尔的近代民族国家运动及"天皇归一"主义的国家体制，是"日本从1930年直至侵略扩张行动结束的主要战争发起者和煽动者"，日本军国主义的倡导者。
畑俊六（Hata, Shunroku）	陆军大臣，大政翼赞会，南京暴行	曾任军事教育总监（1937—1939）、陆军大臣（1939—1940）、支那派遣军总司令官（1940—1944）。是军队政策制定的核心人物。
平沼骐一郎（Hiranuma Kiichiro）	任首相时日中战争，总动员	男爵，枢密院副议长（1930—1944），1939年出任首相，赞成日本驻德大使大岛浩、驻意大利大使白鸟敏夫缔结三国军事同盟的主张。后在第2次近卫内阁中担任无任所大臣、内务大臣。日本战败前夕，在围绕是否接受波茨坦宣言的重臣会议上，他明确反对日本无条件投降，主张继续作战。
广田弘毅（Hirota, Koki）	陆军追随者，南京暴行	1936年二二六事变后出任首相。在继任的近卫内阁中留任外相，缔结日、德、意防共协议、进一步介入中日战争。是文职官员的代表，曾提交关于政府的军事控制方案，主张"通过宽容每一次侵略和接受侵略的结果为下一次的侵略添加助力"。
星野直树（Hoshino, Naoki）	侵略中国东北，企划院	历任伪满洲国的"财政部次长""财政部部长"，1937年出任"国务院总务长官"。1940年任第二次近卫内阁的智囊团成员、企划院总裁兼无任所大臣。1941年10月入东条内阁担任书记官长，期间兼任总力战研究所所长、国家总动员审议会委员等职。

第三章 被告人的确定与起诉

续表

战犯	主要诉因	主要履历
板垣征四郎（Itagaki, Seishiro）	陆军大臣、侵略中国东北、卢沟桥事变（七七事变）、虐俘	关东军原参谋长,是九一八事变的主要策划者。后任伪满洲国执政顾问、奉天特务机关长、伪满洲国军政部最高顾问、关东军总参谋长。1938年成为第1次近卫内阁的陆军大臣,主张日、德、意三国缔结军事同盟,亦周旋于汪精卫政府和蒋介石政府之间。1939年任中国派遣军总参谋长,1941年转任朝鲜军司令官、第七方面军司令官。
贺屋兴宣（Kaya, Okinori）	大藏大臣,军事费	分别在第1次近卫内阁、东条内阁中担任大藏大臣。为中日战争和日美战争编制预算。以大量发行战时国债及增加税收来支持东条内阁巨大的军事开支。1958年获释后重归政坛,在第2次、第3次池田内阁中担任法务大臣。在A级战犯中,他是在战后日本政界活跃时间最长的人物之一。
木户幸一（Kido, Koichi）	推举东条首相	侯爵,1937年任第1次近卫内阁文部大臣兼厚生省大臣,1939年任平沼内阁内务大臣,后经西园寺公望向天皇推荐,担任内务大臣和天皇首席个人政治顾问直至日本战败。东条内阁、小矶内阁和铃木贯太郎内阁背后都有其强大影响力。在东京审判中为避免让昭和天皇成为战犯而提交其日记作为证据,以强调天皇并非好战主义者。
木村兵太郎（Kimura, Heitaro）	陆军次官,缅甸暴行	1929年作为随员参加伦敦裁军会议,积极鼓吹日本自主发展军备。1936年担任陆军省兵器局长。1939年出任关东军参谋长。后又任陆军大臣东条的次官。1944年8月任缅甸方面军司令官,被认为参与决定在缅甸—暹罗铁路修建中使用战俘劳工,提议对被俘盟军飞行员施以极刑。
小矶国昭（Koiso, Kuniaki）	九一八事变,暴行	绰号为"朝鲜之虎",1935年12月出任朝鲜军司令官,1942年任朝鲜总督。九一八事变的最初领导者之一。出任首相期间（1944—1945）,被认为需对当时利用战俘和平民的臭名昭著的罪行负责。1950年因食道癌病死狱中。

147

续表

战犯	主要诉因	主要履历
松冈洋右（Matsuoka, Yosuke）	推动退出国联，日德关系	1919年作为全权随同人员参加凡尔赛会议。1933年在国联日内瓦会议上发表日本退出国联的演说以抗议"李顿报告"就九一八事变以来的调查结论。此后陆续任满铁总裁，第2次近卫内阁外务大臣。积极推动日、德、意三国军事联盟。1941年会见希特勒后的归国途中在莫斯科与斯大林签订日苏互不侵犯条约。但两个月后苏德战争爆发，加之他对赫尔备忘录的强硬态度成为日美谈判的障碍。首相近卫文麿最终以内阁全体辞职的方法将松冈排除。未及宣判便病死。
松井石根（Matsui, Iwane）	南京暴行	1933年8月任台湾军司令官。1937年10月任中支那方面军司令官兼上海派遣军司令官，期间发生了包括南京大屠杀在内的大量日军对华暴行。是日本陆军中为数不多的"中国通"之一。
南次郎（Minami, Jiro）	九一八事变	曾任关东都督府陆军参谋、陆军省军务局骑兵课长、中国驻屯军司令官、骑兵学校校长、陆军士官学校校长、师团长、参谋次长等职。一贯主张对满蒙强硬及应实行军事优先的国防策略。九一八事变爆发前任第2次若槻内阁陆军大臣，事先已知悉阴谋，并暗中通知关东军提前行动。并在未经天皇和内阁批准的情况下，擅自命令日本驻朝鲜军司令官林铣十郎派兵奔赴沈阳支援关东军。1934年任关东军司令官。二二六事变后担任朝鲜总督。
武藤章（Muto, Akira）	南京、苏门答腊、菲律宾暴行	1937年任参谋本部作战课长。卢沟桥事变爆发后，强烈反对石原莞尔的不扩大方针，主张对中国强硬政策。同年赴中国担任中支那方面军参谋副长。1939年任陆军省军务局长，历经阿部、米内、近卫、东条内阁。在其任内军部权力急速膨胀，日本对外侵略步伐进一步加快，而日本正常政党活动和议会政治陷入停滞。1941年任近卫师团长、近卫第二师团长。1944年任菲律宾第十四方面军参谋长。

第三章 被告人的确定与起诉

续表

战犯	主要诉因	主要履历
冈敬纯 （Oka, Takasumi）	海军军务局局长，虐俘	1932年参加日内瓦裁军会议。先后任海军省军务局局长、海军次官、镇海警备府长官。第3次近卫内阁末期，不顾海军部内部反对之声强硬命令海军开战，与当时的海军大臣岛田繁太郎一起为部内强硬派的代表，曾负责用"地狱船"运输战俘。中日战争和太平洋战争期间日本海军军政的负责人，是海军和陆军的纽带，在东条内阁中扮演了重要角色。
大岛浩 （Oshima, Hiroshi）	日德关系	先后任日本驻德国、奥地利、匈牙利、德国大使馆的副武官。积极推动日德防共协定、日德意三国防共协定。之后出任日本驻德大使，竭力主张日、德、意轴心国外交。三国军事同盟缔结后，1940年12月再次出任驻德国大使。
佐藤贤了 （Sato, Kenryo）	虐俘	1938年3月在日本众院会议上对国家总动员法委员会法案进行主旨说明时，以中佐身份对发表异议的议员大喝"闭嘴"。"闭嘴事件"成为了象征日本军部强硬态度的标志性事件。1941年出任陆军军务课长。次年出任东条内阁的陆军军务局长。1944年12月转任中国派遣军参谋副长。是东条英机的知己密友，制订了诸多军事操作和战俘处理的政策，比如在亚洲国家关押白人战俘以证明其为劣等以及利用武装劳工修建缅甸—暹罗铁路的决定。
大川周明 （Okawa, Shumei）	右翼思想家	日本法西斯文人的典型代表。1931年与少壮军人共同组织"樱会"，参与策划和指导"三月事件"和"六月事件"。1932年将行地社改组成立神武会，继续鼓吹"日本精神"与大亚细亚主义。近卫文麿等人的政治智囊。东京审判中被确诊患有精神病，免予起诉。
重光葵 （Shigemitsu, Mamoru）	太平洋战争，对苏战争	鹰派外交官员。1933年后历任外务次官，日本驻苏联、英国、中国大使。1943年起历任东条内阁、小矶内阁、东久弥内阁外务大臣。苏联认为他需为日本侵略苏联的具体行为政策负责。战败后作为日本帝国政府代表之一在"密苏里号"签署了日本投降文书。

续表

战犯	主要诉因	主要履历
岛田繁太郎（Shimada, Shigetaro）	海军大臣，虐俘	1941年日美开战前夕出任东条内阁海军大臣，开始不遗余力地协助东条。
白鸟敏夫（Shiratori, Toshio）	日意关系，政治宣传	1930年任外务省情报部长。与军部以及大川周明等法西斯文人长期保持密切关系，倡导对英美展开强硬外交。九一八事变爆发时，与当时的内阁书记官长森恪以及陆军的铃木贞一一起强硬抵制来自国联的谴责，并竭力制造日本脱离国联的舆论环境。1938年任日本驻意大利大使期间与大岛浩积极促成三国同盟。后任众议院议员、大政翼赞会总务、盟邦同志会会长等职务。
铃木贞一（Suzuki, Teiichi）	企划院总裁	九一八事变后主张日本脱离国联。1938年起先后任第3军参谋长、兴亚院政务部长、国务大臣兼企划院总裁，在东条内阁中留任至1943年10月。他担任企划院总裁时正是日本确立国防国家体制和战力增强计划的关键时期。1941年10月御前会议上主张与美英开战，占据南方资源。在日本战败前担任日本产业报国会会长，竭力保持日本的军需生产。
东乡茂德（Togo, Shigenori）	太平洋战争	1937年任日本驻德国大使，其间因与大岛浩在日德缔结同盟问题上存在严重分歧而于次年转任驻苏联大使。1941年10月任东条内阁外相兼拓务相，在日本发起突然袭击后，由他向英美大使馆递交日本的宣战书，后因反对设置"大东亚省"而与东条英机发生冲突，辞去外相。1945年再次出任铃木内阁的外相，同时兼任之前反对设立的"大东亚"相。
东条英机（Tojo, Hideki）	总理大臣，太平洋战争	中日战争爆发时被派为哈尔滨派遣兵团的负责人。1938年5月出任陆军次官，两年后任陆军大臣。1941年成为首相、陆军大臣、内务大臣，后又兼任参谋总长，形成"东条独裁体制"。任内日本的对外扩张不断升级。被普遍认为是发动侵略战争的实际领导者，对在亚洲战场死亡千万平民、被虐待的上万盟军战俘等战争罪行负有最高责任。

续表

战犯	主要诉因	主要履历
梅津美治郎（Umezu, Yoshijiro）	侵略中国华北	1934年任中国驻屯军司令官、第2师团长。次年与何应钦缔结《何梅协定》，使中国丧失了河北的全部主权。二二六事变发生后，主张对叛乱实施镇压。不久后被任命为陆军次官。任内与陆军大臣寺内寿一及教育总监的杉山元形成陆军的新统制派。1939年9月至1940年10月任关东军司令官。任期内对东北抗日联军进行镇压，并驱使中国劳工在中苏边界修筑防御工事。1944年任参谋总长。日本战败后作为代表之一在"密苏里号"上签署日本投降文书。
永野修身（Nagano, Osami）	太平洋战争	日本天皇最高海军顾问。1943年获元帅称号。海军中主战派代表，对日本偷袭珍珠港和太平洋战争负有重大责任。1947年病死于东京审判审讯过程中。

三、起诉书

东京审判的起诉书由国际检察局负责制作完成。1946年4月29日下午4时，首席检察官季南向法庭呈递经所有盟国检察官签署的起诉书原本。法庭命令将起诉书和宪章的副本提交给每一被告。起诉书分为前言、罪状和附件三个部分，起诉的时限从1928年1月1日到1945年9月2日，起诉的对象限于个人，并未同纽伦堡审判一样将"犯罪组织"包括在内。

起诉书由季南在东条英机原办公室的特别席上进行宣读，在1946年5月3日和5月4日宣读了两天。[1]起诉书宣告28名被告人犯有反和平罪、谋杀罪、普通战争罪及反人道罪。除大川周明因健

---

[1] Neil Boister, Robert Cryer, *The Tokyo International Military Tribunal: A Reappraisal*, Oxford University Press, p.69.

康问题被移至庭下受审外,所有被告人均在1946年5月6日表示不认罪。

前言中简要说明了所控告的各名被告以及日本统治集团之犯罪活动的特征和政治意义,检察长季南认为前言具有启蒙效果,于是就有了如下著名的内容:"本起诉书中涉及期间内,日本的内外政策受犯下罪行的军阀的支配和领导。这些政策是导致世界范围内纠纷和侵略战争的原因,同时也是造成全世界爱好和平的各国民众以及日本国民利益受到重大损害的原因。"[1]起诉书的结构很复杂,将《巴黎非战公约》签署的1928年1月作为追诉起点,至1945年9月约18年8个月中,将日本的行动视作"战争犯罪",就此起诉28名被告,而共谋侵略的外在行为(overt act)则选择1928年的张作霖被炸死事件(皇姑屯事件)。检方指控被告人犯下的诉因共有55条,分为三组:

第一组(1—36项)为反和平罪,指控侵略战争和违反条约的战争。第1—5项诉因针对共谋,第6—17项诉因针对日本对不同国家进行战争的计划与准备,第18—26项诉因针对日本对特定国家发动战争,第27—36项诉因针对日本对特定国家实施侵略战争。

第二组(37—52项)为谋杀罪,大致分为四类:其一为1940年日军侵入东南亚至珍珠港事件爆发前,被告共谋对欧美和东南亚军民的谋杀;其二为九一八事变爆发至日本投降的15年间,被告共谋屠杀各国战俘;其三为珍珠港事件当天日军对包括珍珠港在内的太平洋两岸的同盟国军队发动军事打击,以及在张鼓峰事件和诺门罕事

---

[1] 中国国家图书馆东京审判资源库—庭审记录库,载国图网,http://zxsl.nlc.cn/jeecms/djsp.jhtml.

第三章 被告人的确定与起诉

件中，导致对方军民死亡；这些战役都处于未经宣战的状态，故日军导致对方军民的死亡即属谋杀；其四为侵华日军在中国战场上的六次战役期间，杀害解除武装的中国士兵和平民。

第三组（53—55项）为普通战争罪及反人道罪。实际上只是普通战争罪。第53项诉因针对违反交战法的共谋；第54项诉因针对实施违反交战法的罪行；第55项诉因则针对没有阻止部下犯罪行为的不作为责任。详见附表4。

表4 起诉书诉因表[1]

	第1组 反和平罪
诉因1	以支配东亚、太平洋为目的而进行侵略战争的全局共谋（1928—1945）
诉因2	以支配中国东北为目的的对华侵略战争的共谋（九一八事变）
诉因3	以支配中国为目的的对华侵略战争的共谋（中日战争）
诉因4	以支配东亚、太平洋为目的而对美国、英联邦国家、法国、荷兰、中国、葡萄牙、泰国、菲律宾及苏联实行侵略战争的全局共谋（太平洋战争）
诉因5	以分割世界为目的、与德意合作对英美等国实行侵略战争的全局共谋（三国同盟）
诉因6	对中国实行侵略战争的计划和准备
诉因7	对美国实行侵略战争的计划和准备
诉因8	对英联邦国家实行侵略战争的计划和准备
诉因9	对澳大利亚实行侵略战争的计划和准备
诉因10	对新西兰实行侵略战争的计划和准备
诉因11	对加拿大实行侵略战争的计划和准备

---

[1] 根据[日]日暮吉延的《东京审判的国际关系》，程兆奇的《东京审判——为了世界和平》，程兆奇、龚志伟、赵玉蕙编著的《东京审判研究手册》等制成。

续表

诉因 12	对印度实行侵略战争的计划和准备
诉因 13	对菲律宾实行侵略战争的计划和准备
诉因 14	对荷兰实行侵略战争的计划和准备
诉因 15	对法国实行侵略战争的计划和准备
诉因 16	对泰国实行侵略战争的计划和准备
诉因 17	对苏联实行侵略战争的计划和准备
诉因 18	1931年9月18日,发动对中国的侵略战争(九一八事变)
诉因 19	1937年7月7日,发动对中国的侵略战争(中日战争)
诉因 20	1941年12月7日,发动对美国的侵略战争(太平洋战争)
诉因 21	1941年12月7日,发动对菲律宾的侵略战争(太平洋战争)
诉因 22	1941年12月7日,发动对英联邦国家的战争(太平洋战争)
诉因 23	1940年9月22日,发动对法国的侵略战争(进驻法属印度支那北部)
诉因 24	1941年12月7日,发动对泰国的侵略战争(进驻泰国)
诉因 25	1938年7—8月,在哈桑湖地区发动对苏联的侵略战争(张鼓峰事件)
诉因 26	1939年夏,在哈拉哈河地区发动对外蒙古的侵略战争(诺门罕事件)
诉因 27	1931年9月18日—1945年9月2日,实施对中国的侵略战争(九一八事变)
诉因 28	1937年7月7日—1945年9月2日,实施对中国的侵略战争(中日战争)
诉因 29	1941年12月7日—1945年9月2日,实施对美国的侵略战争
诉因 30	1941年12月7日—1945年9月2日,实施对菲律宾的侵略战争
诉因 31	1941年12月7日—1945年9月2日,实施对英联邦国家的侵略战争
诉因 32	1941年12月7日—1945年9月2日,实施对荷兰的侵略战争
诉因 33	1940年9月22日之后,实施对法国的侵略战争
诉因 34	1941年12月7日—1945年9月2日,实施对泰国的侵略战争

第三章 被告人的确定与起诉

续表

诉因 35	1938 年 7—8 月,在哈桑湖地区实施对苏联的侵略战争
诉因 36	1939 年夏,在哈拉哈河地区实施对外蒙古和苏联的侵略战争
第 2 组　杀人罪	
诉因 37	1940 年 6 月 1 日—1941 年 12 月 8 日,对美国、菲律宾、英联邦国家、荷兰及泰国宣战前,以非法攻击实施谋杀军人和平民的共谋（违反《海牙第三公约》）
诉因 38	1940 年 6 月 1 日—1941 年 12 月 8 日,对美国、菲律宾、英联邦国家、荷兰及泰国宣战前,以非法攻击实施谋杀军人和平民的共谋（违反四国条约和非战公约等）
诉因 39	1941 年 12 月 7 日,袭击珍珠港,谋杀美国军人和平民
诉因 40	1941 年 12 月 8 日,在马来半岛哥达巴鲁谋杀英联邦国家军人
诉因 41	1941 年 12 月 8 日,在香港谋杀英联邦国家军人
诉因 42	1941 年 12 月 8 日,在上海谋杀 3 名英联邦海军军人
诉因 43	1941 年 12 月 8 日,在菲律宾达沃谋杀美国和菲律宾军人及平民
诉因 44	1931 年 9 月 18 日—1945 年 9 月 2 日,屠杀战俘的共谋
诉因 45	1937 年 12 月 12 日以后,南京战役中屠杀中国平民和解除武装的军人
诉因 46	1938 年 10 月 21 日以后,广州战役中谋杀中国平民和解除武装的军人
诉因 47	1938 年 10 月 27 日前后,武汉战役中谋杀中国平民和解除武装的军人
诉因 48	1944 年 6 月 18 日前后,长沙战役中谋杀中国平民和解除武装的军人
诉因 49	1944 年 8 月 8 日前后,衡阳战役中谋杀中国平民和解除武装的军人
诉因 50	1944 年 11 月 10 日前后,桂林、柳州战役中谋杀中国平民和解除武装的军人
诉因 51	1939 年夏,在诺门罕事件中谋杀外蒙古和苏联军人
诉因 52	1938 年夏,在张鼓峰事件中谋杀苏联军人

续表

第 3 组　普通战争罪暨反人道罪	
诉因 53	1941 年 12 月 7 日（中国则是 1931 年 9 月 18 日）以后，共谋违反战争法规惯例
诉因 54	与诉因 53 同一时期内，命令、授权、许可违反战争法规惯例
诉因 55	与诉因 53 同一时期内，怠于防止违反战争法规惯例的行为

表 5　A 级战犯个人被诉诉因表[1]

被告人	被诉诉因	合计诉因数目
荒木贞夫	1—19, 23, 25—36, 44—47, 51—55	41
土肥原贤二	1—44, 51—55	9
桥本欣五郎	1—19, 27—32, 34, 45—47, 53—55	33
畑俊六	1—17, 19, 25—32, 34—36, 44—45	41
平沼骐一郎	1—47, 51—55	52
广田弘毅	1—17, 19—25, 27—35, 37—47, 52—55	48
星野直树	1—17, 19—25, 27—35, 37—44, 52—55	45
板垣征四郎	1—19, 23, 25—36, 44—47, 51—55	41
贺屋兴宣	1—17, 19—55	54
木村兵太郎	1—17, 20—22, 24, 27—32, 34, 37—44, 53—55	39
木户幸一	1—17, 19—54	54
小矶国昭	1—18, 26—32, 34, 36, 44, 48—51, 53—55	35
松井石根	1—17, 19, 25—32, 34—36, 44—47, 51—55	38
松冈洋右	1—19, 23, 25—36, 38—44, 51—55	42
南次郎	1—18, 27—32, 34, 44, 53—55	29

[1] 根据[日]日暮吉延的《东京审判的国际关系》，程兆奇的《东京审判——为了世界和平》，程兆奇、龚志伟、赵玉蕙编著的《东京审判研究手册》等制成。

第三章 被告人的确定与起诉

续表

被告人	被诉诉因	合计诉因数目
武藤章	1—17,19—24,26—34,36—47,51,53—55	48
永野修身	1—17,20—24,27—34,37—44,53—55	41
冈敬纯	1—17,20—22,24,27—32,34,37—44,53—55	39
大川周明	1—18,27—32,34,44	26
大岛浩	1—17,20—22,24,27—32,34,37—44,53—55	39
佐藤贤了	1—17,20—22,27—32,34,37—44,48—50,53—55	42
重光葵	1—18,23,25,27—35,44,48—50,52—55	37
岛田繁太郎	1—17,20—22,24,27—32,34,37—44,53—55	39
白鸟敏夫	1—17,27—32,34,44	25
铃木贞一	1—17,19—22,24—32,34—47,51—55	49
东乡茂德	1—17,20—22,24—32,34—44,51,53—55	44
东条英机	1—24,26—34,36—44,48—55	50
梅津美治郎	1—19,26—32,34,36,44—51,53—55	39

各被告人的被诉诉因,最多的是木户54项,最少的则是白鸟25项。其中荒木和板垣的被诉诉因一致,木村、大岛、冈和岛田的被诉诉因一致。大多数诉因都体现了检察方所重视的问题。

起诉书后附了5个附录以翔实说明各个诉因。这些附录采用分组格式,没有遵循军事审判的常规格式,因为常规格式不能直接指向每种控告。附录A、B和C与第一组反和平罪相关。附录A列出了本次起诉涉及反和平罪的具体事件。它对控方的事件版本作了梗概描述,包含日本在此期间发动每场战争的起因、战争过程和日本对占领领土的开发等。附录B列出了日本违反的各个条约、惯例、协议和其他国际契约的具体内容。附录 C 列出了官方违反的保证内容。附录 D 概述了第三组控告中违反的主要战争法、条约和保证的相关内容，以及具体的 15 类违规事项。附录 E 列出了本起诉书起诉每位被告的主要理由，以每位被告在这个时间段内的职位和活动为基础。

从起诉书附件中可以看出国际检察局将主要战争阶段具体划分为 11 个：

（1）1931 年开始的对中国东北的侵略

（2）1937 年开始的对中国全部领土的侵略

（3）对中国和亚洲范围内的经济侵略

（4）占领中国

（5）军事、生产和金融上的战争准备

（6）军队对日本政府的控制和对政治反抗势力的镇压

（7）军事占领泰国和法属印度尼西亚后与德、意两国的军事同盟

（8）对苏联的侵略

（9）对美国、菲律宾和英联邦的侵略

（10）对荷兰和葡萄牙的侵略

（11）战争暴行

一方面，起诉书是各盟国政府相互角力和配合的结果，虽然国际检察局起初由美国主导，但英国为了贯彻自己的意图，借助执行委员会体制和柯明斯-卡尔的卓越工作，深度介入和影响了起诉书的起草工作。由于英美和美国的强大影响，东京审判起诉书体现了强烈的英美法特征。诉因数量庞大成为审判长期化的原因之一。另一方面，因惩罚日本战犯这一共同目标，各国检察方得以团结，在各国诉求不同的情况下达成了共同的起诉策略，并准备好进行公诉。

第三章　被告人的确定与起诉

四、起诉的遗漏

起诉的遗漏是东京审判受到最猛烈抨击的问题之一，其中又以未起诉天皇为最醒目的疏失。此前对起诉遗漏的研究成果已经十分丰硕，例如井上清出版于1975年的《天皇的战争责任论》就对天皇责任进行了详细分析，该书修订版在1989年出版时书名改为《昭和天皇的战争责任》，来强调该书研究对象不是"天皇"或"天皇制"这种抽象的国家机关的责任问题，而是具体到裕仁个人的战争责任问题，在学界内外都产生了很大影响，至今还被当成是研究天皇责任问题的经典学术著作；又如日暮吉延的《东京审判的国际关系：国际政治中的权力与规范》（木铎社，2002）和《东京审判》（讲谈社，2008），试图通过国际政治背景下的规范与权力两者的关系来分析东京审判的政策；粟屋宪太郎的《通往东京审判之路》（上下卷，讲谈社，2006）以及林博史的《战犯审判研究：从战犯审判政策的形成到东京审判、BC级审判》（勉诚出版社，2009），对开庭前的国际检察局的起诉准备工作和不起诉问题进行了极其深入的研究；中文世界也有如程兆奇教授的《裕仁天皇战争责任的再检讨》一文，揭示出"美国认为裕仁天皇没有战争责任是误判"以及"不追究天皇责任导致了对日本战争责任认定的缺陷"这样十分有推进意义的研究。在这些成果的基础上，本书在此尝试基于东京审判的根本依据"共谋"，就主要起诉遗漏的原因对审判的影响进行简要勾勒，实质内容在第五章对共谋的分析中进一步展开。

(一) 未起诉天皇裕仁

在确定被告人名单的过程中，同盟各国包括美国内部一直不乏惩罚裕仁天皇的呼声。[1]苏联、中国和新西兰等国均要求起诉天皇，其中澳大利亚是对此最坚决的，他们认为天皇是"第一战犯"，在1946年1月时向同盟国战争罪行委员会（UNWCC）提交了这个议项，并不顾美国和英国施压，将要求起诉裕仁的请求诉诸检察局。[2]

美国"国务院—陆军部—海军部协调委员会"保留了是否起诉裕仁的决定权，命令盟军最高统帅部不要私自决定对裕仁采取任何行动。[3]国际检察局执委会非正式地讨论了裕仁在日本侵略事件中的角色，关注的主要是他的官方作用和个人角色，更多侧重于裕仁的官方作用；得出的结论是裕仁在这场战争中只是有名无实。这样的方针至少部分来讲是日本高级官员的功劳，这些官员十分成功地将天皇塑造成一位不关心政治的立宪君主。

但来自新西兰的副检察官奎廉在其个人的回应中表示，检察局成员们都十分清楚真正的原因："十分明显的是，从政治角度来讲，很重要的一点是天皇不能作为被告，除了这样一个事实外，裕仁应该被

---

[1] Neil Boister, Robert Cryer, *The Tokyo International Military Tribunal: A Reappraisal*, Oxford University Press, 2008, p.65.

[2] *The Emperor will not be indicted as a war criminar*, Asahi Journal, 8 February 1985, pp.34-37.

[3] Totani Yuma, *The Tokyo War Crimes Trial: The Pursuit of Justice in the Wake of World War II*, Haruard University Asia Center, 2008, p.64.

第三章　被告人的确定与起诉

起诉。"[1]

1946年1月25日，麦克阿瑟以"没有把天皇和政治决策联系起来的明显证据"的说辞回应三部协调委员会："如果起诉他……则对他的起诉将毫无疑问在日本民众中引起巨大反响，这一反响不可估计……当所有政府机构崩溃、文明行为不再存在、地下混乱形成对战时，所导致的结果不能想象……很可能会出现人数至少百万的军队，一旦形成则会持续数年不减。"[2]

麦克阿瑟的信是自下而上的意见，但决定是否起诉裕仁天皇的权力始终牢牢掌握在美国政府的手中。[3]美国政府权衡利弊，从美国的战略利益和顺利推行占领政策出发，最终决定网开一面，对天皇免予起诉。美国政府的决定，站在了其他盟国的对立立场，与企图保存天皇制、回避天皇战争责任的日本政府的意图一致。

1948年9月15日，庭长韦伯就天皇责任问题给"多数判决书"起草委员会委员长克拉默法官发去了一份备忘录，他表示："我注意到判决完全没有提到在战争发动和终结之时天皇在其中的作用，我认为如果判决书对天皇的作用就这么轻描淡写，将来势必遭到激烈的批评。"但判决书并未吸纳韦伯的建议，没有触及天皇的责任问题，这也是韦伯在自己的庭长意见书中强硬提及天皇责任的原因。

法国的伯纳德法官同样认为，天皇的缺席对他来说是如此醒目

---

[1] Quilliam to Foss Shanahan, Department of External Affairs, Wellington, 31October1947, FileNo106/3/22, Part 6, Archives New Zealand.

[2] Neil Boister, Robert Cryer, *The Tokyo International Military Tribunal: A Reappraisal*, Oxford University Press, 2008, p.67.

[3] 程兆奇:《裕仁天皇战争责任的再检讨》，载《军事历史研究》2015年第6期。

的不公正,使他不可能对被告们进行宣判。日本的反和平罪有一位首要的发起人逃避了一切追诉。跟他相比,本案的被告无论如何只能算是共犯。[1]

可以说,在整个共谋过程中,裕仁天皇是日本唯一一个始终处于权力中心的人物。裕仁天皇不是希特勒,但这不是为天皇免罪的理由,效忠天皇,视自己为"亚洲的解放者"的意识形态即便没有驱使日军大开杀戒,也为其野蛮行径提供了合法性。裕仁天皇和希特勒并不具备可比性,但发挥的心理作用却有着惊人的相似。而且,大量研究表明,天皇裕仁绝不是只有象征意义的"橡皮图章"。东京审判用共谋罪作为追究被告人责任的总纲,却决定不起诉天皇裕仁,实则如程兆奇教授所说"抽掉了共谋中最重要的一条经线"[2]。

首先,从战前日本的国家政治体制来看,裕仁天皇不是"虚君",作为国家元首总揽统治权。根据《明治宪法》规定,裕仁天皇是唯一的日本国家元首,是日本军队的最高统帅,是"神圣不可侵犯"、具有神性权威的最高决策者和最高统治者。如果没有裕仁天皇的同意、认可和批准,这场持续15年之久的大规模侵略战争是不可能发动、也不可能持久进行的。虽然一个广为流传的说法是"天皇是被持积极态度的军队和政府拖向战争道路的",然而,这对于集行政、军事、立法大权于一身的天皇来说是根本不可能的。原陆军省军务局长佐藤贤了少在《东条英机和太平洋战争》一书中指出:"在中国事变中,有关出兵、作战的事宜,无不是按照圣命(天皇命令)进行的,中央被

---

[1] [美]约翰·W.道尔:《拥抱战败:第二次世界大战后的日本》,胡博译,生活·读书·新知三联书店2015年版,第439页。
[2] 程兆奇:《裕仁天皇战争责任的再检讨》,载《军事历史研究》2015年第6期。

第三章　被告人的确定与起诉

交战地区部队拖着走的事情一件也没有,而且也没有根据中央幕僚的判断下达过命令。"〔1〕

其次,裕仁天皇也确实行使了他的最高权力,积极参与和决定了侵略战争的决策。例如,1931年9月18日,日本关东军和朝鲜军在没有"敕令"即天皇命令的情况下发动了九一八事变,但裕仁不仅没有追究关东军和朝鲜军司令官的责任,反而对军部的"擅自行动"采取了事后认可的态度;卢沟桥事变后,裕仁天皇批准出动关东军和朝鲜军,他多次召见陆军参谋总长和海军军令部总长商讨此事,最终批准了日本政府和军部关于入侵华北的方案,选择了全面侵华战争的道路;日美开战之前,日本先后于1941年7月2日、9月6日、11月5日、12月1日四次召开"御前会议",最后才决定向美国开战,这意味着日美开战的决定并非由责任机关的内阁作出,而是由宪法外的机关,即依靠天皇权威、超越内阁之上的御前会议作出的。日本偷袭珍珠港的同一天,裕仁又向日本国民发表了《对英美两国宣战诏书》,号召全体国民竭尽全力,为"自存自卫"而战。〔2〕

最后也是最重要的,有观点认为,裕仁作为明治宪法下的立宪君主,只能按照宪法条文办事,不能不同意和批准辅弼责任机关的决定。然而,这一论断却被裕仁自己的"独白录"所推翻。"这一后来出版时称作《昭和天皇独白录》的谈话,由当时任宫内省'御用掛'的寺崎英成记录,记录稿尘封数十年后才由寺崎的女儿等家人捡出

---

〔1〕〔日〕祢津正志:《天皇裕仁和他的时代》,李玉、吕永和译,世界知识出版社1988年版,第129—130页。
〔2〕沈才彬:《关于裕仁天皇的战争责任》,载《日本问题》1989年第3期;刘士田:《也谈裕仁天皇的战争责任》,载《军事历史研究》1991年第4期。

送交专家过目,得知其为稀有的历史文献已在裕仁天皇去世之后。《独白录》是裕仁天皇的亲口自承,成书时值追究裕仁天皇战争责任呼声正高的东京审判之前,即使未必有意遮掩,至少不会为自己的战争责任平添嫌疑。因此,对在那样一个背景下的谈话,裕仁天皇对自己的作用只有缩小的需要,没有夸大的理由。也因此,从这部《独白录》中能看到的裕仁天皇的作用只是实际情况的下限。"[1]

可以说,裕仁是侵略战争政策的主要制定者之一和发动战争的最高决定者,也是侵略战争的具体指导者,他的地位和作用不同于一般军国主义分子,从法律角度看,裕仁天皇是负有最高战争罪责的。因此,裕仁天皇免责的理由不能成立,东京审判未能起诉裕仁天皇是审判最大的遗憾之一。

另一方面,认为被告的附属责任全权取决于天皇的主犯责任的看法也存在片面之处。一是,审判中控方和辩方都没有试图证明裕仁天皇是主犯。二是,这一事件的相关性只局限于未构成共谋的指控,因为根据共谋理论,即使裕仁天皇是主犯,根据共谋对参加者刑事责任的分配原理,天皇在审判中缺席不会对其他参加者的审判产生影响。

(二)未起诉财阀

东京审判被告人选择的另一个绝对遗漏就是未起诉为战争提供源源不断经济支持的财阀以及金融和工业企业的成员。澳大利亚的建议名单中就包括了这样的实业家,如川崎重工的总经理和住友银

---

[1] 程兆奇:《裕仁天皇战争责任的再检讨》,载《军事历史研究》2015年第6期。

第三章 被告人的确定与起诉

行行长。[1]这与德国形成鲜明对比,德国试图对战争中犯罪的实业家进行审判。

国际检察局的观点是,与德国的企业不同,日本的财阀们没有使用奴隶式劳工。然而,东条内阁工商部长岸信介(Kishi, Nobusuke)起初被列在名单上,但后未被起诉。这位精明毒辣的前官僚、后来的首相曾是伪满洲国的经济沙皇,在对他的指控中有一项,是对奴役成千上万的中国人进行强制劳动负有罪责。他逃脱了审判,部分由于与其有相似背景的星野已被选。更重要的原因是,当时政治处于紧急状态。在《美国对日本投降后初期政策》中有一条是:"最终建立一个和平负责的政府……支持美国在《联合国宪章》理念和原则中反映的目标。"[2]达成这个目标的部分要求就是清除军国主义者,但过渡到如此一个友好型政府同样需要保留"友好的"日本政治人物,而这些所谓的友好人物在战前和战时的日本政府中也扮演过重大角色。最终,岸信介于1948年12月24日,7名被告人在巢鸭被处以绞刑的翌日被释放。[3]

不对类似的财阀进行控告的另一个重要原因是,国际检察局对财阀在共谋中的体系性位置缺乏清醒的认识。只要对通过武力扩张实现日本对东亚支配这一共谋协议高度认同,就可以视为加入了共谋,所有共谋参加者可以不同的方式对目标的实现贡献自己的力量,这些方式包括亲手实施战争,也包括军国主义思想的鼓吹者、政策的

---

[1] Neil Boister, Robert Cryer, *The Tokyo International Military Tribunal: A Reappraisal*, Oxford University Press, 2008, p.62.
[2] Ibid.
[3] [美]约翰·W. 道尔:《拥抱战败:第二次世界大战后的日本》,胡博译,生活·读书·新知三联书店2015年版,第434页。

制定者和提供经济、武器支持的人等。经济支持对进行侵略十分重要，但国际检察局最终却忽略了在政府内部负责经济支持的个人，由此得出结论认为缺乏这些人构成反和平罪的明确证据实属不当。

（三）人体试验和细菌战

审判后至今，争议声越来越大的遗漏是日本的非法人体试验和细菌战，但此部分与共谋反和平罪已无关联，属于战争暴行罪的范畴。

审判后揭露，日军731部队和1644部队实施了细菌实验并对战俘进行活体解剖。美国助理检察官莫罗（Colonel Thomas Morrow）上校在看到中国的战争罪行委员会关于日本罪行的简报后大为震动，并在1946年3月2日建议季南应该搜集关于此类事情的材料。[1] 莫罗联系美国陆军情报办公室（GII）询问关于审问731部队指挥官石井四郎（Ishii, Shiro）的可能性，得到的答案是否定的。起诉备忘录表明，苏联政府因决定不提供这类事件的证据（包括证人）而"感到不安"，但苏联政府的观点是其所拥有的证据不足以批准开审此类案件。[2] 日军在中国使用毒气这一点在起诉书的附录D中被提及，而且审判期间，中国的战争罪行委员会的简报被阅读并录制，简报内容揭露了日本军队对平民战俘使用毒血清。

随后曝出实施实验的日本人员，包括石井四郎被免于控告，条件是他们要把自己的研究情况泄露给美国当局。盟军检察官们是否秘

---

[1] Neil Boister, Robert Cryer, *The Tokyo International Military Tribunal: A Reappraisal*, Oxford University Press, 2008, p.63.

[2] Ibid.

第三章　被告人的确定与起诉

密参与了这笔交易,至今不得而知。

1949年,苏联滨海军区军事法庭在伯力城举办了唯一一次专门针对日本细菌战争罪行的国内法院审判,依据苏联国内法对山田乙三等12名罪犯判处2年到25年不等的禁闭刑。事实上,目前世界范围内关于伯力审判的资料只有1950年莫斯科外文局以多种文字出版物的形式公开的有限资料,相关研究可谓无法开展。连目前可见的研究中细菌战造成的伤亡人数,都实在是"估计中的估计",需要特别谨慎地对待。但是,在冷战背景下,从细菌战角度,重整东京审判、伯力审判、沈阳特别军事法庭审判的关联性,可能是未来对东京审判此项起诉遗漏进行客观评价的可行路径。

第四章 东京审判的管辖权

一、管辖权之争的缘起

管辖权,又称审判权,是法庭对诉讼进行聆讯和审判的权力。区别于法庭决定案件实体问题"是非曲直"的权利,管辖权意味着一种"资格",宣示着法庭的合法性,取得管辖权的法庭作出的司法判决具有终局性的既判力。可见,一方面,挑战和质疑东京法庭的管辖权,就意味着从根本上否定整场审判的合法性;另一方面,反驳和澄清管辖权异议对证立东京审判的合法性至关重要,一旦在管辖权问题上"失守",就会失去审判的整个"阵地"。因此,释明并正确认识东京法庭管辖权问题是关系东京审判毁誉的关键。[1]

东京审判管辖权问题的经线是一条历史线索,从中可以看出学界对管辖权问题研究的深化和变化。东京审判管辖权之争从开庭之初延续至今,起点是1946年5月6日,即宣读完起诉书后的第3个开庭日(起诉书宣读了两天),辩方就提出东京法庭不具有管辖权的动议。5月13日,法庭第4个开庭日,辩护团副团长清濑一郎当庭发表长篇讲话,集中阐述辩方对法庭管辖权的否定及其理由,其后检

---

[1] 徐持:《论东京审判管辖权之争应当终结》,载《山东警察学院学报》2017年第2期。

辩双方围绕这一问题进行了整整两天的激烈攻防。

1946年5月17日，为了避免审判的无限拖延，庭长韦伯宣布对辩护方提出否定管辖权的所有动议"全部驳回"，但理由并未当庭给出，而是"留待日后揭示"。法庭原打算出具一份独立法律意见书来回应这些质疑。但是，一些法官担忧会因处理这些法律问题而将审判拖到对被告个人责任的分析上，大大耽搁审理进度，另一些法官则反对在全体法官达成共识从而作出最终判决前给出这些理由。最终，这份法律意见书未被撰写。[1]

这样，法庭驳回管辖权异议的理由和结论就留给了判决书，而判决书中对此的表述是高度概括的："宪章中的法对法庭是决定性的和必须遵守的。……除宪章所规定者外，法庭并无任何其他的管辖权。"[2]部分理由是纽伦堡法庭已经很好地解决了管辖权问题，同为战后审判"两翼"之一的东京审判，认为没有必要再重复这些理由，而是直接沿袭了纽伦堡的先例。

但这给辩护方和后来的否定派留下了"口实"。早期否定派的代表性著作、辩护律师之一泷川政次郎的《审判东京审判》言道："关于管辖权动议驳回的理由，明言日后陈述，但直至法庭宣判为止都没有陈述。东京审判这一最重要的问题就这样一直持续保留到了最后。对辩护团而言，没有这样荒唐的审判了。"[3]对东京审判全面否定的

---

[1] Neil Boister, Robert Cryer, *The Tokyo International Military Tribunal: A Reappraisal*, Oxford University Press, 2008, p.32.

[2] 《远东国际军事法庭判决书》，张效林节译，向隆万、徐小冰等补校译，上海交通大学出版社2015年版，第12页。

[3] 程兆奇：《东京审判——为了世界和平》，上海交通大学出版社2017年版，第65—66页。

第四章 东京审判的管辖权

较早期的著作之一、植松庆太的《远东国际军事审判——这是文明的审判吗?》一书中,第二章题目便是"围绕管辖权",内容是对辩方观点的重复和渲染。作者在后记中声称:"法律专家已从法律上判定东京审判完全是伪善,也有人认为不过是联合国上演的闹剧或战胜国的自慰……本书的目的就是让日本一般读者对此有所了解。"[1]

虽然在东京审判庭审前后,正面评价是日本知识界的主流声音,但辩护律师团中的一些成员和日本民族主义者,从管辖权角度指责法庭由胜利国恣意创设,真正目的是满足胜利的同盟国的复仇欲望,适用事后法,不合道义性等主张在日本很有市场,流传甚广。

这些言论接下来得到了美国学者麦尼尔教授的支持,在其代表作《胜者的正义:东京战争罪行审判》一书中,将东京审判视为巩固美国战后在日本以及亚太地区霸权地位的手段,从国际法和程序正义的角度质疑东京审判。这部在反"越战"运动的脉络下写成的著作,并不是为了替日本军国主义辩护,而主要是出于对美国军事行动的质疑。但由于作者身份和著作的专业性,一经出版便备受关注,至今仍是英语世界东京审判研究的重要参考。经由日本论者藤冈信胜的传播,麦尼尔的诸多论点竟被移花接木,歪曲为对日本军国主义及其"大东亚战争"的肯定。[2]

20世纪晚期以来,随着大量审判一手档案资料的发掘、收集和整理,东京审判的法学研究走向深入,东京审判管辖权问题研究也更多开始在微观层面展开。日本学者粟屋宪太郎利用东京审判国际检

---

[1] 植松庆太:《远东国际军事审判——这是文明的审判吗?》,人物往来社1962年版,第334页。

[2] 陈宜中:《何为正义》,中央编译出版社2016年版,第248页。

察局的一手档案，尝试解明东京审判中的不起诉问题的经纬；二村円香从转型正义角度分析东京法庭作为战争罪行特别法庭的作用；博伊斯特、卡莱尔则在东京审判判决书乃至庭审记录之外，利用新西兰和澳大利亚保存的东京审判档案，对东京审判管辖权涉及的诸多问题进行了细致分析。

但是，我们也要看到，即使学院型的著作，基本结论也往往指向东京审判及其管辖权的所谓"问题"。例如，日本学者日暮吉延在其大部头著作《东京审判的国际关系》中指出，国际军事审判虽然是强烈意识到"惩罚的正当性和大义的结果"，也有着实现美国"安全保障"和"迅速处罚"的功利意图，在决定改革战争犯罪处理之际，"规范"（法律）从属于"权力"（政治）。[1]美国著名历史学家约翰·道尔在其普利策获奖作品《拥抱战败》一书中，将东京审判评价为"严厉的审判"和"展示性的审判"，在从多个侧面剖析东京审判之后，他认为"A级战犯的审判确实代表着重大的发展"，但"像纽伦堡审判一样"，东京审判"集法律、政治和作秀于一身"，"司法正义的理想和胜利者理所当然的制裁之间的矛盾，为战后新的民族主义的抬头提供了温床"。[2]日本学者户谷由麻作为"中道"学者的代表，充分利用英日两种文献对东京审判的主要问题进行了深入探讨，在《东京审判：第二次世界大战后对法与正义的追求》一书中结论性地提出要"超越胜者的审判"，认为东京审判在构成上属于"战胜国对战败国领导人的制裁"，"导致遗留了很多不均衡的问题"，但另一方面，

---

〔1〕［日］日暮吉延：《东京审判的国际关系》，翟新、彭一帆译，上海交通大学出版社 2016 年版，第 113—131 页。

〔2〕［美］约翰·W. 道尔：《拥抱战败：第二次世界大战后的日本》，胡博译，生活·读书·新知三联书店 2015 年版，第 425—430 页。

第四章 东京审判的管辖权

它也是"划时代的事件","为国际人道法原则的发展作出了很大贡献"。[1]

晚近以来,东京审判的正当性课题,已因靖国神社争议等而高度政治化。在日本内外,关于《和平宪法》和平与再军事化的争议,连同美化"大东亚战争"、否认战争罪行、推卸战争责任等,均意在推翻日本签订《旧金山和约》重返国际社会时所承诺的对东京审判判决的接受和反省。民族主义修正派对"日本自1931年以来,在亚洲策划和发动了一场侵略战争"的"东京审判史观"大加挞伐,认为这削弱了几代日本人的气概,是对日本年轻人进行"历史洗脑"的"自虐史观""黑暗史观"。[2]

中国学者对管辖权问题也有持续的关注和回应,管建强教授从历史实证的角度,提出东京法庭拥有管辖权的新论证,指出东京法庭审判反和平罪的实践是建立在国际法禁止性规范及违反国际法的国家责任的基础上的,是对国际法的新贡献。[3]程兆奇的《东京审判——为了世界和平》一书也专章探讨了管辖权的法庭辩论及核心问题。

可以说,东京审判既是一部战争断代史,也是一部法治截面史,

---

[1] Totani Yuma, *The Tokyo War Crimes Trial: The Pursuit of Justice in the Wake of World War II*, Harvard University Asia Center, 2008, pp.256-262.

[2] 参见步平:《东京审判与"东京审判史观"——关于东京审判研究的方法论考察》,载东京审判研究中心编:《东京审判再讨论》,上海交通大学出版2015年版,第71—72页。

[3] 管建强:《远东国际军事法庭享有管辖权的新论证》,载《法学评论》2015年第4期。

对东京审判管辖权问题的研究必须超越意识形态和政治立场的冲突，以事实为基础，以正确的审判认知为前提展开细致讨论。

二、管辖权问题的法庭交锋

无论是日本保守势力，还是纯粹持学术立场的学者，对东京审判的责难大体有两个方向：一个方向是东京法庭的设置，认为东京审判不过是为盟国利益代言的"胜者的法庭"，对战败者进行了一场"复仇"；另一个方向则是认为东京法庭审理"反和平罪""反人道罪"，指控被告参与共谋，违反了罪刑法定原则，属于创设"事后法"。这两个方向的质疑又分别在法理、程序、证据等方面展开。但追溯其根源，都没能脱离1946年5月东京法庭开庭之初辩护方提出的管辖权异议的基本框架。

根据庭审记录，辩方主要提出了以下七个方面的管辖权异议，针对每一点检方都进行了充分的回应，所谓"法庭""词穷"完全是辩方罔顾事实，有意掩盖真相。

（一）侵略战争是不是犯罪

根据《波茨坦公告》第10条，东京法庭被授权起诉和审判"战争罪犯"。辩方认为，对于"战争罪犯"进行界定的时间点必须严格限定在日本接受《波茨坦公告》的1945年7月26日。日本被告方辩护团团长清濑一郎博士以美国战争法手册第441条和442条为例，提出依照当时文明国家的理解，策划、准备、发起和从事战争不是犯罪，更不构成"反和平罪"。因为当时的典型战争罪类型为"交战国违法、非交战国违法、掠夺与间谍、叛国"4种，即便一些权威著作的

第四章 东京审判的管辖权

分类有些许不同,但并无本质区别,都把战争罪限定在违反战争规则与惯例之内。[1]

5月14日,梅津美治郎的辩护律师布莱克尼(Ben Bruce Blakeney)上校又在法庭上重申战争不是犯罪而是合法使用武力的权利的观点。他认为国际法拒绝区分正义与非正义战争,并以人类历史上并不存在对策划、发动战争进行审判的先例为由,认为目前法庭要对"实施时不具有惩罚性的行为创设事后法进行审判,这对每一个文明法治体系来说都是恐怖的。"[2]

检察长季南一针见血地指出辩方异议的真正基础是对"战争罪犯"这一术语的解释。他指出,"被告人为了方便而遗漏一些非常重要的文件和信息"。这些信息包括:1919年日本为签署国的《凡尔赛和约》第227条规定,"建立一个特设国际刑事法庭对德国皇帝威廉二世发动战争进行起诉,他犯下了违反国际道德和条约神圣性的最严重罪行";1919年《国际联盟盟约》规定,"缔约各国,为增进国际合作并保持其和平与安全起见,承受不从事战争之义务";1924年《日内瓦和平解决国际争端议定书》承认国际社会成员存在连带关系,"侵略战争破坏了这种连带关系,是一种国际罪行";1927年国际联盟大会《关于侵略战争的宣言》指出,"侵略战争永远不能作为解决国际争端的方法,因此也是一种国际罪行";1928年第六届泛美大会决议指出,"侵略战争构成对人类的罪行……一切侵略都是非法

---

[1] 中国国家图书馆东京审判数据库—庭审记录库,1946年5月13日,载国图网,http://mylib.nlc.gov.cn/web/guest/djsp/pdfplayer?id=E2D98C9C0E104E2D856777332B7BD63C&type=pdfinfo&module=theTrialRecord。

[2] 同上。

的,因此宣告予以禁止";毫无疑问,1928年的《白里安－凯洛格公约》即《巴黎非战公约》是这些努力的集大成者。缔约各方承诺放弃战争作为国家政策工具,把侵略战争置于法律体制外。在世界上所有的文明国家,用庄严的承诺和协议,认可明显的侵略战争是国际犯罪,并由此确立了战争违法的积极规则为国际法规则。正如1907年《海牙公约》早已声明的那样:"……这些原则从文明国家的习惯中建立,来自于人类的法律和公众良心。"值得注意的是,这些公约都以日本天皇和日本民族的名义签署。[1]

(二)日本有条件投降论

清濑强调日本投降的方式与德国投降的方式有极大不同:

> 德国抵抗到了最后一刻——希特勒死亡或者被杀,戈尔失去军衔,德国最终崩溃了。德国,在字面意义上,无条件地投降了。换句话说,对于德国的战争罪犯,同盟国大可不经过审判就进行惩罚。而《波茨坦公告》颁布之时,盟军军队尚未登陆日本。以反和平罪及反人道罪起诉日本战争罪犯,只因为恰巧同样的罪名在纽伦堡遭到起诉,这是个绝对的错误。摆在日本面前的《波茨坦公告》是附有条件的。借用民法的说法,这是给日本的一份要约,也即是有条件的。这些条件才是日本所接受的,也是同盟国必须遵守的。当时由首相铃木贯太郎领导的日本内

---

[1] 中国国家图书馆东京审判数据库—庭审记录库,1946年5月14日,载国图网,http://mylib.nlc.gov.cn/web/guest/djsp/pdfplayer?id=E2D98C9C0E104E2D856777332B7BD63C&type=pdfinfo&module=theTrialRecord。

第四章　东京审判的管辖权

阁接受了《波茨坦公告》。至于惩罚战争罪犯或对战争罪犯的惩处措施问题——战争罪犯的处罚将与普遍认可的对该术语的理解一致，基于这一认识《波茨坦公告》才被接受。超出这一范围就越过了国际法的边界。因此，我们很想知晓，为何在公告被接受之后还要以新的罪名起诉。[1]

这项动议遭到了季南的痛击：

> 我不打算在这个法庭中让允许虚假的断言不受挑战，我想，在这一诉讼中，日本民族完全无条件、无追索权地投降，有关文件也将如此证明。
>
> 在这一案件中已经确定了两个通过瑞士政府在投降时向各同盟国传递日本的通信，其显示日本政府的投降是无条件的。
>
> 我们恭敬地呼吁本法院注意《波茨坦公告》第6段："必须消除那些误导和欺骗日本人民进行了世界征服的权威人士的影响，因为我们坚信，如果不负责任的军国主义未从世界上被消灭，和平的新秩序、安全和正义将是不可能实现的。"
>
> 《日本投降书》的第2段、第3段和第5段："日本帝国总司令部和所有在日本控制下的所有武装力量将无条件投降……兹命令所有日本军队和日本人民立即停止敌对行动，并且遵守所有规定，可由最高统帅为联合国或日本政府机关在其指导下实

---

[1] 中国国家图书馆东京审判数据库—庭审记录库，1946年5月13日，载国图网，http://mylib.nlc.gov.cn/web/guest/djsp/pdfplayer?id=E2D98C9C0E104E2D856777332B7BD63C&type=pdfinfo&module=theTrialRecord。

施……兹命令所有民事、军事和海军官员遵守和执行所有的公告,命令和指示视为盟军最高统帅,实行投降。"

我谨此呼吁法庭注意,即辩方异议中提到的宪章正是这些规则的一部分,事实上,这可能被认为是日本和德国之间在投降这方面的一个巨大差异——所有这些事情都是由日本国家的正式成立的政府同意的,包括大量的被告自己的同意。

辩方这项异议是虚假的陈述,试图动摇法庭的核心,挑战了文明国家惩罚通过侵略战争为世界大部分地区带来灾难的责任人采取有效阻止措施来拯救文明的能力。[1]

(三)"胜者"组成法庭的问题

东京法庭的法官全部由盟国选派,这一点借由绞刑架下的东条英机之口贴上"胜者的审判"的标签,日后被东京审判的抨击者们从各个角度大加发挥,至今仍是攻击东京审判的旗帜和标靶。

梅津美治郎的辩护律师布莱克尼上校在法庭上称,东京法庭是"自成一格"的,并非国际法意义上的"军事委员会",不是审理所涉罪行的适格法庭。曾在马尼拉审判中为本间雅晴辩护,又在东京审判中担任重光葵辩护律师的弗内斯(George A. Furness)上校陈述道:"即使不考虑审判庭成员的品行,仅考虑任命,他们就不可能做到不

---

[1] 中国国家图书馆东京审判数据库—庭审记录库,1946年5月13日,载国图网,http://mylib.nlc.gov.cn/web/guest/djsp/pdfplayer?id=E2D98C9C0E104E2D856777332B7BD63C&type=pdfinfo&module=theTrialRecord。

第四章 东京审判的管辖权

偏不倚；根据这些情况，无论是在今天还是历史上，本次审判的合法性、公平性、公正性都必遭质疑。"审判应由对战争不心怀怨恨的中立国代表进行，方能做到合法、公平、公正。

对此，首席检察官约瑟夫·贝瑞·季南回应道，辩方对法庭公正性的质疑是误解。"谁担任法官，谁担任检察官，或者谁担任辩护律师，甚至碰巧谁是被告人，都不甚重要。假使由中立国向日本派遣11名法学家来主持本次审判，那也并不是对审判公正的检验。"[1] 在季南看来，"法庭要求提交证明被告人犯罪的大量证据了吗？法庭为被告人提供了充分的辩护机会吗？审判经受得住每一页历史的考验吗？这些才是公平的检验标准，而不是那些肤浅的事实——法庭的成员来自哪里"。在一个公开的法庭上，任何一项程序都处于新闻媒体、观察家、日本人民以及全世界的关注监督下，才能彰显公平、公正。"这个法庭内将会向日本人彰显公正审判的元素，我们敢说，他们将得到自己国内历史上从未享受过的公正审判。"[2]

来自澳大利亚的检察官阿兰·詹姆斯·曼斯菲尔德（Alan James Mansfield）进一步指出，纵观历史，成千上万的案件已经审理完毕，成千上万的战争罪犯已经被判刑并被执行，战败的对手被装在笼子里满城游街示众，拿破仑被流放到圣赫勒拿岛，但"公正、公平、正

---

[1] 中国国家图书馆东京审判数据库—庭审记录库，1946年5月13日，载国图网，http://mylib.nlc.gov.cn/web/guest/djsp/pdfplayer?id=E2D98C9C0E104E2D856777332B7BD63C&type=pdfinfo&module=theTrialRecord。

[2] 同上。

义的审判是我们今天采取的方式"。[1]盟军最高统帅任命的军事委员会或者法庭，无论称谓如何，都是审理战争罪行的适当机构。就法庭合法性而言，真正应当考虑的不是法庭的组成而是法庭获得授权的来源。

韦伯在他的个人意见书中指出，审判其时，交战国控告针对他们本国国民的犯罪也完全符合国际法的规定。这一观点被菲律宾的哈那尼拉（Delfin Jaranilla）法官更为直接地表述，他讲道："麦克阿瑟将军确实本可以创建一个仅由单一国家的军官组成的军事法庭。……鉴于日本已经明确表示愿意接受同盟国对战争罪行进行起诉，日本对法庭管辖权提出的这种泛泛的异议注定会失败。"[2]

坚持自然法立场的法国法官伯纳德（Henry Bernard）认为："一种普遍权威应当足以创建这样的法庭，审判那些被控犯有违反人类社会公认秩序罪行的个人。但是没有哪个机构天生拥有这样的权威，因此，拥有实权和道德权威的人才能承担此项义务，来组建所需的法庭对侵犯自然法和国际法的嫌疑人进行审判。因此，《宪章》的起草者恰好是战胜国，而且仅是战败国的政府领导人被起诉的事实

---

[1] 中国国家图书馆东京审判数据库—庭审记录库，1946年5月13日，载国图网，http://mylib.nlc.gov.cn/web/guest/djsp/pdfplayer? id=E2D98C9C0E104E2D856777332B7BD63C&type=pdfinfo&module=theTrialRecord。

[2] *Separate Opinion of the President*, in Neil Boister, Robert Cryer, eds., Documents on the Tokyo International Military Tribunal: Charter, Indictment, Judgments, Oxford University Press, 2008, p.632; *Jaranilla Opinion*, in Neil Boister, Robert Cryer, eds., Documents on the Tokyo International Military Tribunal: Charter, Indictment, Judgments, Oxford University Press, 2008, p.645.

是无须考虑的。与不经由任何形式审判直接惩罚被告不同的是,同盟国将被告带到了可能作出无罪判决的法庭。"[1]

即便是最主要的持异议者印度法官帕尔(Radha Binod Pal),也断言尽管法官们是受各自政府的委派,但是他们被选中是基于其个人素养:"通常,为这样的法庭遴选法官所着重考虑实质性因素之一便是气节。……它包含了采取措施免于陷入个人偏见、愿意直面观点不被接受的后果、为司法程序献身以及愿意按照审判职责的要求作出牺牲等。而被告并没有基于法官中有人有这方面的问题而质疑法庭的组成。"[2]

由"胜者"组成法庭既符合当时的国际法惯例,也并未违背世界公认的选任法官的实质标准。败者不相信胜者的"正义",是因为只是把胜者的"正义"看作"强者的利益"。几乎所有的犯罪集团都会指责法律的"不公正""不平等",认为它有利于权力。但如果连法律都是可疑的,又遑论其他。

(四)有关麦克阿瑟的问题

这一质疑,最初是由广田弘毅向美国最高法院"上诉"时提出的,认为道格拉斯·麦克阿瑟将军完全缺乏成立法庭的权力,这使得确保一个合法、公正和不偏不倚的审判在法庭审理开始之前就失败

---

[1] *Bernard Dissent*, in Neil Boister, Robert Cryer, eds., Documents on the Tokyo International Military Tribunal: Charter, Indictment, Judgments, Oxford University Press, 2008, p.663.

[2] *Judgment of Justice Pal*, in Neil Boister, Robert Cryer, eds., Documents on the Tokyo International Military Tribunal: Charter, Indictment, Judgments, Oxford University Press, 2008, p.819.

了。[1]作为驻日盟军最高统帅,麦克阿瑟将军享有一切权力在这个战败国重建民主政治。日本投降书中,日本天皇和政府均承诺遵守和服从盟军最高司令官或由盟军指定的其他代表的命令和决定,这使得麦克阿瑟将军能够超越权限去执行《波茨坦公告》的条款。东京审判的判决也明确了麦克阿瑟并非作为美国公民如此行事,而是作为同盟国之代理的身份。[2]关于不符合美国宪法的质疑,美国国内法律并不适用于国际法庭,相反,根据美国宪法,美国最高法院并没有权力审查麦克阿瑟将军的行为。

此外,东京法庭关于袭击珍珠港的认定也显示出,法庭并不像人们通常相信的那样,深受美国诉讼计划的控制。与之类似,认为麦克阿瑟一手操纵了裕仁天皇的起诉豁免也没有得到原始文献的证实,事实上,麦克阿瑟并没有官方或非官方的决定裕仁天皇处遇的权力。[3]

东京审判中来自新西兰的大法官诺斯克罗夫特在1949年3月《给总理的备忘录》中写道,"法庭的决定是基于所有能够得到的证据,并且是在给予反对意见最充分的发表机会之后才作出的,而且我相信那是不偏不倚的。"[4]

---

[1] Neil Boister, Robert Cryer, *The Tokyo International Military Tribunal: A Reappraisal*, Oxford University Press, 2008, p.32.

[2] 徐持:《东京审判管辖权的理论疏解与当代意义》,载《学术交流》2016年第12期。

[3] Totani Yuma, *The Tokyo War Crimes Trial: The Pursuit of Justice in the Wake of World War II*, Harvard University Asia Center, 2008, p.13.

[4] [新西兰]安·特罗特:《诺斯克罗夫特大法官》,载[日]田中利幸、[澳]蒂姆·麦科马克、[英]格里·辛普森编:《超越胜者之正义:东京战罪审判再检讨》,梅小侃译,上海交通大学出版社2013年版,第111—112页。

第四章　东京审判的管辖权

（五）所谓"事后法"问题

对管辖权的另外一大质疑是法庭适用"事后法"，即辩方试图从法理角度，提出法庭审理"反和平罪"和"反人道罪"违反罪刑法定原则，因此，以"反和平罪"为基础的起诉书部分内容超出了法庭的管辖权。

辩方律师布莱克尼陈述道：

> 在人类文明历史的长河中，法院一直以来未对策划、发动战争进行过审判。因此，当前的审判并无先例。为了要对实施时不具惩罚性的行为科以刑罚而事后确立一个罪名的先例，这对每一个文明法治体系来说总是恐怖的。我们必然得出这样的结论：起诉书中第一类犯罪"反和平罪"里第1项至第36项诉因的指控并不构成任何法律已知或者界定的指控。
>
> 我们看到《海牙公约》《国际联盟盟约》《日内瓦协定》《巴黎非战公约》《泛美会议决议》，了解到这些国际文件产生的最终影响是使战争作为犯罪。从修辞学上来说，战争是人类对人类实施的极端犯罪——这一点早在1924年《日内瓦协定》如此界定战争之前早就被认识到。但是尚需证实的是，在法律意义上，甚至在通过严厉审判科以刑罚的意义上已经确立了新型犯罪。如果认为谴责战争的《巴黎非战公约》已经将战争规定为犯罪，那对于违反战争罪的国家规定了什么处罚措施呢？通读巴黎协定，我们一无所获。违反声称创设法律的巴黎协定，缔约国事实上采取的刑罚是什么呢？一直未见到刑罚规定。相当明显的是，迄今为止并不存在愿意将进行战争视为犯罪的国际公

众舆论。常设国际法院曼利·奥特默·赫德森法官是一位备受世人尊重的国际法权威专家,他在国际审判中曾经说过:"将国际法延伸至司法审判并谴责、惩罚国家或者个人行为的时机尚未到来。"其时是 1944 年。

在承诺将无畏无惧、公正公平依法审判的审判庭前,由于以"反和平罪"为基础的起诉书部分内容超出了审判庭的管辖权,审判庭应驳回该起诉内容。[1]

英国检察官柯明斯–卡尔对此回应道:

惩治战争罪的做法一直是习惯法的一部分。国际公约,从 1864 年的红十字公约到 1929 年的日内瓦公约没有包含对违反其规定的战争罪的处罚规定。在他们的战争罪行中,有目的地规避了现有的惩罚,没有什么比这更清楚的了……刑法实践一直延续到现在。国际公约中的实体法,军事法庭自实践开始就已经审判了数以千计的此类案件……因此,号称条约中没有规定是无意义的,我们已在附录 B 中列出来他们违反个人责任的法律后果。在我们提交的材料中,在所示的"常规战争罪"案件的既定规则下,违反这些条约的后果是完全相同的,都等同于战

---

〔1〕 中国国家图书馆东京审判数据库—庭审记录库,1946 年 5 月 14 日,载国图网,http://mylib.nlc.gov.cn/web/guest/djsp/pdfplayer? id=E2D98C9C0E104E2D856777332B7BD63C&type=pdfinfo&module=theTrialRecord。

第四章 东京审判的管辖权

犯，并应根据他们的罪行的严重性施以惩罚。[1]

检察官曼斯菲尔德引用赖特勋爵的一篇文章进行回应：

> 巴黎和约清晰而具体，将道德规则转化为可与战争法和习惯相媲美的实证规则，如同战争法和习惯一样对个人具有约束力，因为个人可以对违反国际法的具体行为承担刑事责任的原则现在已经得到普遍认可。因此，不仅是国家违反条约，个人作为蓄谋者、主犯或者从犯进行的犯罪行为也是如此。如果某个国家的代理人利用他们位高权重发动侵略战争，则这些人无论从本质上还是从刑罚后果上都应承担单独、独立、不同的责任……我认为，国际法庭具有决定发动侵略战争是否是犯罪的职责，有权利也有义务作出肯定的判决。[2]

中国检察官向哲濬明确指出法庭没有创法：

> 被告的管辖权动议等于断言，……人类没办法用合法的力量来拯救自己。我们并非请求法院制定任何新的法律，宪章也没有创设任何新的罪行。……我们坚定地认为——无须引用更为宽泛的原则——本审判庭毫无疑问有权力，也有义务将古老

---

[1] 中国国家图书馆东京审判数据库—庭审记录库，1946年5月14日，载国图网，http://mylib.nlc.gov.cn/web/guest/djsp/pdfplayer? id=E2D98C9C0E104E2D856777332B7BD63C&type=pdfinfo&module=theTrialRecord。

[2] 同上。

确立的原则应用于新情况。[1]

（六）个人责任的问题

辩方认为战争是国家行为，由此形成国家之间的关系。任何涉及战争主题的条约与公约均未提及个人，"个人不应该因为在国内位高权重而负有战争责任"[2]。基于这个原因，起诉书中涉及个人发动战争的新型罪名不应由法庭审判。同样，个人基于共谋从事战争犯罪的指控也不应成立。

副检察长检察官柯明斯·卡尔指出，在国际法中，建立个人刑事责任的努力最早见于《凡尔赛和约》，在德皇威廉二世的案例中，关于审判一国元首并没有引起争议，这一原则已在包括日本在内的许多国家建立并承认了。"在此之前个人未因违反国际法而被追究刑事责任的唯一原因是，除了战争法则和惯例，我们现在所宣称的反和平罪行很少规定在一般性条约中，并且值得庆幸的是，也罕有此类非法行为出现。"[3]

向哲濬检察官从另一个角度补充了追究个人刑事责任的意义。"日本人民的领导误导了他们，欺骗了他们，并将他们引向毁灭。那些领导人应当接受公正的审判并承担责任，不仅仅是对受到欺压的中国人民承担责任，不仅仅是对世界和平承担责任，也是对日本人民

---

〔1〕 中国国家图书馆东京审判数据库—庭审记录库，1946 年 5 月 14 日，载国图网，http://mylib.nlc.gov.cn/web/guest/djsp/pdfplayer? id=E2D98C9C0E104E2D856777332B7BD63C&type=pdfinfo&module=theTrialRecord。

〔2〕 同上。

〔3〕 同上。

第四章　东京审判的管辖权

承担责任。"[1]

(七) 审理的战争范围问题

这项异议同样由清濑提出，他提出战争罪行必须局限于日本与同盟国之间的战争，即"大东亚战争"及"太平洋战争"。"与'大东亚战争'或'太平洋战争'完全无关的事件，或者说过去已经解决的事件被纳入本审判中作为审判范围，这是绝对是不可想象的。很难理解的是在起诉书中包含对关于辽宁、吉林、黑龙江和热河的指控。"同时，日本和苏联的张鼓峰事件和诺门罕事件也应被排除在外。因为张鼓峰事件在1938年8月签订的协议中已达成和解，而诺门罕事件也有1939年9月的日本和苏联之间所达成的协议。日本与苏联于7月26日签订中立公约，声明颁布后，日本和美国处于战争状态，但日本与苏联没有处于战争中。[2]

除了检察官卡尔对此进行了有力驳斥外，中国检察官向哲濬对此进行了最有说服力的回应：

  辩方提出的异议涉及中国，即我的祖国。我们精通法律的辩方律师说中国和日本之间不存在战争，因为日本从未向中国宣战。当然，这是一个关于战争正确定义的问题。然而，从1931年9月18日以后，日本在中国采取了战争性的行动，杀死

---

[1] 中国国家图书馆东京审判数据库—庭审记录库，1946年5月14日，载国图网，http://mylib.nlc.gov.cn/web/guest/djsp/pdfplayer?id=E2D98C9C0E104E2D856777332B7BD63C&type=pdfinfo&module=theTrialRecord。

[2] 同上。

了数以百万计的中国人，包括士兵和平民。十四年以前，1937年7月7日，日本在卢沟桥发动战争，一个晚上杀死数百人。随后，日本向全中国出兵，杀死了数以百万计的中国士兵，还有儿童、妇女和无助的平民——非战斗人员。我认为那些是全世界都知道的事实。如果这不是战争，我想问，还有什么是战争？

自1931年起，日本在中国无任何挑衅行为的情况下，向中国各地派出士兵，几乎涵盖了所有的省份。尽管中国直至1941年12月9日才向日本宣战，但我认为，无论日本是否已向中国宣战，战争已然开始。

中国，通过抗争，不仅为其自身谋求出路，也为维护人类和平作出了贡献。我们中国人民所承受的灾难史无前例——我认为，本法庭的目的是审理日本在中国所作出的践踏和平、违背战争公约、泯灭人性的战争犯罪行为。他们的领导人犯下了罪行。我们向法庭提起诉讼并按照正当程序提交上述事实的有关证据。同时，我们希望法庭能够及时地对上述行为作出判决。[1]

《东京宪章》规定的管辖权涉及人、罪、时间三个维度。在时间方面，起诉追溯到1931年9月日本对中国东北的侵略，这一规定反映出东京审判的主题是日本在1945年之前的侵略政策，国际检察局试图更准确地反映日本发动侵略战争的事实，以实现国际刑事审判所具有的承认功能和发现真相的功能。法庭记录副本显示，国际检

---

[1] 中国国家图书馆东京审判数据库—庭审记录库，1946年5月14日，载国图网，http://mylib.nlc.gov.cn/web/guest/djsp/pdfplayer？id=E2D98C9C0E104E2D856777332B7BD63C&type=pdfinfo&module=theTrialRecord。

察局试图查明日本战争罪行而不是隐瞒信息，包括一些被核心指控忽视的罪行。[1]

三、管辖权问题的实质

从上述分析可以看出，辩方的管辖权异议由三个环环相扣的内容组成：以"胜者的审判"为理由否定法庭组成的合法性；以所谓"事后法"为理由否定侵略战争的犯罪性进而否定个人刑事责任；提出限制时空和身份范围的主张从而试图剥离部分被控事实。换言之，辩方认为，审理战争罪行，盟国法官组成的东京法庭并不适格；审判时发动侵略战争尚不是国际罪行，也不应由个人承担刑事责任；即便进行审理，也应当大大缩小审理对象的范围。

对管辖权问题实质涉及三个基本问题，厘清这三个问题，就能把握管辖权问题的实质，从而得出东京法庭管辖权问题的恰当结论。

（一）对罪刑法定原则的理解

盲目地、机械地理解罪刑法定原则，尤其国际刑法中的罪刑法定会造成很多不必要的误解，甚至认为所有的罪状描述都要事无巨细地规定在法律中，法官只要像"自动贩售机"那样匹配行为与法律规定就可以了。事实上，追根溯源，罪刑法定原则建立在两个具有微妙不同的思想基础之上：一个是民主主义的要求，即将什么样的行为作为犯罪进行处罚，必须由国民或其代表国会来决定；另一个是自由主

---

[1] Totani Yuma, *The Tokyo War Crimes Trial: The Pursuit of Justice in the Wake of World War II*, Harvard University Asia Center, 2008, p.12.

义的要求,就是确保国民的行动自由和预测可能性。[1]这就为我们理解罪刑法定原则中的"法"和"罪"提供了依据。

首先,对于什么是"罪"的认识。罪刑法定原则中"法无明文规定不为罪"的要求,意在限制犯罪认定的擅断和恣意,防止国家滥用刑法侵害公民权利。因此,在讨论是否应当处罚的实质性问题的时候,法官首先要控制自己立即处罚的冲动,而是交由国会讨论和决定。但任何一个国家和人类族群,在面对杀人、放火、抢劫、强奸等自然犯罪时,不需要借助成文法的规定,都清楚此类行为的性质构成最古老的犯罪,行为人因此成为自然犯,必须接受处罚。战争无疑是所有自然犯罪中最为严重的,因为战争之下,必然伴随大规模的死亡、伤害和痛苦。

法律的最高目标是实现正义,而指控侵略者则是实现正义的必然。批评者只是拘泥于实定法的不完备之处,而对审理对象实质是否具有犯罪性质这一最重要的问题置之不理。著名法学家团藤重光对此分析道:"国内法中的罪刑法定主义针对的是国家权力以保障个人自由。但对国际法上的战争犯罪而言,其本身就是为了限制对国家力量的不当行使,可以说与国内法中的罪刑法定主义有着相同的思想依据。"[2]对此,东京审判判决书正确地指出:"法无明文规定不为罪的格言并非指对主权的限制,而是普遍的正义原理。"正如日本政治学家具岛兼三郎在东京审判的判决公布之前所言:"我们的生活并非是为法而生,相反法律是为我们的生活而存在的,所以,只有那

---

[1] [日]平野龙一:《刑法的基础》,黎宏译,中国政法大学出版社2016年版,第179—180页。

[2] 团藤重光:「戦争犯罪の理論的に解剖」,『刑法の近代展開』,弘文堂書房,1948,172—173頁。

第四章 东京审判的管辖权

些不懂法律为何存在的人才会以没有先例为理由而容许将世界导向崩坏的暴行存在。"[1]

其次,对什么是"法"的理解。国际法上的"法",与国内法意义上的"法"渊源并不完全一致,国际法上的法含义广得多,除了成文法之外,条约、习惯、判例法以及一般法律原则都可以成为国际法上的渊源。这样的区分是有意义的,因为国际社会并没有一个最高权威立法机构。

1966年联合国在《世界人权宣言》的基础上通过的《公民权利与政治权利国际公约》第15条,对国际法上的罪刑法定原则进行了非常完整、准确的表述。第15条共分为两款,第1款规定:"任何人的任何行为或不行为,在其发生时依照国内法或国际法均不构成刑事犯罪,不得据以认为犯有刑事罪。"第2款规定:"任何人的行为或不行为,在其发生时依照各国公认的一般法律原则为犯罪者,本条规定并不妨碍因该行为或不行为而对任何人进行的审判和对他施加的刑罚。"这两款规定是对罪刑法定原则一体两面的完整表述。也即,除了罪刑法定原则所要求的禁止"事后法"的侧面,还同时规定了一般的法律原则和各国公认的法律制度可以成为认定犯罪成立的"法"。

东京审判判决书指出,"审判和惩罚战犯时制定或公布的法律并非要突破国际法的框架或与公认的国际法原则规则相矛盾",相反,"交战国为审判和惩罚战犯而设立法庭并赋予该法庭相应权限时,它的行动只能以国际法为限",明确了法庭的管辖权源于当时国际法的

---

[1] 具島兼三郎:「東京裁判史観の歴史の意義」,『歴史評論』1948年第3卷、第6号:25—32。

规定和一般原则。即便是发表了反对意见书的帕尔法官,也认为法官完全有权依据当时的国际法和《宪章》对被控事实进行认定:"《宪章》第5条规定了犯罪的种类,该条款提供了对人及罪的管辖权。在我看来,这些行为是否构成任何罪行,应当留给法庭参考适当的法律决定。""我们并不是代表权力机构行事的,而是依照国际法从事审判。通过运用适当的国际法规则,我们要查证是否某些行为构成已有法律文件中规定的任何罪名。否则的话,法庭就仅仅是体现某些权力的工具。"[1]事实上,法官们关于罪行认定的激烈讨论并非"创法",而是适用法律的过程。"反和平罪"和"反人道罪"是对罪行的表述和概括,不仅不是事后立法,相反,表明了法官们一丝不苟的法律至上主义。

大陆法系的罪刑法定原则,建立在对法官的不信任的基础上,重点是将法官捆绑在法规之上。而在英美法中,反而是信任法官,让法官对刑罚法规的实质妥当性进行判断,并对不当的立法进行监督。日本历来受大陆法系的影响,某种意义上讲,盲目地、形式地理解罪刑法定原则的倾向强烈。在英美法中,法官也并非"造法",而是"找法",所谓判例,是指"对重要事实的法律判断,是相当具体的东西"[2]。因此,体系化地理解罪刑法定原则非常重要。从本质上来说,法律自身就是在选择某种价值基准,刑法是与价值观联系最为紧密的法律。罪刑法定原则下刑法的基本考虑应当是:没有法律就没有犯罪,没有被害就没有刑罚,没有责任就没有刑罚。

―――――――――

[1] Neil Boister, Robert Cryer, *The Tokyo International Military Tribunal*: *A Reappraisal*, Oxford University Press, 2008, p.34.

[2] [日]平野龙一:《刑法的基础》,黎宏译,中国政法大学出版社2016年版,第181页。

第四章　东京审判的管辖权

17世纪以来的威斯特伐利亚体系所塑造的现代世界秩序，尽管确立了主权平等的现代国际法原则，但国族中心主义的竞争格局事实上导致了国际"丛林社会"的产生，正义战争和非正义战争在法律上并无区别。两次世界大战的惨祸使得人们意识到这种战争法观存在的根本问题，宣告了军国主义在西方主流思想界的终结。世界大战将国际社会的基础性价值——和平、安全和福祉——破坏殆尽，也为战争犯罪"提供了一个国际的维度，使其转变为一种国际法项下的犯罪"[1]。在这个意义上，如果说二战之前，侵略战争作为犯罪是"有名无实"，则二战之后的两大审判中，则是"名实俱在"。

(二) 能否追究个人刑事责任

惩罚战争罪犯，意味着法治的终极价值是个体的人。东京审判对个人刑事责任的确立，区别于传统的以国家为中心的国际法的责任模式。东京审判明确了个人的国际法主体地位，个人可以拥有国际法上的权利，也必须履行国际法所要求的义务。由此，东京审判作为里程碑式的国际刑事司法事件，把"人"的法律地位提高到前所未有的程度。国家公民转变为"世界公民"，尤其是国家的领导者，必须为世界和平担负起个人在法律上的义务。这"不啻为国际法的革命"，导致整个国际法体系发生根本性变动。这场公开的世纪大审判，向世人传达了一种理念：每个个体的生命和权利都会得到法律的保护和尊重，人类的命运紧紧相系，没有人是孤岛。我们必须携手缔造和平。

---

〔1〕[德]格哈德·韦勒：《国际刑法原理》，王世洲译，商务印书馆2009年版，第13页。

审判追诉对象限于个人，东京审判考虑的是，战争罪行最终都可以归咎于个人，国际刑法要防止个人躲藏在国家主权的庇护之后。东京法庭的某些不利条件，如法庭的狭义授权、日本军政档案的缺失等，迫使检方努力利用现存的国际法体系，从中找到并充实使政府的军政领导人为大规模暴行承担责任的办法。这又反过来促使东京法庭的法官们阐明法庭本身对于领导人责任问题的观点，为个人刑事责任的理论提供了许多创造性的法律解释。无论如何，东京法庭可能是最早开始解决国家领导人个人责任这个复杂问题并探索适用的法律原则的先例开创者。

另一方面，这要求存在个人可以直接援引而无须国内法作为中介的犯罪构成要件。这一前提同时要求国际核心罪行的构成要件获得普遍承认以及国际法上个人刑事责任原则得到确立。三类犯罪中，"普遍被接受的反和平罪的构成要件，对人民的安全保障具有最重要的价值，但它仍未产生"[1]。随着前南斯拉夫、卢旺达、塞拉利昂以及柬埔寨和黎巴嫩混合法庭，特别是国际刑事法院的相继设立，国际刑事裁判获得长足发展。虽然半个多世纪以来一直不缺乏起诉的动因，但反和平罪的国际审判再也没有启动过，由此可见，在法律上确切地描述此项罪行的特征并说明起诉的理由，各国一直没有达成共识。

2016年3月21日，国际刑事法院（ICC）第三审判庭判决前刚果民主共和国副总统让-皮埃尔·本巴·贡博犯有反人道罪（谋杀、强奸）和战争罪（杀人、强奸、抢劫），这是国际刑事法院首次判决强奸

---

[1] [德]汉斯·耶赛克、[德]托马斯·魏根特：《德国刑法教科书》，徐久生译，中国法制出版社2001年版，第153页。

第四章　东京审判的管辖权

作为战争手段的犯罪行为,亦是该法院首次判决高级将领以指挥官责任的形式为下级士兵的犯罪行为承担刑事责任。[1]国际刑法的进步是无可争议的,在这个意义上,东京法庭管辖权对个人刑事责任尤其指挥官责任之确立,作出了决定性的贡献。

(三)"胜者的正义"的误区

东京法庭得以组建并运作,是美国、中国、英国以及最后对日本正式宣战的苏联在1943—1945年间达成的一系列协议和决议的结果。《开罗宣言》提出惩罚日本的侵略;《波茨坦公告》确认《开罗宣言》并规定了战犯审判问题;《日本投降书》宣布日本接受《波茨坦公告》,接受将天皇和日本政府的权力置于盟国占领当局之下的安排;中美英苏莫斯科会议授权盟国占领当局处理有关日本投降的所有事项,盟国占领当局因而获得设立法庭、发布和保证实施法庭宪章的权力。1946年1月19日,麦克阿瑟将军以盟军最高统帅的身份,批准国际检察局所拟《东京宪章》,东京法庭正式成立。

"胜者的审判"的标签一直贴在东京审判上,部分原因是这种说法是如此流行,以致人们在这样表述时是那样地不假思索。辩方在法庭上提出的许多异议可谓转移视线,模糊焦点,避重就轻,避实就虚,几千万被害人无辜被毁的生命在他们的考虑中未占一席。英文中,"法庭"与"正义"均表述为"justice",二战后,由胜利的同盟各国组成法庭显而易见,从形式上来看当然是胜者的法庭。但这并不

---

[1] ICC Trial Chamber Ⅲ declares Jean-Pierre Bemba Gombo guilty of war crimes and crimes against humanity[DB/OL], https://www.icc-cpi.int/en_menus/icc/press%20and%20media/press%20releases/Pages/pr1200.aspx, 2016-03-21.

意味着,审判所实现的仅是属于胜利者的正义。相反,胜者是反抗法西斯和军国主义胜利的被害者,无论从报应、预防还是复归的观点来看,东京法庭都实现了被害者的正义,或者说,是正义的胜利。

事实上,经历了第一次世界大战之后莱比锡审判的闹剧,设立国际法庭的想法在法学家们中间开始酝酿。1928年是第一次世界大战十周年,1927年由法国外长A.白里安和美国国务卿弗兰克·B.凯洛格倡议,各国缔结不再发动战争的公约,是对一战最好的纪念。因此,《巴黎非战公约》绝非空洞的口号,虽然没有明确在条文中列出违反公约的刑事惩罚后果以及裁判机构的具体事宜,但这样的规范意识已经牢固确立起来。

1942年同盟国在圣詹姆斯共同签订协议,建立同盟国战争罪行委员会(UNWCC),这也是建立纽伦堡国际军事法庭的第一步。当时中国代表特别提出在远东也要对日本的侵略行为进行法律制裁,随后的《波茨坦公告》强调对日本战犯进行国际法律审判和制裁,其目的在于驱逐不负责任的黩武主义,并且建立一个和平与正义的战后秩序。在这个意义上,可以说"文明的审判"概念在1945年7月就已经有了。[1]

惩罚战争这种最为严重的国际犯罪是国际社会共同的任务,东京法庭穿透"国家主权的铠甲"对侵略者进行起诉和惩罚正是为了实现"确保国际和平"这一更大的人类共同目标。从这个意义上来说,东京法庭管辖权确立的法理应给予积极评价。东京审判使法律成功介入战争本身,战争成为法律所规范的对象。在这个意义上,战

---

[1] 姜津津、季卫东、程兆奇:《东京审判是"文明的审判"》,载《光明日报》2014年9月1日,第16版。

第四章 东京审判的管辖权

争法从"一战解纷争"的胜利之法演化为严格限制诉诸战争权和战争过程中的人道规则,从而"确立了政治共同体之间在敌对性问题上的基本价值准则,在全球范围内建构了一种最低限度意义上的互惠性"[1]。

东京审判管辖权之确立明确向全世界宣告,万国之上,还有人类。换言之,要求国际审判机关的管辖权超越国家主权,即,国家主权享有的豁免权必须退让。针对这一问题,曾撰写《国际刑法上国家机关之责任——关于纽伦堡审判的研究》一文而扬名国际刑法学界的德国著名刑法学家、国际刑法学家耶赛克教授,提出了"国家主权行为排除原则",即当一行为依据国际刑法应当处罚,而依据国内刑法不应处罚(或处刑较轻)时,国内刑法必须失效,以避免行为人腹背受敌。[2]这使得"国际刑法优先于国内刑法",成为一般法律原则是国际司法实践中的"自然法"或"超国家法"的性质的最佳体现。这一观点实为以耶赛克为代表的一批德国学人对20世纪发生的两次世界大战及其他人权灾难之浩劫作出的沉痛反思之结果。

东京法庭对一个战败的侵略国家领导人仅享有有限管辖权,但以此为借鉴,弄清对全世界所有个人具有普遍管辖权的常设国际刑事机构的必要条件具有特别重要的意义。时至今日,战争罪、反人道罪、种族灭绝和酷刑已经构成国际刑事法庭审判的主要暴行,这意味

---

[1] 许小亮:《敌人概念的建构与消解——战争法的古今之变》,载许章润、翟志勇主编:《历史法学》(第十一卷),法律出版社2016年版,第309页。

[2] 熊琦:《德国法学家汉斯—海因里希·耶赛克的比较刑法与国际刑法学思想》,载赵秉志、卢建平主编:《国际刑法评论》(第4卷),中国人民公安大学出版社2009年版,第85页。

着一国政府对其本国公民或者其邻国滥用主权将被认为是犯罪。

　　因此,在特定的历史条件下,正义借由被害者胜利后组成的法庭得以实现,不仅是顺理成章的"大义",更是人类追求跨越藩篱,联合成为命运共同体的必然结果。问题的关键,不在于法庭之组成形式,而在于何种正义在什么样的基础之上得以实现。

第五章 审判的原则与规则

萨达卡特·卡德里曾言:"刑事审判,展示了司法最生动、最熟悉的面孔,体现了人类的道德观、价值观和司法制度的本质。正义与复仇,秘密与公开,迷信与理性不断纠缠。"[1]两次世界大战后国际社会的战争法观等底层价值观发生了剧变,国际审判论的坚定主张者们并非不了解举行审判的这些风险,而是避易就难,目的就在于创设垂范后世的战争罪行审判标准,避免人类再次走入战争—报复—战争连锁反应的死循环,为人类和平共处创设一套可以遵循的实体和程序标准,将战争彻底犯罪化,将审判作为展示对法和正义追求的平台,让子孙后代可以遵循和借鉴,增进人类整体的福祉。正如亨利·威霍芬所言:"法律的作用在于抑制怨恨与恶毒的残忍力量,而不是鼓励它们。"[2]

通过对东京审判的基本原则、程序模式、程序规定、证据规则进行分析,对照具体的审判实践,即可发现东京审判绝非"胜者的审判"。东京审判作为国际战争罪行审判,集中体现了刑事审判中所有最重要的命题,更由于史无前例地跨越地域、种族和东西方文化进行

---

[1] [英]萨达卡特·卡德里:《审判为什么不公正》,杨雄译,新星出版社2014年版,第8页。

[2] 同上书,第344页。

多国联合审判,其复杂程度较之人类历史上一切最重大的审判都有过之而无不及。用东京审判的荷兰法官勒林的话来说,这是"国际法开始踏上禁止战争、将战争当作刑事犯罪的道路"的时刻。[1]毕竟,"制度的野蛮或者高贵,取决于它这种制度能够在多大程度上实现它所推崇或者反对的观念"[2]。

一、东京审判的基本原则

(一)总的正义原则

"法无明文规定不为罪的原则是总的正义原则(In general a principle of justice)"这一论断中,In general 对"正义原则"的有着总的、一般性的、居于普通原则之上的限定性。应当说,这种论断方式首先十分符合英美法的传统。作为18世纪以后所称的法治国的法治精神的集中体现的罪刑法定原则,其渊源可以追溯到英国的《大宪章》(1215)中"非经合法程序和国家法律规定不得处罚"的内容。因此,在近代,启蒙时期的思想家们习惯于以这种方法来增加自己见解的正统性和说服力。之后,英国的《权利请愿书》(Petition of Rights,1628)以及《权利法案》(Bill of Rights,1689)首先规定了上述内容,此后又传播到了北美,为以费城为主的北美诸州在1774年所制定的《权利宣言》所确认,并最终在《美国宪法》中以"正当程

---

[1] B.V.A. Röling, *The Tokyo Trial and Beyond: Reflections of a Peacemonger*, ed. A. Cassese, Polity Press, 1993.

[2] [英]萨达卡特·卡德里:《审判为什么不公正》,杨雄译,新星出版社2014年版,第7页。

序"(due process of law)和禁止"事后法"(ex post facto law)的条款被固定下来。因此在英美法中,罪刑法定原则主要针对的是刑事程序的合法性,着眼于对刑事被告人诉讼权利的保障,以实现相对于控方的平等武装。这也是两大审判招致了英美学者严厉批评的原因,他们批评的重点不在于被告人的行为不具有犯罪性,而在于法庭审理的程序是否严格符合国内审判"正当程序"的要求。

在大陆法系的国家中,罪刑法定原则同样是启蒙运动的重要产物。近代早期,刑法是神权统治的支柱,在当时,违反刑法被解释为违背上帝意志,这是当时的刑法和刑罚极其不人道的原因。自上而下改革这种刑法几乎是不可能的,唯一的解决之道是将刑法制度从宗教中分离出来,从而制定新的刑事法律。艾贝尔哈特·施密特恰当地将由启蒙运动思想家提出的改革刑法的需求浓缩为世俗化、合理化、自由化和人性化。传播和实现这个方案构想,在很大程度上要归功于启蒙运动哲学家。贝卡利亚和伏尔泰等人对不人道的刑法实践予以强烈谴责,这些谴责不仅针对法律现实,而且针对欧洲的基督教。罪刑法定原则在贝卡利亚的《论犯罪与刑罚》中扮演主角并对后世产生巨大影响,其法律哲学正是以刑法和宗教相分离为开端。作为一个法学家,他关心的是罪行,而不是原罪。在大陆法系国家的法统中,罪刑法定原则与限制国家刑罚权、防止法官罪刑擅断有着直接的关联,所走的是"驯化至高无上的主权"这条独特的欧洲之路。

可见,无论是英美法系还是大陆法系国家,确立和规定罪刑法定原则的基点都是为了限制国家刑罚权的发动和滥用,以保障人权,保障公民的个人自由不受来自政府的侵害,舍此价值内涵就根本谈不上罪刑法定原则。光谱的一端是公民个人的安全、自由和尊严,另一端是强大的国家权力。

但国际法的发展与国内法有着完全不同的道路,在国际刑事审判中盲目地、机械地理解和套用罪刑法定原则,会造成很多不必要的误解。著名日本法学家团藤重光在东京审判结束时对此分析道,"国内法中的罪刑法定主义针对的是国家权力以保障个人自由。但对国际法上的战争犯罪而言,其本身就是为了限制对国家力量的不当行使,可以说与国内法中的罪刑法定主义有着相同的思想依据。"[1]虽然饱受"徒有其表"的批判,两大战后审判选择《巴黎非战公约》作为侵略战争犯罪化的法律依据,并非看重这样公约中规定的犯罪—制裁结构,而是着眼于"禁止将战争作为推行国家政策的工具"背后隐含的禁止以国家利益为名、不惜"一将功成万古骨"将国民如运送武器般推向战场的战争法观。这也是东京审判发展了纽伦堡的共谋理论模型,以共谋统摄三个罪名,以追诉侵略战争的策划、准备、发动、实施及伴随而来的战争暴行的金字塔结构的原因。

在战后审判中,由于纽伦堡和东京法庭都是依据国际条约和盟军统帅特别通告设立的特设国际法庭,当时并无统一的国际司法裁判及执行机构,因此罪刑法定原则事实上并没有办法直接迁移到国际刑法中进行适用,也就是说,正如我们今天看到的这样,国际刑法中的罪刑法定原则的内涵,由于历史和法律背景的变化也必然要发生变化,演变为含义更加丰富的合法性原则。不变的是,这一原则仍然在保护人的安全与自由这一价值追求上有着"总的",也即统摄性的地位。光谱增加了其维度,以人的价值保护为最高目标,一端是传

---

[1] 団藤重光:「戦争犯罪の理論的に解剖」,『刑法の近代展開』,弘文堂書房,1948,172—173 頁。

第五章 审判的原则与规则

统国家权力,另一端是国际法。

作为一个法律体系,国际法必须要回答造法和找法的问题,因为这关乎整个国际法体系的正当性。的确,两次世界大战期间,国际法在战争犯罪的领域并没有成文的法典,但这并不意味着战争罪行审判违反了合法性原则。这就需要在"国际法渊源"这一主题下探讨国际法庭造法和找法的问题,换言之,需要释明大量与战争违法化相关的准则构成的习惯国际法,以及通过法庭裁决、执行后的这些准则,是否可以成为国际刑法的正式法律渊源。

在当时,包括《巴黎非战公约》在内的许多国际条约和协定中的准则并没有明确地表明实行制裁的条件以及后果。卡尔·施密特就曾经批判《巴黎非战公约》没有定义,没有制裁,没有机构,甚至没有规定除公共舆论以外的任何制裁。他的这一论断在纽伦堡审判中还曾被辩方律师引用来论证审判的于法无据。而纽伦堡法庭在解释盟国作为占领当局,有权以《伦敦协定》为依据来为德国制定相关立法时指出:"签署国创设了本法庭,为本法庭制定了适用的法律,以及审理所需遵循的规则。而就所制定的这些法律和规则而言,每一个签署国是有权单独制定并适用的。"这实际上意味着,每个战胜国都有权在本国创设适用于战争罪犯审判的本国法庭,以及法庭应予适用的相关规则。

纽伦堡和东京国际军事法庭的司法文件、援引的国际条约及准则和法庭审理的实施对这些准则的确立及重述,都完全具备成为国际法律渊源的条件,至少会对丰富国际法律渊源作出十分有价值的贡献,因为它们的目的是在未来能更加有效地保护人权。

法律所扮演的角色已经发生了革命性的转变,这意味着法律既富有弹性,又相当稳固。如果从历史的经验上去寻找人类社会曾经试图将自然法付诸法律实施的具体例子，纽伦堡审判和东京审判首当其冲。在这些被告人从事被东京审判和纽伦堡审判所否定、所惩罚的"犯罪行为"的时候，相关行为的违法性是并没有确定的。在此种时刻，确立相关行为违法性的实体规则，确实除了存在人们的良知和道德领域，实证法相关依据和体系框架并不是特别充足。此种情况仍然被国际社会所认可和欢迎，甚至被事后联合国理解成为国际法的重要进展或原则，这在很大程度上印证了自然法的力量。

事实上，在过去的两千多年里，从修昔底德、马基雅维利到汉斯·摩根索，占据国际政治与法律主导地位的一直是现实主义思想。现实主义国际政治的铁则是法律义务必须让位于国家利益，推崇以争夺权力为导向的国家行为准则。"国际法被认为是一种原始法律，之所以能发挥作用源于国家之间共同或者互补的利益，以及国家之间的权力分配。"[1]因此，利益共同体与权力制衡成为国际法产生和发展的基础。国家会用道德、舆论和法律来粉饰其对于权力的追求。这并不是说现实主义理论认为国际法不存在，或者与国际关系天然矛盾，只是在这一理论框架中，权力与利益垄断了国际关系的话语权，与国际法的核心价值、思想内核发生了冲突。

19世纪下半叶国际法出现实证化趋势，带来了自然法的衰落，也导致了国际法话语正当性的变迁。在此之前，自然法是国际法的一部分，自然法承担着一般法的职能，它支撑着整个国际社会的法

---

[1] Hans Morgenthau, *Politics among Nations: The Struggle for Power and Peace*, 7th ed., Revised by Kenneth Tompson, McGraw-Hill, 2005, p.295-296.

第五章 审判的原则与规则

律基础,国际社会最重要的那些法律原则和规则都是以自然法的方式呈现的,是从神意演绎而来并晓谕世人的。[1]正是由于自然法的衰落,国家中心主义和实证主义的产物,一定意义上解决(或者掩盖)了国际社会缺乏中央化的立法机关的问题,同时也将国家中心主义和实证主义作为一种意识形态根植于当代国际法体系中。

在东京法庭,各方诉讼主体,包括法官、检察官和辩护律师等都特别利用了他们的法学优势,这不仅仅影响了起诉的内容,还影响了各方辩论的方式和焦点。虽然我们经常将这些法庭概括为一个整体,但是法庭更像是有独立生命的有机体,拥有各种不同的机构、参与主体、会议程序和哲学依据。

东京国际军事法庭的庭长韦伯就法庭判决的庭长意见书也采用了自然法框架作为基础,因此他还断言:"如果把国际法看成是独立政治团体在相互关系中对自然法的实现,那么侵略战争就是一场反国际法的罪行。"尽管如此,他并没有坚持这一立场,而是转而说道:"英国法院认为,国际法的效力必须通过国际条约的明确约定或者通过国内法识别转化,才能被认可。"[2]

战后国际审判的实施,以及国际人权法、人道法和国际刑法在冷战以后的重大发展,进一步挑战了和改造着传统国际法上绝对主权的观念。上述两个方面的发展,正在撼动国际法渊源所蕴含的国家中心主义观念的社会学基础,同时也在削弱实证主义的伦理学基础。

不能否认,国际刑法涉及大量军法问题,对纽伦堡和东京审判受

---

[1] [日]村濑信也:《国际立法——国际法的法源论》,秦一禾译,中国人民公安大学出版社2012年版,第7—8页。

[2] *William Flood Webb Archives*, Australian War Memorial. 3DRL/2481, Box1Wallet8, pp.7-9.

到的各种评价有必要在美国军法历史演变脉络中去把握和回应，否则必然会忽视两大审判的战后审判的成长史，从而难以真正了解它们"性格"中最为"古怪"的侧面。

1775年6月，美国第二届大陆会议通过第一部军事法典《战争条令》，适用于陆军，此后又通过《海军条令》。两部法典几乎都是对英帝国法的照搬照抄。据罗纳德·W.汉森介绍，"在这样的体制下，军事法庭就是一个指挥工具"或"纪律性工具"，这就是美国军法的历史基础。用温思洛普的话讲，"军事法院属于行政部门，事实上，它们只是行政权的工具"，"因此，严格地讲，军事法院并不是完全意义上的法院"，它是一个"行政管理工具"。美国最高法院在1885年就声明，"军事法院不构成美国司法体制的一部分"。在行政权的大旗之下，军事法庭的设立和运行始终充满随意性、恣意性和专横性。据权力分立原理，最高法院就不可能对军事司法进行过度干涉。它对军事法庭判决的复核权力，不是一种司法终审权力，而是一种政治制衡权力。这就是最高法院不能多管又不能不管的根本原因，也是最高院对军事法庭的基本态度长期模棱两可的宪制上原因。[1]

随着人权观念的发展，军法审判体制遭遇越来越多的质疑和批判。大量平民的参战以及军事法庭的频繁使用，使得人们对军队内部的司法体制有了深刻认识。军事审判过多依赖指挥官，忽视军人权和司法公正的状态，在第二次世界大战时期达到了顶峰。正如美

---

[1] 宋健强:《"山下奉文审判"真的错了吗？——一个规范分析和价值评判的填补》，载赵秉志、卢建平主编:《国际刑法评论》(第5卷)，中国人民公安大学出版社2010年版。

第五章 审判的原则与规则

国军事法学家斯鲁特所言,"单由军事指挥官个人就可以提起指控,组建法庭,选择审判人员和辩护律师,复核判决",导致"军事指挥权对军事司法的合法影响犹如幽灵一般徘徊游荡"。

由此可见,第二次世界大战时期,美国军事审判的"程序不正义"具有普遍性,不是罕见现象。这种"不正义的审判"遭遇了强烈的军内外批评,虽然直接推动了1950年刑法修正案的出台,但是,军事司法的本性和特性无法根本改变,普通的司法正义观念仍然不能无条件适用。托克维尔曾说过:所谓审判,是以法庭拥有的道德力为媒介,将暴力转变为权利义务的理念。虽然受制于历史进程,人们很容易将对军事审判的不信任和刻板印象转移为对战后审判的怀疑和批评,但两大审判之所以仍称之为"国际军事法庭",更多是基于确保审理效率的考虑,在所有其他方面,其"军事"色彩几乎已经无法察觉了。这种方式是有利于能灵活处理历史和战争责任的方式,是一种保障了"惩罚"的法律与道义的正当性的处理方法,因而具有很强的说服力。否则,也不会有日本辩护人作出如此的评价:"利用战胜国的实力,也能够不经审判对战败国的战争罪犯立刻、随意地进行处罚。……然而,这次在处罚之前进行了审判。"[1]

在所有的法律学科中,刑法与价值观的关系最为密切。法律作为人类立法实践的伟大作品,就像其他人类作品一样,只有从其价值理念出发,才可能被真正理解和遵守。因此,著名国际法学家劳特派特才有过这样的论断:"法在社会中的实际机能是一个抽象法规则的

---

[1] [日]日暮吉延:《东京审判的国际关系》,翟新、彭一帆译,上海交通大学出版社2016年版。

渐进地结晶化,而司法活动的本质就表现为法规则结晶化连锁过程中的最后一个连接点。"

东京审判辩护律师之一、日本著名刑法学家小野清一郎主张,"国家首先必须保障自己的存在。……在国家存在的时候,将危害国家存在的行为作为犯罪,并且用最为严峻的刑罚来对付该种行为。只有对国家的犯罪,才是最原始、最基本的犯罪。"[1]此种观点与两大战后审判的主题难以相容。

两场审判的主题首先都是侵略战争犯罪化,其次才是制裁战争中的暴行和虐囚行为,因此高度聚焦反和平罪。一方面,侵犯人权的行为是那些构成被大家都同意称之为二次世界大战中的侵略行为的后果;另一方面,在纽伦堡和东京法庭审判的罪犯是因它们是策划或共谋发动侵略战争的组成部分而被起诉的;最后,"反和平罪"本身就侵犯了国家和民族的最基本的权利,包括独立的权利、领土完整的权利等,这些权利是所有自治的民族社团所享有的在一国之内个体人权存在的先决条件,因此在更广、非技术意义上,构成了人权的组成部分。

从现行国内刑法和国际刑法的价值观的角度来看,个人的生命、身体、自由、财产,才是刑法最应当优先保护的。而国家仅仅在作为保护个人的生命、身体、自由、财产的机关的意义上,其价值才被认可。其可以被称为公民个人的安全要求或保护要求。同时,这并不意味着刑法和理论完全无关。杀人、盗窃如果不成为人们意识中的伦理上的恶,则对其处罚就不能具有效果。在此限度之内,刑法和伦理重合,共同在起作用。

---

[1] 小野清一郎:《新订刑法讲义总论》,有斐阁1949年版,第9页。

第五章　审判的原则与规则

由于19世纪以来在国际法学中占据主导地位的并不是劳特派特式的理想主义，而是带有很强现实主义色彩的法实证主义，因此虽然理想主义者对国际法和国际裁判给予了很高期待，认为通过设定义务性国际规则，实施国际裁判，就可以"通过法实现和平"，但这是以英国法模式来设定以法治为中心的理论范式和以国际裁判为核心构筑国际秩序的国际裁判机能观。

与此形成鲜明对比的是汉斯·摩根索主张的以强权为中心的国家观点以及无秩序的国际观点这种冷彻的社会认识。他认为，法意识形态会掩盖基于国家利益的主张，如果在只存在抽象法律原则的现状下强调扩大国际法院的管辖权，那么政治性的东西就会被掩盖，仅仅留下表面上的法治。[1]

经过两个多世纪的发展，当今的国际司法已经呈现出更为成熟的面貌。就在2017年，国际刑事法院（ICC）一致通过了以反和平罪为前身的侵略罪的定义，国际刑事法院绵延20年的空有管辖、实无定义的漫长谈判终于开花结果。但ICC对国际罪行的管辖仍然存在不少困难和挑战，这与国际司法主要靠国家合意加入和实施、相对多样化和分散化以及义务性裁判的局限性有着直接关系。某种意义上，今天ICC面临的困境比起70多年前的纽伦堡和东京，可谓"似曾相识燕归来"。

从战火频仍的现实出发，国际法学界越来越明确意识到在国际法中如何评价强权问题的重要性，但在另一方面，人们也意识到强权

---

[1] 王志安：《探索国际裁判在国际秩序形成中的作用（上）——E.H.卡尔与H.劳特派特之间能展开对话吗？》，载《交大法学》2012年第1期。

在涉及国际法的基本原则方面似乎并没有成为压倒一切或决定性的要素。[1]对强权予以核心评价的思维范式,逐渐开始让位给那些一方面评价强权的地位,但却同时注意评价制度、机制和法规范作用的思维范式。有学者指出,当今的国际关系无论在什么意义上都不再由现实主义和理想主义的争论所支配。恰恰相反,我们已经面临一个让道德和规范要素回归到国际关系论之核心地位的时代。也就是说,应当承认价值和规则在国际社会中所扮演的角色,并且承认在探讨政策问题时提出价值和规范问题的正当性。

与现实主义的理论归结相反,今天的国际法规范,甚至包括禁止行使武力在内,涉及有关国家行为的方方面面。通过缔结大量多边条约和创设众多的国际制度和组织,不仅在经济、文化、人权和环境等领域,而且在行使武力、裁军和安全等国际政治的核心方面,国际法规范无处不在的特性已经成为难以忽视的现实。

正因为这样,要确切把握国际法规范在形成国际秩序中的作用,最重要的就是确立与国际裁判机能相对独立的法律规范的意义。尽管国际裁判通过行使裁判权只能对国际秩序的形成发挥相当有限的作用,但是在具体阐明法律规范上却能起到极为重要的作用。这种尝试不仅能提供确切把握国际法规范作用的有益视点,而且也能为适当评价国际裁判的作用提供恰当的视角。

---

[1] Oscar Schachter, *The Role of Power in International Law*, American Society of International Law Proceedings.Vol.93, 1999, pp.204-205; also Michael Byers, *Custom, Power, and the Power of Rules*: International Relations and *Customary International Law*, American Journal of International Law, Vol.17, 1995, p.109ff.

（二）正当程序原则

同盟国想要一个里程碑式的公正审判[1]，这意味着东京审判必须满足"看得见的正义"的基本要求。根据1946—1948年间公认的国际标准，这些基本要求应该包括：给予被起诉的外国人以公正和人道的对待；被告人有权在公正无不合理拖延的法庭进行审判；未施加残忍和不寻常的惩罚；不存在明显的歧视；等等。[2]具体而言，在战时，军事当局有义务保障外国人接受审判时享有如下正当程序权：正式的起诉、在法庭进行审理、聘请律师、对证人和证据进行检验以及在遭受不公正待遇时申诉和抗辩。其他一些国内刑事诉讼法中规定的权利，如上诉权、质疑判决理由的权利以及要求陪审团审判的权利在当时的国际审判中并不是必需的。[3]

同盟国立志在审判的各个层次都提供公平和公正的范例。典型的例证是，《东京宪章》第三章命名为"被告人的公正审判"，阐明了正当程序对被告人的保护，赋予被告人充分的权利保障，以确保公平的审判。

当时在日本国民中还存在着"像战争罪犯这种可耻的人不需要辩护的情绪"。结果审判中为被告人辩护的不仅有日本人，还有前不久还是"敌国"的美国律师，他们全心全力地为被告人辩护，让很多日本国民和法学家深受震撼和感动。在这个庞大的律师团的努力

---

[1] Philip R Piccigallo, *The Japanese on Trial：Allied War Crimes Operations in the East 1945-1951*, University of Texas Press, 1979, p.7.

[2] Article 12 of the Harvard Research, *Drafc Convention on Jurisdiction with Respectto Crime*, 1935.

[3] Neil Boister, Robert Cryer, *The Tokyo International Military Tribunal：A Reappraisal*, Oxford University Press, 2008, p.75.

下，被告人们获得了质疑法庭合法性以及起诉书中所有罪状的机会，仅在法庭上，辩方就获得了187天的时间来回应检方的控诉。在对抗制的诉讼模式下，可谓充分实现了检辩双方的平等武装。

承认被告人同检方一样在法庭上有辩论的权利，这一特色给予"见惯了权威检方和弱势被告人的日本人留下了最为深刻的印象"。以团藤重光为代表的一大批日本法学家对东京审判给予充分的正面评价，认为可以将之视为"对日本刑事审判进步作出的最大贡献，对日本的刑事法历史有深远的意义"[1]，并"能对世界和平间接作出很大的贡献"，是"划时代尝试的国际审判"[2]。这也再次证明，东京审判并非一出复仇剧，而是战后国际社会寻求法律和正义的生动呈现。

(三)个人责任原则

《纽伦堡宪章》和《东京宪章》都声明：在国际法中，反和平罪、战争罪和反人道罪都会产生个人责任。这意味着个人在国际刑事审判中可能被认定需要承担战争犯罪的刑事责任。也正因为这个原因，被告人及其辩护人提出了针对法庭对这些犯罪管辖权的抗辩：发动侵略战争是一种国家行为，而国际法是以国家为主体的，它缺乏对个人的制裁手段，个人参与侵略战争不可能具有犯罪成立所必需的"故意"条件，因此个人不应当承担反和平罪的刑事责任。

在古典国际法理论中，国家是唯一的国际责任主体。但二战中的大规模暴行"震撼人类良知"，人类文明的根基险遭动摇。这引发

---

[1] 团藤重光:「戦争犯罪の理論的に解剖」,『刑法の近代展開』,弘文堂書房,1948,172—173頁。

[2] [日]户谷由麻:《东京审判:第二次世界大战后对法与正义的追求》,赵玉蕙译,上海交通大学出版社2016年版,第225页。

第五章 审判的原则与规则

了国际社会对传统国际法理论的深刻反省。人们意识到,"不惩罚的文化"是暴行顽固地一再发生的重要原因。国家反而成了个人躲在主权豁免理论背后实施严重罪行的庇护所。这一法律问题必须通过法律的自我革新来解决。

纽伦堡法庭引用"奎瑞案"(Ex Parte Quirin)证明,国际法对于个人也同样规定了权利与义务,而国际法用刑罚处罚个人的先例不计其数[1];同时,不仅仅人人都有知晓和遵守法律的义务,不知法者不免其罪,而且被告人在破坏条约与协定攻占他国时,不可能没有"犯罪的故意"。违反国际法的各种犯罪,是由人实施的,不是由抽象的实体实施的,并且只有通过惩罚实施了这些犯罪的个人,才能执行国际法的这些条款。据此,法庭确定了侵略战争中的个人责任原则的理论基础。这也成为东京法庭遵循的先例,东京法庭与纽伦堡判决保持了一致,即基于战争犯罪的特殊性,提出确立战争罪责必须突破传统的处理国家间事务的法律原则,深入到涉事国的国内领域,着眼于"犯罪行为"本身,而非国家主权,斩断犯罪行为以国家主权为保护伞的特殊通道。违反国际法的各种犯罪是由人而不是国家这样的抽象实体实施的,只有惩罚实施这些犯罪的个人才能真正执行国际法。那些直接参与侵略决策的政府领导者们作为承担国家机关职务的"自然人"必须在国际法庭上接受审判。

---

[1] 真正意义上的第一次国际审判发生在1474年。皮特·冯·哈根巴赫(Petervon Hagenbach)因被指控在占领布莱萨赫城(Breisach)期间实施暴行而受到审判。他被指控犯有战争罪,被判有罪并斩首。在国际法中,建立个人刑事责任的努力,最早见于《凡尔赛和约》第227条的规定:"建立一个特设国际刑事法庭对德国皇帝威廉二世发动战争进行起诉。"

(四)公开审理原则

从埃斯库罗斯到阿奎那,这些思想家们都认为,审判和惩罚是一种社会保证为犯罪被害人实施报复的程序。然而,美国联邦最高法院的首席大法官沃伦·伯格曾说,公开审理是为了让民众信任法院。他仔细考察了英美刑事司法制度中公开审判的历史,认为很久以前,人们就已经广泛地意识到公开审判有着"重要的社会治疗作用",这样才可以满足公众"看到正义实现的基本、自然的愿望,或者甚至是报复的强烈要求"。[1]

在战后不久出版的回忆录中,史汀生言道,侵略"是如此严重和十恶不赦的犯罪,我们不能容忍其重复发生"。公开审理将"对子孙后代产生更大的影响"。这位前陆军部长表示,除了将实现"历史的审判"之外,这些审判还将保留敌人的罪行记录,发挥教育和历史的功用。[2] 参与东京审判的法官菲律宾的德尔芬·哈那尼拉对此深有同感,他个人在对日本 A 级战犯被告提出的严厉的个人意见书中,引用了上面的话作为结论。[3]

东京法庭设在东京涩谷区,这幢建筑曾是日本的"西点军校"——帝国陆军士官学校原先的讲堂,到终战时这里正是日本陆军省与参谋本部的临时所在地,在这里进行审判可谓意味深长。审判前日本政府对此建筑进行了翻新,安装了空调和中央供暖系统,设置了500

---

[1] [英]萨达卡特·卡德里:《审判为什么不公正》,杨雄译,新星出版社 2014 年版,第 344 页。

[2] [美]约翰·W. 道尔:《拥抱战败:第二次世界大战后的日本》,胡博译,生活·读书·新知三联书店 2015 年版,第 427 页。

[3] Neil Boister, Robert Cryer, *The Tokyo International Military Tribunal: A Reappraisal*, Oxford University Press, 2008.

第五章 审判的原则与规则

人的旁听席，其中一半对日本公众开放。

对许多日本人而言，有着繁复程序的法庭从来就不是一个占据中心地位的机构。法律不是保护人们免受专制之害的手段；相反，它的存在是为了强化国家对人们的管控。正因如此，追究军政领袖的所作所为并判定他们为此承担法律责任这一观念，在日本可谓非常古怪。而公开审理使得国家领导层的罪行被审判所揭露，使民众深受震撼，第一次真正看清了疯狂的暴力世界，增强了随战败而来的对穷兵黩武和战争的深刻厌恶。日本著名国际法学家、1948年担任了东京审判判决书日语翻译总监的横田喜三郎坦言，"随着东京法庭不断公开的战争内幕，如今谁都知道日本的战争是一个错误"[1]。日本著名左翼知识分子戒能通孝在占领结束不久写道，以历史上最伟大的"革命性审判"开场的东京审判，结局却变成了对正义的"讽刺性漫画"，这一失败与美国人推行彻底的民主革命的大失败是分不开的。然而，他又补充说，这并非意味着和平与正义的理想现在无关紧要。相反，现在珍视它们更加重要，因为这次审判恰恰表明了和平与正义是多么的脆弱。[2]

二、东京审判的诉讼模式

（一）程序模式

东京法庭在性质上属于国际法庭，兼具军事法庭的特征。东京

---

〔1〕 横田喜三郎：『戦争犯罪論』，有斐閣，1947。
〔2〕 戒能通孝：「極東裁判：その後」，『日本資本主義講座1』，岩波書店，1953。

法庭的诉讼模式以美国军事委员设置的审理涉及外国人案件的模式为原型，这一模式在1942年"奎瑞案"中适用过，后在《纽伦堡宪章》中被采用[1]，又被东京法庭所沿用。这一方案原型设计者和重要推动者美国前陆军部长亨利·史汀生对此解释说，他倾向于军事委员会的审判，"军事委员会将被授权，通过建立自身的基本规则迅速有效地实施诉讼程序，这可以避免一般的法庭，甚至是通常的军事法庭可能引起的法律技术问题"[2]。

检察长季南将这一模式准确地概括为"盎格鲁-萨克逊程序的折衷"，盎格鲁-萨克逊（英美法系）程序以保证每位被告人都可以得到公正的审判为宗旨，经由对抗制程序，根据具有法律可采性的证据，证明被告人有罪，否则犯罪嫌疑人在法律上就是无罪的（not legally guilty of a crime）。[3]东京法庭以纽伦堡判决为先例，主张个人可以由于违反国际法而适用这一程序，接受国际军事法庭的审判。

（二）主要特征

所谓折衷方案，与它的某些特征密切相关，主要包括：首先，法庭没有采用陪审团进行审判，依据《东京宪章》第11条（B），法庭有权审问被告人，如果被告人行使沉默权拒绝回答问题，法庭有权进行

---

[1] See Bradley F. Smith, ed., *The American Road to Nuremberg: The Documentary Record 1944-1945*, New York, 1982, Doc57, 203, sec17.

[2] [美]约翰·W.道尔：《拥抱战败：第二次世界大战后的日本》，胡博译，生活·读书·新知三联书店2015年版，第427页。

[3] [美]约书亚·德雷斯勒、艾伦·C.迈克尔斯：《美国刑事诉讼法精解（第四版）第二卷·刑事审判》，魏晓娜译，北京大学出版社2009年版，第24—25页。

评论。这与大陆法系的法官可以通过纠问被告人来追求真相的司法特点相符合。宪章还规定法庭可以"尽最大可能采用并运用高效而不拘泥于技术性的程序";其次,证据规则不像在"盎格鲁－撒克逊国家的国内审判那样狭隘和受到限制",而且可将未宣誓的书证和报告作为证据[1];最后,法庭的判决或裁定不要求法官达成完全一致意见方可作出,而是采用多数决形式;

这一程序模型和诉讼标准在《东京宪章》中得到了充分的反映。《东京宪章》用了五章17个条文,对"法庭的机制""司法管辖权及一般规定""对被告人的公正审判""法庭的权力与审讯的运作"以及"判决与刑罚"作出了具体规定,明确了法庭组织、审讯程序和证据规则等重要程序问题。

按照同盟国的理念,被告人面临可能被剥夺生命和科处自由刑的审判,这些人有权享受正当程序的保障。法庭的行动均符合正义的原则和要求,所采取的程序模式同盎格鲁－撒克逊程序并没有什么实质性背离。

三、东京审判的程序规则

(一)审前程序

东京宪章没有对嫌疑人被逮捕后监禁期间有关权利进行规定。搜查、扣押、没收和讯问也更多具有"行政性质",缺乏司法监督。批评者认为这是基于对被告的高度偏见。例如,东条英机在没有律师

---

[1] 季南在远东委员会(FEC)第五委员会的讲话(1946年6月25日)。

的情况下被审问了总共 124 小时,且其中 20 小时的材料成为对其审判中的不利证据。[1]事实上,即使在今天,紧急状态下对"国家的敌人"进行司法保护的程度也并不乐观。而当年可能被带上东京法庭被告席的,是被视为国际社会甚至整个人类的敌人。

事实上,政府在紧急时刻行使特权,并不是新闻。从教皇格雷戈里九世在 13 世纪 30 年代将纠问式审判官送到朗格多克到现在,统治者们经常在危急关头重新定义他们的规则。1252 年,教皇英诺森四世授权将刑讯作为一种临时性手段,但在此后五百年里,刑讯仍然是部分欧陆国家的司法武器。在英格兰,女王伊丽莎白一世在 16 世纪 70 年代以拘留和无陪审团审判的方式来处理北爱尔兰准军事部队。近来,托尼·布莱尔政府为了回应 2001 年的"9·11"事件,制定法律,宣布国家正在受到威胁,如果有足够的怀疑证据,他们将有权不经审判便无限期羁押任何外国人。美国的历史在这方面更有惊人的例证:早在南北战争时期,林肯总统曾试图关闭联邦法院。[2]"9·11"事件后,"绝不宽容"的法律氛围弥漫,一些美国法学家呼吁修订宪法以取消沉默权,允许实施刑讯。布什政府的新政策下,不论恐怖犯罪嫌疑人是美国人还是外国人,都可能受到无限期的羁押,且无法享受向法院申诉的权利,更不用说接受公开审判的权利了。美国还拒绝签署 1984 年《联合国禁止酷刑公约》的扩展部分——依照该公约,美国需要开放羁押场所,接受国际监察。

起诉本身的争议本质和道德方程式的偏见,总是让人质疑该审

---

[1] Neil Boister, Robert Cryer, *The Tokyo International Military Tribunal: A Reappraisal*, Oxford University Press, 2008, p.75.

[2] [英]萨达卡特·卡德里:《审判为什么不公正》,杨雄译,新星出版社 2014 年版,第 271 页。

判的结果。在无数引人注目的审判中,都可以发现类似的政治考虑。该批评忽视了刑事诉讼程序的一个侧面——那正是西方世界所认知的刑事诉讼程序为何存在的基础。合宜并不是正义,正义除非以公开的方式实现,否则没太大意义。[1]

(二)程序规定及修改

1946年4月25日,东京法庭根据《东京宪章》第7条的规定,公布《远东国际军事法庭程序规则》(以下简称《程序规则》)。《程序规则》规定了"对被告的通知""增加文件的服务""审判的秩序""证人""法庭开始采证前的申请与动议""审理中的裁定""记录、证据和文件""印章""宣誓与声明的格式""生效期、修改权和增补权"等内容。其中,第9条规定:"对规则中任何条款的解释不应妨碍法庭公正而迅速的审判,法庭随时得以其认为公平的方式及程序,以一般规则或对个别事件的特别命令,变更、修改或补充本规则。"

1946年5月20日至1957年3月13日期间,由于审理实际需要,经法官会议决定,在为被告人提供文件的具体规定、法庭记录的更正以及讯问证人的规则等方面对《程序规则》进行了5次修正和补充。

东京审判按照《东京宪章》《程序规则》以及《程序规则的修正与补充》进行,审判由法庭规定的程序和证据规则所支配。[2]法庭据此被赋予合法的权力进行审讯,被告人也被赋予正式的权利保障,当

---

[1] [英]萨达卡特·卡德里:《审判为什么不公正》,杨雄译,新星出版社2014年版,第245页。

[2] Bradley F. Smith ed., *The American Road to Nuremberg: The Documentary Record 1944-1945*, New York, 1982, Doc57, 203, sec17.

然这些权利的行使也要受到法庭确立的审判原则的某些合理限制。

(三)被告人权利保障

《东京宪章》中授予被告人的权利是普通法原则和军事法的混合体。《东京宪章》第1条中规定了一般原则,规定法庭的建立"是要对远东主要战犯进行公正、迅速的审判和惩罚"。《东京宪章》第三章名为"被告人的公正审判",阐明了正当程序对被告人的保护,赋予被告人充分的权利保障,以确保公平的审判。

《东京宪章》第9条(A)规定,起诉书对于被控诉的罪行应有清晰、精确及充分的说明,并准备日语副本,尽早送达每一被告人,从而保证了被告人的知情权,同时也给予被告人足够的时间在审判前作辩护准备。第9条(B)要求审判同时以英语和被告人语言进行,还要求在必要时翻译证据和其他文书。

与纽伦堡的先例不同,东京审判的被告人还被赋予充分的辩护权。[1]

(四)证据规则

东京国际军事法庭的证据规则极其繁复,是军事委员会和英国皇家认证审判战犯时使用的证据规则的综合,不受证据的技术规则的束缚,比一般英美法律宽松许多。后者规定法庭不能受理传闻证据以及无法进行交叉质询的证据。《东京宪章》则排除了这些法律原则,规定"本法庭不受技术性采证规则之拘束","将尽最大可能采取并运用高效而不拘泥于技术性的程序所得本法庭认为有作证价值之

---

〔1〕 详见本书"绪论"部分二、之(二)。

第五章　审判的原则与规则

任何证据，包括被告人的一切自供或陈述。虽然宪章规定法庭有权补充制定证据规则，但东京法庭并没有这样做。

这一规定为时间有限的检方在搜集物证方面提供了许多方便。由于日本在战争末期大规模的销毁档案行为，检方实难以取得足够对被告个人责任进行立证的政府和军队档案，这项规定使得各类书面证明、私人日记和未经宣誓取得的文件都能作为呈堂证供。但这也意味着法庭上任何一方对所呈证据提出异议时，法官们都必须以投票的形式决定该文件是否具有证据价值，庭审也由此生出无数枝蔓。

从检方提交的证据来看，首先各国检察官大量依靠了各地战场记录日军暴行的调查报告。例如单独赴日的菲律宾检察官洛佩兹（Pedro Lopez），在庭审中大量利用了盟军最高司令部法务局在收复菲律宾后制作的调查报告——这批报告多达15000页。其次，也有检察官亲自前往战区调查，如荷兰助理检察官达姆斯特（J.S.Sinninghe Damste）在开庭前花了六周时间在荷属东印度地区收集证据。中国检察官向哲濬也在开庭初期数度回国取证。先于东京审判进行的亚太地区B、C级审判记录和资料也频繁被检方引为证据，如美军在马尼拉、关岛和夸贾林岛，英军在缅甸，法国在西贡主导的军事审判。[1]所有检方证据中，法庭最为重视的恐怕要算《木户日记》和《西园寺-原田回忆录》这两份大型私人日记了。它们也成为辩方激烈攻击的目标。正如东京审判判决书中指出的："因为在这

---

〔1〕 See Totani Yuma, *The Tokyo War Crimes Trial*: *The Pursuit of Justice in the Wake of World WarII*, Harvard University Asia Center, 2008；程兆奇：《东京审判——为了世界和平》，上海交通大学出版社2017年版，第86—92页。

文件中,包含着辩方大感狼狈的词句……我们认为它所记载的事实都是有用而可靠的当时证据。"[1]

虽然有些人认为审判符合审判敌人罪犯的军事委员会对正当程序的最低标准要求[2],然而,也有许多负面的评价:简而言之,它违反了第1条中所说的要给被告一个公正审判的承诺,因为在审判中有偏见、法官缺席、法官替换、不当翻译、被告缺席审判、不规则的决策、准备时间不足、缺乏对不确定过程的控制。与其自己的正义标准相比,其程序性缺陷都是明显的。有学者认为,东京审判反映出一个过早的想要创建综合国际刑事程序的不足努力,尽管从形式上来说,审判在保证宪章权利和义务方面是公平的,但它在实施这些规则方面没有达到实质上的公平等。[3]

关于审判是否"公正"的意见分歧,反映出对军事法庭适当程序的认知的不一致。即便是美国陆军部长史汀生也从未料想到,东京法庭会以普通法庭的诉讼程序规则来实施审判。东京法庭的名称"远东国际军事法庭"中采用"军事法庭"的名称,其初衷正是便于法庭许可检察方运用在其他审判场合所不允许的程序,尤其是当涉及对可取证据与不可取证据的裁夺之时,更为迅捷地完成审判。[4]

---

[1] 《远东国际军事法庭判决书》,张效林节译,向隆万、徐小冰等补校译,上海交通大学出版社2015年版,第10页。

[2] Jonathan A. Bush, *Lex Americana: Constitutional Due Process and the Nuremberg Defendants*, St. Louis University Law Journal(2001)45.

[3] Neil Boister, Robert Cryer, *The Tokyo International Military Tribunal: A Reappraisal*, Oxford University Press, p.75.

[4] [美]约翰·W. 道尔:《拥抱战败:第二次世界大战后的日本》,胡博译,生活·读书·新知三联书店2015年版,第446页。

第五章　审判的原则与规则

然而在东京，本可化繁为简的法庭却努力使审判符合正当程序的要求。在审判中，检辩双方向法庭提交证据的两个阶段占去了一半以上的时间。1194名证人中，419人出庭作证，证人出庭作证率达到35%。在庭审中，被告人充分行使了辩护权、沉默权、质证权，对法官提出了回避申请、管辖异议。被告人的辩护律师充分发挥了作用，检辩双方甚至围绕大量不相关的材料进行冗长的辩论。

东京审判中存在的一些程序问题，有些属于历时性问题，也有很多实属共时性问题。卡尔·荣格曾说，一个社会在危机的处境中就会忘却它的梦想。卡夫卡曾在他的《箴言集》中说："仅仅是时间概念让我们称其为最后的审判，实际上这是一种紧急状态法。"客观上说，刑事诉讼的确不是现代社会应对犯罪的唯一方式，也并未是最为有效的方式。一旦选择刑事诉讼，就意味着选择了理性的方式和滞后的方式。审判不是对犯罪及时的应对，但正因为滞后，才可以作出理性、文明、规范的反应。面对战争这种"巨恶"，还能选择审判这样的方式，确如杰克逊所言，是一种对理性的"致敬"。

日本学者团藤重光在审判结束后肯定了审判具有重要意义："通过法律手段对战犯嫌疑人进行起诉的整个过程本身，会对世界性的舆论形成起到非常大的作用，这能对世界和平间接作出很大的贡献"。[1] 换言之，通过纽伦堡和东京审判的教育，人们能意识到追求国际正义是全世界共同关心的事情，也正是这种国际舆论的养成才能与长期的战争预防联系起来。

卡德里的一段话可以作为战后审判最好的注脚：

---

[1] Totani Yuma, *The Tokyo War Crimes Trial: The Pursuit of Justice in the Wake of World War II*, Harvard University Asia Center, 2008, p.222.

在裁判犯罪的问题上,很难有比现代刑事审判更没有效率的方法了。违反直觉的证据规则,进行咄咄逼人的辩论,不去合作发现真相。然而,以效率来评断审判是没什么意义的。当被告人来到法庭,反驳他的有罪指控时,这个程序就重申了现代民族形象的核心规则。审判确认个人总是背负着原罪,而社会永远比个人长寿。审判也描述了一个充分自我节制的国家形象,这个国家不仅能够防止擅断个人的命运,而且谦逊地让人民观看司法,甚至有时让人民自己实现司法正义。最有力的是,刑事审判其实展示了人类尊严的含义,显示出一种文明尊敬地对待最卑劣的敌人——假定他们是无罪的,让他们能够平等地对抗,给予他们辩护人为其辩护。[1]

历史的发展从来都是非线性的,停顿、挫折、回头路,是常有的事情。而且,社会观念、社会制度的变迁并不宿命,充满了参与主体建构的痕迹。"即使在最具天时地利的情况下,全盘正义也只是一种乌托邦式的幻想。出于政治原因和实际操作困难,惩治有罪之人和考虑其他诉求之间必须求得平衡。"[2]过于意气用事只会使社会重建裹足不前,而若不付诸全力,让恶贯满盈的战犯伏法,则会使任何正义感都大打折扣。这是一种微妙的衡平,不可避免会有缺陷。

东京审判的宝贵经验和教训,被后来的国际刑事法庭和国际刑事法院的规则、规约所吸收。对被告人权利的保障,也特别得到了

---

[1] [英]萨达卡特·卡德里:《审判为什么不公正》,杨雄译,新星出版社2014年版,第347页。

[2] [荷]伊恩·布鲁玛:《零年:1945——现代世界诞生的时刻》,倪韬译,广西师范大学出版社2015年版,第238页。

第五章　审判的原则与规则

《公民权利和政治权利国际公约》第 14 条的充分印证。鉴于东京程序的弱点以及很少国家有对抗制诉讼制度,因此在特别法庭的法规和《罗马规约》中选择了一个主要对抗性的程序,采用正式的程序规则解决了在东京审判中经历的许多程序问题。从中可以发现,东京审判符合迄今为止人类社会刑事司法的发展的趋势,即从野蛮到文明,从恣意到规范,从愚昧到科学。

第六章 共谋与个人责任

共谋（conspiracy）是英美刑法中特有的犯罪概念，第二次世界大战后，纽伦堡和东京国际军事法庭均采用了这一罪名及其理论对德、日战争罪犯进行审判。东京审判的开创性不言而喻，选择通过刑事司法的方式奠定二战后的和平基础和东亚秩序，无疑需要很高的法律智慧，以进行一个足够好的"顶层设计"。但这也使批评变得格外容易，甚至这种批评完全是以误解为前提的。东京审判对共谋的适用就是一个典型的例子。大家对共谋的看法往往局限在这是一个单独的且不具有说服力的罪名，其实这是对共谋的体系性地位的误解。共谋不仅是一项犯罪，更是一个扩张的共犯责任理论。

东京审判中，国际检察局提出的55项诉因中，有9项涉及共谋，分别是"反和平罪"项下的第1—5项诉因、"谋杀罪"项下的第37、38、44项诉因，以及"普通战争罪及反人道罪"项下的第53项诉因，共谋事实上成为追究被告人"反和平罪""战争罪"和"反人道罪"的逻辑起点，纲举而目张。然而，在侵略战争犯罪化的历史关头，在追究国家领导人个人责任闻所未闻的时代，在饱受"事后法"质疑的反和平罪之上又叠加适用共谋犯罪理论，令法庭之上的诉讼主体和其后的研究者都深感不安，认为这制造了一种不可控的危险。很多人将共谋误解为"阴谋"，认为被告人大多并未"密谋于室"，而是不甚熟识、政见不同或者形同陌路,故而不能成立"共谋",这种见解随着被告人是否相识并不是共谋的构成要件等共谋理论的传播已经不攻自破。除此之外,学术上对共谋的批评又大致可以分为三个方向:一是对共谋"功利性"的批评,高柳贤三最早驳斥共谋是一种"一元的意志支配历史的解释"[1],日暮吉延评价共谋是便于检方起诉的工具[2],户谷由麻也提出东京法庭有关共谋的判决是"基于一种过分简单的历史观基础上形成的战争观",且与判决书的其他内容存在矛盾,形成了两种"东京审判史观"[3];二是以纽伦堡为参照,提出共谋实为纳粹量身打造,而日本并无德国式的一个领袖、一个政党、一个主义,因此适用共谋不当扩大了对被告人的追诉范围[4];三是批评法庭用来确定存在共谋的证据,日本对共谋理论有着深入研究的奥原敏雄指出,东京法庭判决的问题在于以大川周明的政治思想为根据来确立共谋行为,因为"不论从什么角度来看,书中实际上都没有任何具体的发动战争的计划"[5]。

东京法庭被告人所面对的战争犯罪指控,有时是在正式的集体领导下进行的,但更多是以一种混乱且计划性较差的方式实施的,其

---

[1] 高柳賢三:「極東裁判の法律論」,『法律タイムズ』第 3 卷、第 2,3 号,1949。

[2] [日]日暮吉延:《东京审判的国际关系》,翟新、彭一帆译,上海交通大学出版社 2016 年版,第 218—219 页。

[3] Totani Yuma, *The Tokyo War Crimes Trial: The Pursuit of Justice in the Wake of World War II*, Harvard University Asia Center, 2008, p.107.

[4] 参见程兆奇教授对共谋主要批判意见及原因的分析,程兆奇:《从〈东京审判〉到东京审判》,载《史林》2007 年第 5 期。

[5] Totani Yuma, *The Tokyo War Crimes Trial: The Pursuit of Justice in the Wake of World War II*, Harvard University Asia Center, 2008, p.108.

第六章 共谋与个人责任

中充斥着变化和矛盾。区别于纳粹组织,日本战犯的罪行很大程度是由一种共同愿望所驱动,而不必然受一个宏大精密、等级清晰的总体计划所支配。事实上,对于这些被告人罪行及责任的确定比纽伦堡更需要共谋理论的涵容性和解释力。为正本清源,本书意在从中观而微的角度,具体考察共谋得以进入东京审判视野的原因、共谋的刑事可罚性依据和理论特征,以及东京审判对共谋的理解和适用,通过回溯控辩双方的争议焦点、判决结果以及法官意见,辨析东京审判对被告人适用共谋"当否"以及是否"尽当"。也即,共谋是否准确描述了东京审判被告人罪行的本质和构造,东京法庭是否依据共谋理论对被告人的刑事责任进行了合理的认定和配置。

一、东京审判对共谋的引入

共谋为什么可以进入东京审判的视野?一言以蔽之,共谋的得当在于可以弥补传统刑事责任分配理论的不足,与东京审判的主旨相契合。

追究侵略战争法律责任的愿望一直在战争是"政治的延续"、非法律可以评价的观念中艰难发展,直至第一次世界大战结束后才出现"变化的征兆"。漫长的发展中,面对旨在遏制战争中非人道暴行的战时法屡获认可实现快速发展的现实,如何找到限制诉诸战争权、认定侵略战争为国际罪行的切入点,成为法学家和政治家共同关注的棘手难题。

伍德罗·威尔逊(Woodrow Wilson)倡导的"正义战争论"虽然基于法秩序志向试图促成国际法的改革,但被看作对现实国际政治过于天真的理解;国际法权威罗伯特·蓝辛(Robert Lansing)提出的"国际道义论"虽写入《凡尔赛和约》[1]，树立了追诉领袖个人战争责任观念的里程碑，但失于道德的含混与价值的绝对不可衡量性，难以成为垂范后世的规范性标准；德国著名学者马克斯·韦伯（Max Weber）在批评《凡尔赛和约》草案过于严苛并具有报复性时，提出一个富于启发性的观点，即应当以"通过战争实现政治经济目标"为出发点调查各国政府的战争责任问题[2]，虽因是战败国发声并可能导致同盟国的战争责任而未引起大的关注，但实与《巴黎非战公约》的精神暗合。

一方面要克服审判可能缺乏先例的障碍，一方面要实现正义，使潜在的法西斯和军国主义崩溃，还要面对战犯过多和证据搜集困难等不利因素，此时，马莱·巴耐兹（Murray C.Bernavys）大校提出的基于共谋的流线型（streamlined）审判理论成为突破口。

巴耐兹是美国前陆军部长亨利·史汀生（Henry Stimson）的重要智囊，他的方案将共谋作为一种"黏合剂"，设想通过认定战争暴行和违反交战法的犯罪共谋，在国际审判中起诉德国政府、盖世太保等纳粹组织及其代表，再通过共谋从这些犯罪行为的追究连接到纳粹教义和政策，从而依据相同的犯罪意图从对犯罪实行者的追究连接到追究纳粹领导人，最后再通过对共谋的参与事实和成员地位的举证，追究所有该当的被告，由此连接国际审判与国内审判。这样，由点及面，不但可以追诉犯罪行为，还可以同时揭发"极权主义战争"的计划和政策，不但能起诉侵略战争，还能够起诉对本国国民的迫

---

[1]《凡尔赛和约》第227条规定，"建立一个特设国际刑事法庭对违反国际道德和条约之神圣的德国皇帝威廉二世发动战争进行起诉"。

[2] 参见［日］日暮吉延：《东京审判的国际关系》，翟新、彭一帆译，上海交通大学出版社2016年版，第31页。

第六章 共谋与个人责任

害,还能够将之参与部分计划的人员也一网打尽。[1]

巴耐兹在1944年11月11日以国务院、陆军部、海军部三机构首长的名义提交给总统的会议纪要中论述道:"揭发纳粹领导人及集团的犯罪,并非只是由在任何战争中能够发生的分散的个别暴行组成,而是他们为了实现支配世界的目的制作出来的有意图有组织的构架引致的。"[2]到了1945年1月13日,巴耐兹在给总统的提议信中明确指出,纳粹的犯罪是把支配他国作为目的的"组织企图"的结果,建议就1933年后准备和开始侵略战争、违反交战法、大量杀害等问题进行追究,战争中的残虐行为则"不过为更大计划的一部分"。[3]这就为史汀生一贯主张的侵略战争犯罪化提供了合适的理论工具,在国际审判中通过单一的共谋将侵略战争和残虐行为均包罗其中。共谋由于其融贯性得以成为连接反和平罪、战争罪和反人道罪三大罪名的底层逻辑。

共谋是一种未完成形态罪,或称不完整罪(Inchoate Crime),普通法上的共谋,是指两人或者多人之间为了实施一个犯罪或者一系列犯罪行为,或者通过非法手段来完成一个合法行为而达成的协议。共谋的核心是共谋协议,这距离目标犯罪的实现可能还非常遥远,但一个单纯的协议,就独立于任何为贯彻该共谋而实施的行为而具有可罚性,是因为不同的人联合起来共谋犯罪表现了一种"截然不同的罪恶"。这种共谋具有与外部行为完全分离的犯罪性的认识,早在19世纪之前就已经奠定,并通过Poultere案、Sterling案和Best案等

---

[1] [日]日暮吉延:《东京审判的国际关系》,翟新、彭一帆译,上海交通大学出版社2016年版,第84—86页。

[2] 同上书,第88页。

[3] 同上书,第96页。

共同确立了共谋的普通法基础性规则。[1]支持共谋理论的主流观点认为:"在犯罪目的的背后,集中多人的力量、机会和资源,比单一的不法者更危险,而且更难以控制。"[2]协议的达成就意味着产生了抽象危险,在共谋的目标犯罪完成之前,为了预防危险的现实化,值得用刑罚进行处罚。东京法庭认为,这种特殊危险性在反和平罪中体现得尤为明显。东京审判判决书对此陈述道:"确保日本的控制,这是一种犯罪目的。实际上不可设想还有什么比阴谋发动侵略战争和实行侵略战争更严重的罪行,因为这一阴谋威胁了全世界人民的安全,而其实行破坏了这种安全。这类阴谋的可能结果及其付之实行时的必然结果,是使无数的人类遭遇死亡和痛苦。"[3]

共谋责任与共犯责任密切相关,都适用于多数人实施犯罪行为的场合中刑事责任的分配。但共谋的追诉范围比共同犯罪更为潜在和广泛,没有独立实施违法行为的人也可能为其他人的犯罪行为承担刑事责任,是旨在应对具有特殊危险性的集体犯罪的预防性责任理论。

根据普通法的共谋规则,在利用共谋追诉被告人特别是有组织犯罪的被告人时,明显享有诸多实体法和程序法方面的优势。东京审判的检察官们就充分利用了这些"战术优势"。

首席检察官季南在开庭时宣称:"共谋是国际罪行,国际社会以

---

[1] 参见林俊辉:《英国刑法共谋历史沿革之梳理》,载陈兴良主编:《刑事法评论》(第22卷),北京大学出版社2008年版。

[2] 林俊辉:《英美刑法共谋规则之价值述评》,载《国家检察官学院学报》2012年第4期。

[3] 《远东国际军事法庭判决书》,张效林节译,向隆万、徐小冰等补校译,上海交通大学出版社2015年版,第585页。

第六章　共谋与个人责任

客观伦理秩序为基石，共谋是其自我保护模式的弹性形式。"[1]检方对共谋采用双重目的：一是将其作为单独的罪名，二是将其作为其他实质性犯罪的证明。

一方面，由于与共谋相关的法律侧重点是犯罪意图，其必然结果就是降低了对行为的要求。检方还借鉴了美国刑法中的"平克顿规则"[2]，以"合理预见"为基础，判定被告人要为其他人实现共谋犯罪的自然和可能的结果负责。另一方面，犯罪协议是证明共谋成立的"明确"和"具体"证据。然而，犯罪协议作为这样的证据通常是通过推论证实的，也即共谋犯罪协议并不必要被直接证明。

在证据规则上，一是允许检方使用传闻证据，共同共谋者在共谋中或推进共谋的过程中所作的陈述，可用于指控其他共谋者，理由是共谋具有秘密性特征，"除非亲自参与共谋，否则不可能这么了解共谋的细节"[3]，共同共谋者最知悉共谋的细节，因此其可信性较强；二是允许检方使用间接证据，犯罪协议允许从行为、结果、情节等证据"倒推"犯罪协议，也即共谋犯罪可以由情节的"发展和排列"推断而来。这可以解释东京审判检方的起诉策略和55项诉因的编排。

起诉书中的第1项诉因概述了一项为期18年的长期共谋，其目

---

[1] 参见中国国家图书馆东京审判数据库—庭审记录库，载国图网，http://zxsl.nlc.cn/jeecms/djsp.jhtml。

[2] "平克顿规则"要求，共谋犯罪的当事人要对其同伙实施的任何犯罪负责，如果这个行为：(1)在共谋犯罪的范围内；(2)是非法协议可预见的结果。See Joshua Dressler, *Understanding Criminal Law*, Lexisnexis, 2009, p.454.

[3] 中国国家图书馆东京审判数据库—庭审记录库，载国图网，http://zxsl.nlc.cn/jeecms/djsp.jhtml。

的是"使日本取得对东南亚、太平洋及印度洋，以及该地区内与其接壤的国家或岛屿之军事、政治、经济的控制地位。为达到此目的，日本单独或伙同其他同样目的之国家，发动侵略战争，以对付反对此侵略目的的国家"[1]。其他诉因在某种意义上皆是诉因 1 中共谋的具体组成，形成"总—分"结构，这使得后来实施的犯罪看起来更像是被精心设计的。

共谋的实体和程序规则的弹性使得共谋成为一种极为独特的犯罪，被戏称为"现代检察官幼儿园中的宠儿（darling）"[2]，勒林也在事后批评"共谋是盎格鲁－撒克逊刑事诉讼制度阴暗丑陋的一面"[3]。

但面对东京审判的三个历史任务（完成侵略的犯罪化、落实个人国际刑事责任、追究发动侵略而将国民作为国家扩张政策工具的"元凶"和"首谋"的个人刑事责任），共谋的上述特征使它得以作为一种"黏合剂"般的责任理论，迅速进入纽伦堡和东京审判的视野，并成为定罪的"总纲"，展现了它强大的涵容性和解释力。共谋的适用最能直接体现东京审判价值取向和底层逻辑，既充分反映了刑法的机能，又体现出刑事谴责的伦理依据，与战后的国际刑事政策相契合，是一次成功的实践。

---

[1] 《远东国际军事法庭判决书》，张效林节译，向隆万、徐小冰等补校译，上海交通大学出版社 2015 年版，第 582 页。

[2] Joshua Dressler, *Understanding Criminal Law*, Lexisnexis, 2009, p.392.

[3] B.V.A. Röling, *The Tokyo Trial and Beyond: Reflections of a Peacemonger*, ed. A.Cassese, Polity Press, 1993, p.58.

第六章　共谋与个人责任

二、东京法庭对共谋的理解

1. 共谋的范围

共谋在《东京宪章》的管辖权条款中出现了两次，第一次是第5条（A），"反和平罪。指策划、准备、发动或执行一场经宣战或不经宣战之侵略战争，或违反国际法、条约、协定或保证之战争，或参与为实现上述任何行为之共同计划或共同谋议"；第二次是第5条（C）的末尾，"凡旨在筹谋、执行前述任何罪行之共同计划或共谋，其领导者、组织者、教唆者以及从属者，对于任何人为实现此种计划而作出的一切行为，均应负责"。尽管法庭最后将共谋限定于反和平罪之中进行审理，但菲律宾法官哈那尼拉提出，《东京宪章》第5条最后一句的规定，意味着在普通战争罪和反人道罪中同样规定了共谋形式，而这正是东京宪章区别于纽伦堡宪章之处。[1]纽伦堡法庭并未将共谋战争罪行或共谋反人道罪的罪名写入其宪章，并在判决书中对共谋进行了严格解释，这对东京审判也产生了很大的影响。本书认为，哈那尼拉法官的解读值得重新评估。纽伦堡和东京审判仅保留了共谋反和平罪的诉因，其理由不是认为战争罪和反人道罪之共谋不可接受或为国际法所不允许，而是认为并没有必要单独设立一个共谋战争罪和共谋反人道罪，其内容完全可以被共谋反和平罪吸收。东京审判判决书也在合并诉因的理由中写明，"共谋实行侵略战争已经

---

[1] *Jaranilla Opinion*, Neil Boister, Robert Cryer, eds., Documents on the Tokyo International Military Tribunal: Charter, Indictment, Judgments, Oxford University Press, 2008, p.643.

是最高限度的犯罪",基于这样的理由,有关第 2—4 项实行反和平罪的共谋子集,第 37、38、44 项"谋杀罪"的共谋,以及第 53 项"普通战争罪和反人道罪"的共谋的诉因"没有作出任何宣告的必要"。[1] 这对于从归责意义上重新审视共谋的作用,尤其共谋责任与共犯责任、指挥官责任和上级责任之间的关系提供了一个合理视角。

2. 共谋与计划、准备发动侵略战争

根据《东京宪章》的规定,在反和平罪项下列举出五项具体犯罪行为,除共同计划或共谋外,还包括计划、准备、发动及实行侵略战争或违反国际法、条约、协定或保证之战争。这里就涉及如何处理共谋与计划、准备、发动及实行侵略战争关系的问题。

遵循纽伦堡的先例,东京审判起诉书分别起诉了计划、准备、发动、实行侵略战争和共谋反和平罪。但区别于纽伦堡法庭将共谋与计划、准备侵略战争相区分的做法,东京法庭将"计划及准备"与"共谋"合并,将"发动侵略战争"和"实施谋杀"纳入"实行侵略战争"。在东京法庭看来,共谋在两人或更多人达成侵略协议时成立,随后就进入战争的计划和准备阶段。共谋只需达成一致就足够了,而随后的计划和准备工作则是共谋的自然延伸。因此,所有被告人都面临共谋的指控,诉因 1 也由此起到"提纲挈领"作用。这样做的好处在于不必再去费力界定"计划"和"准备"的具体含义,也避免了可能的重复评价。而一种以哈那尼拉法官的意见为代表的批评

---

[1] 《远东国际军事法庭判决书》,张效林节译,向隆万、徐小冰等补校译,上海交通大学出版社 2015 年版,第 586 页。

则指出,"它们在宪章中是彼此独立的行为,且有责程度不同"[1]。法国的伯纳德法官也认为犯罪行为的完成包括三个阶段——设想、准备和完成,因此应有三种反和平罪:共谋、计划/准备和发动/进行。他认为计划和准备比共谋更严重,且基于不同的事实。[2]

3. 共谋的犯罪构成

东京审判犯罪论体系主要借鉴了普通法规则,将犯罪构成大致区分为客观要件和主观要件。[3]按照普通法规则,共谋的客观要件包括"协议"和"外在行为",主观要件是一种"特殊故意",要求行为人具有达成协议和实现协议目标的双重意图。

客观要件方面,共谋的要旨就是达成实施一个或者一系列非法行为的犯罪协议。根据普通法规则,一个通过语言表达而达成的协议并不需要被证明。进一步说,即使并不是全部的犯罪参与人都知道犯罪共谋协议的详细内容,只要每个犯罪参与人认识到犯罪共谋

---

[1] *Jaranilla Opinion*, Neil Boister, Robert Cryer, eds., Documents on the Tokyo International Military Tribunal: Charter, Indictment, Judgments, Oxford University Press, 2008, p.641.

[2] *Bernard Dissent*, Neil Boister, Robert Cryer, eds., Documents on the Tokyo International Military Tribunal: Charter, Indictment, Judgments, Oxford University Press, 2008, p.665.

[3] 犯罪论体系实质上是指"刑事责任的分析结构",至今聚讼纷纭,根据乔治·弗莱彻教授"20世纪的刑法理论",大致把世界各国的犯罪论体系分成三种类型:两分法、三阶层和四分法,普通法采用的是犯罪行为、犯罪心态的两分法;而美国模范刑法典则采用了阶层理论,将犯罪体系分为构成要件、违法性和宽恕事由三个层次。东京审判中并未详细阐述其犯罪构成理论,大体上采用了普通法上的两分法。本书为贴近大陆法系的通行概念,便于理解,采用了"客观要件"和"主观要件"的名称。

协议的本质即可，并不需要上升到合同法上"达成合意"概念的水平。共谋协议只要体现出"共谋犯罪人通过外在于其个人的思想和意愿融合在一起"，每个人都想要实施一个非法行为，分担一份共同的犯罪意图，通过这种口头或非口头的形式，他们明白彼此将联合起来去实现某种共同的犯罪目的。[1]此外，共谋犯罪人还应当至少超出口头交流实施促进或便利犯罪的行为，使共谋真正"开始工作"。依据普通法，这一外在行为不要求达到未遂的程度，甚至不必是违法的，只要促进了犯罪协议的达成或目标犯罪的实施即可。

东京审判中，检方的立论一方面明显受到纽伦堡审判的影响，倾向于将共谋反和平罪视为某种犯罪系统，被告人在其中有不同的角色和职能，但都服从和围绕指挥中心行动，拥有"塑造政策并施加影响"的能力。[2]另一方面，对共谋的定义比纽伦堡更加宽泛，不坚持犯罪目标的明确性，只是将围绕大川周明侵略扩张政治思想逐渐成形的"松散设计"视为犯罪协议。外部行为对军事领导人而言，就是任何参与作战的迹象；对政治领导者而言，则是他们在决策过程中担任的角色。[3]换言之，协议通过一致意愿推导而来，而意愿则由一致行为推导而来。

东京法庭基本接受了检方对共谋反和平罪的解释，在判决书中按照时间顺序进行说明：共谋始于对国内民主力量的压制，被告人动员公众舆论支持战争，直到压倒了一切反对势力。从被告人的政府职位、

---

〔1〕 Wayne R.LaFave, *Criminal Law*, 5th edition, west/thomson, 2010, p.214.

〔2〕 Neil Boister, Robert Cryer, *The Tokyo International Military Tribunal: A Reappraisal*, Oxford University Press, 2008, p.152.

〔3〕 Ibid., p.224.

第六章 共谋与个人责任

参与政府决策的活动,或公开声明及私人信件中可以推断出,共谋犯罪人对彼此间正逐步形成某种"举国一体"的"情势"有所认识,并且认识到共谋的目标是通过武力扩张实现日本对远东的统治。

4. 共谋的脱离

辩护团副团长高柳贤三强烈反对控方的观点,认为控方将"进行式共谋"等同于"构建式共谋"[1],认为共谋意指参与核心的决策制定程序,核心政策制定后加入者、明确表示反对者和中途退出者,都与共谋相"脱离",不需要为共谋产生的后果负责。

这种观点与普通法上共谋的抗辩规则并不相符。普通法上放弃犯罪计划不能作为共谋的抗辩理由。原因是"一旦犯罪发生,一个人就不能取消犯罪了"。从共谋这种集团犯罪所固有的特殊危险性角度看,仅仅是退出,对于共谋犯罪人来说并不充分,而是必须要消除他曾加入的共谋犯罪体的危险性。通常要求准备放弃共谋犯罪的当事人将其准备放弃的打算与每个共谋犯罪人沟通,一些法院甚至进一步要求他成功劝阻其他人也放弃犯罪目的。[2]

检方对被告人从加入到脱离共谋过程的理解是恰当的。检方认为,共谋犯罪人可以是最初的共谋协议者,也可能是后来的追随者。如果被告人达成了反和平罪的共谋协议,共谋成立后,即便议定的战争罪行实施时已经离职,也应被判定构成共谋。有人可能意欲中途放弃,但这并不包括那些仅提出反对意见却接受驳回意见的被告人。

---

〔1〕 参见中国国家图书馆东京审判数据库—庭审记录库,载国图网,http://zxsl.nlc.cn/jeecms/djsp.jhtml。

〔2〕 Joshua Dressler, *Understanding Criminal Law*, Lexisnexis, 2009, p.422.

对于检方而言,就特定决策的辞职抗议是获得赦免的唯一途径。[1]

三、东京审判对共谋的认定

东京审判判决书仅采纳诉因1作为共谋进行认定,判决解析了近代日本军事扩张政策的内容,揭示其付诸实践的过程,然后说明被告人为这一时期军国主义崛起而实施的罪行,最终确定被告人的罪名。判决书区分了共谋实行侵略战争和实行侵略战争,认为前者威胁了"全世界人民的安全",后者则"破坏了这种安全"。判决书区分了共谋的"可能结果"与"其付之实行时的必然结果"。但最重要的是,判决结论认为,共谋是长期存在的,共谋犯罪人可能一开始就参与其中,也有人明知犯罪协议的存在而参与实施,他们都该当诉因1的共谋反和平罪。[2]

被告人的个人判决中,值得关注的是两个有罪判决和两个无罪判决,法院认定松井石根和重光葵二人不构成共谋反和平罪,而白鸟敏夫和大岛浩则仅因共谋反和平罪获罪,反映出法庭将共谋反和平罪与实行侵略战争的反和平罪区分裁量的立场。

但这一立场的贯彻存在一些认定逻辑上混乱,以松井石根为例,判决书认为:"他与设计和实行阴谋者有密切的联系,因此应认为他是知道阴谋者的目的和政策的,但就法庭出示证据来看,认定他是阴谋者是不合理的。""1937年和1938年期间他在中国的各种职务,不

---

[1] 参见中国国家图书馆东京审判数据库—庭审记录库,载国图网,http://zxsl.nlc.cn/jeecms/djsp.jhtml。
[2] 《远东国际军事法庭判决书》,张效林节译,向隆万、徐小冰等补校译,上海交通大学出版社2015年版,第585—586页。

第六章 共谋与个人责任

能认定为与实行侵略战争有关。如果根据第 27 项罪状合理判决他有罪,检方的义务是必须提出证据,证明松井知道其战争罪性质,但是检方并没有这样做。"[1]可以说,这份判决并未与前述东京法庭对共谋的理解保持一致:一方面,认定 1933 年松井明知存在犯罪共谋并对共谋目的有认识,却因未实行对中国东北的侵略战争而未获共谋,违背了法庭对共谋犯罪构成的理解,不当升高了对客观要件中外部行为的要求;另一方面,对被告人知晓发动战争之侵略性质的要求,实际上是将对共谋反和平罪双重意图的主观要件要求,错用于实行侵略战争的反和平罪之中了。由此导致了诉因 1 和诉因 27 的漏罪。

而在重光葵的判决中,法庭认定他在 1943 年担任公使和大使期间,"并未超过这类职务的正当范围","不是阴谋分子之一员。实际上,他曾向外务省反复进言,反对阴谋者的政策","1943 年当他担任外务大臣以前,阴谋者们已决定实施预定的侵略战争政策。此后侵略政策既未进一步制定,也没有发展"。而当"1943 年日本挑起太平洋战争时,他充分知道这个战争中日本从事的是侵略战争,实际上常常进言不应将此项政策付诸实行,尽管如此,当时他在这场战争的实行中担当了主要任务"。[2]这种判定也明显降低了对被告人加入和脱离共谋的要求,违背了普通法的一般规则,共谋可以后加入的方式实现,而被告人在 1943 年加入了共谋反和平罪的"集体",而对侵略政策的无效反对并不能视为对共谋的脱离,被告人在 1945 年 4 月 13

---

[1]《远东国际军事法庭判决书》,张效林节译,向隆万、徐小冰等补校译,上海交通大学出版社 2015 年版,第 604—605 页。

[2] 同上书,第 611 页。

日辞职时,也并未消除先前形成的共谋犯罪的影响,因此不成立有效抗辩,被告人仍构成共谋反和平罪。

仅占据重要地位或担任官职并不能视为构成共谋,但明知侵略政策的行为人,故意或因反对无效而"无奈之下"为侵略政策的实行发挥促进或便利的作用,即可认定构成共谋反和平罪。大多数被告人的共谋判决是得当的,但遗憾的是,法庭并没有清晰一贯地坚持共谋的认定标准。

四、共谋与归责

(一)实现共性:共谋的涵容性

一个完整的犯罪流程包括犯罪预备—犯罪未遂—犯罪既遂,传统的刑法理论通常不处罚预备行为;而从犯罪参加的角度来看,实行犯一般被视为正犯,教唆、帮助等在特定条件下承担附属责任,而策划犯罪通常不处罚。这就会至少产生两个问题:一是,在重罪中,尤其是战争犯罪,身居幕后的元凶和首谋是犯罪的起点,往往比亲手实行更具有可谴责性,但他们却往往很容易逃脱追诉;二是,集体式犯罪往往有集聚效应,比一般的共同犯罪更加危险和不可控,对那些根本性法益具有极大的破坏力。

如前所述,共谋强大的解释力、涵容性和规则优势使它成为实现对大规模集体和国际犯罪中各个层次犯罪人"一网打尽"的利器,通过对共谋的理论要点和犯罪构成的分析,我们可以发现,共谋并不必然是钟表般复杂精确的"装置",通过齿轮和传送带之间完美无缺地配合,各司其职地高效实现犯罪。共谋更像某种借助磁体和磁力发

第六章 共谋与个人责任

挥作用的磁场,犯罪协议就是磁力巨大的磁体,吸引不同犯罪人或同时或先后加入,即使不接触也能发生相互作用。韦伯庭长对此特点予以肯定,指出"共谋者可能永远也未曾直接或间接地见面、相知或交谈"[1]。共谋犯罪人不需要知道其他每个共谋犯罪人的身份,甚至他的存在,也不必要参与共谋犯罪的每个细节和活动。然而,共谋犯罪人肯定"对计划的范围和目的有一个一般的认识",概言之,存在一个"共同的利益或原因去认识彼此的存在"。[2]

因此,旗帜鲜明发表反对意见的印度法官帕尔认为"共谋本质上是一种精神行为,具有模糊性和不确定性"[3]的见解具有妥当性,他认为日本战犯的共谋反和平罪"与纳粹和希特勒式的共谋相差万里,在包括起诉在内的时期里,日本还没有人能保持对内阁或军队的持续控制"[4],这种看法揭示出日本战犯共谋的结构与德国纳粹的不同,但据此认定东京审判被告人的行为不能用共谋评价则是不正确的。帕尔认为没有任何证据能证明共谋的真实性则陷入了不恰当的虚无主义,比如他认为"日本的袭击计划和实际袭击行为确是事实,但并不是在共谋犯罪者的任何政策指导下发生的"就明显不合常理。同样对判决书的结论持反对意见的法国法官伯纳德认为:"并没有直

---

[1] 中国国家图书馆东京审判数据库—庭审记录库,载国图网,http://zxsl.nlc.cn/jeecms/djsp.jhtml。

[2] Joshua Dressler, *Understanding Criminal Law*, Lexisnexis, 2009, p.406.

[3] *Judgment of Justice Pal*, Neil Boister, Robert Cryer, eds., *Documents on the Tokyo International Military Tribunal: Charter, Indictment, Judgments*, Oxford University Press, 2008, p.963.

[4] Ibid., p.970.

接证据可以证明该项计划的知情者、形成日期、形成地点和具体细节，唯一已经证实的事实是在日本民族的某些权力阶级中确实存在着不惜一切代价掌控其他东亚地区的欲望，共谋的目标是确保日本获得对世界其他地区的统治权。参与实行罪行的准备工作就意味着要为其他共谋犯罪实施者的所作所为承担责任。"[1]这准确描述出一种尺度，据此可以判断对共谋协议、外在行为等构成要件要素的认定需要具体到何种程度。

伯纳德法官认为共谋并不是专制制度的产物，共谋的概念似乎存在于几乎所有国家的犯罪学体系中。[2]他对这一概念的解读是以国际法而非英美法系为框架，因而具有更广的视角。虽然巴耐兹方案最早针对纳粹罪行设计，但并非出于共谋仅特殊适于描述纳粹的罪行，而是由于一开始对德战犯处罚政策就处在同盟国战后政策的中心位置，对日审判政策的出台更多是一种"跟随"，但共谋所具有的本质特征却印证了它其实对组织结构松散的犯罪追诉同样甚至更为有效。因此，认为东京审判共谋是对纽伦堡审判共谋"削足适履"的"生搬硬套"而产生诸多"不适"的法律问题其实是一种误解，事实上，纳粹式共谋可以视为降低了检察官举证难度的共谋的理想形态，而日本战犯的共谋则更像是共谋的现实或常见版本。它们是共谋千差万别表现形式中的两种，没有本质的差别。

---

[1] *Bernard Dissent*, Neil Boister, Robert Cryer, eds., Documents on the Tokyo International Military Tribunal: Charter, Indictment, Judgments, Oxford University Press, 2008, p.667.

[2] Ibid.

第六章　共谋与个人责任

(二)反映个性:东京审判共谋指控的特殊问题

明确共谋之"共性",意在解决共谋认定是否"得当"的问题,但是否"尽当"还要借助对东京审判共谋"个性"的考察来完成。本文认为,东京审判中共谋的结构是合适的切入点。

在犯罪共谋的起诉中包含多层犯罪人,因此呈现出不同的犯罪结构,普通法上通常将其描述为"车轮型""链条型"或二者的组合。[1]纳粹式共谋是典型的车轮型共谋。这种结构里存在一个中心,即"轮轴",可以是一个人或一个组织,各种各样的人或者组织作为"轮辐"与之"轮轴"进行联系和谋划。轮辐与轮轴之间存在一个共同的犯罪目的,而轮轴将每个轮辐看作一个更大犯罪计划的一部分从而与轮辐保持持续的联系。因此,缺少轮轴的平行而独立的轮辐之间并不构成车轮型共谋。

链条型共谋呈现线性特征,共谋中的每个人或每个团伙都有专门的责任连接犯罪的各个不同方面。链条越长,则相隔较远的链接之间的关系就越小。大规模的链条共谋犯罪比车轮共谋犯罪容易证明。除非在共谋犯罪的每个环节都成功履行了他们的责任,否则链条共谋所包含的犯罪计划就不能成功,但这并不意味着每个链条只存在一个共谋,共谋的数量由犯罪协议的数量决定,而协议就是链条的起点。

日本A级战犯的共谋结构类似车轮型与链条型共谋的组合。日本政治理论家丸山真男曾将战前的日本政府视为"不负责任的体制",构成它的是"神轿""官吏""浪人"三种角色。"神轿"居于最

---

[1] Joshua Dressler, *Understanding Criminal Law*, Lexisnexis, 2009, p.414-417.

高地位，是至高无上的权威象征，由"官吏"负责抬扛。"神轿"是一种标志，那些扛它的"官吏"才是掌握实权的人。然而，一干"官吏"——包括官僚、政客、海陆军将领——常常被最底层的"浪人"玩弄于股掌之间。这些人里有军事冒进分子、头脑发热的战地指挥官、狂热的民族主义分子等暴力论者。东京法庭被告席上的 A 级战犯是"官吏"，亦是"神轿"。他们用肩扛起至高无上的"神轿"，也就是天皇。反过来，他们自己也被地位较低的人抬着，还会受到"浪人"操纵。这一不负责任的政治体制造成的后果是，日本的指挥系统"根本就是一笔糊涂账"。当 20 世纪 30 年代这一体制终于失控，接二连三的事件由狂暴的浪人挑起，紧张的官吏出面应对，一切终因"神轿"的神圣地位得到合理化。

裕仁天皇不是希特勒，但这不是为天皇免罪的理由，效忠天皇，视自己为"亚洲的解放者"的意识形态即便没有驱使日军大开杀戒，也为其野蛮行径提供了合法性。据伊恩·布鲁玛的记述，"一位参加过侵华战争的老兵在电视访谈节目上说，他之所以杀起中国人来能丝毫没有良心不安，甚至还有一层宗教意味，因为这是'圣战'的构成要素"。而当巢鸭监狱的牧师弗朗西斯·斯科特问日本战俘营指挥官为什么要虐待战俘时，日本人给出的答案是："他们相信，但凡与天皇为敌的人都不是好东西，因此，他们越是残忍地对待战俘，就越能显示出自己对天皇的忠心。"[1] 裕仁天皇和希特勒并不具备可比性，但发挥的心理作用却有着惊人的相似，而这种心理作用所驱使的行为——以活生生的无辜者为对象的杀戮和残暴——也

---

[1] Arnold Brackman, *The Other Nuremberg: The Untold Story of the Tokyo War Crime Trails*, William Morrow & Co, 1987, p.276.

第六章 共谋与个人责任

是同样罪恶的。"

问题的本质是，不止所有战争罪行名义上都是为了效忠天皇，战后史料的披露和研究也证明"神轿"天皇的裕仁绝不是只有象征意义的"橡皮图章"，仅被动牵连于"帝国政治"，相反，当时包括东条英机在内"其实没有任何人能够或者试图拂逆天皇之意"。[1]

东京审判用共谋作为追究被告人责任的总纲，却决定不起诉天皇裕仁，虽然依照普通法规则，缺少了轮轴的共谋仍然可以基于链条共谋成立，实则如程兆奇教授所说"抽掉了共谋中最重要的一条经线"。因为天皇实际上应承担反和平的共谋责，而免除他的罪责，"对东京审判判处有罪的其他甲级战犯至少有失公平"[2]。战后德国与希特勒的纳粹极权制度完全切割，但反观日本，由于天皇的存在，日本的浪漫民族主义一直延续至今，"日本人就会在坦白悔罪一事上扭扭捏捏"[3]。

任何简单、粗糙的对比都无法解释为什么战后会出现德国悔罪和日本不悔罪的差别。布鲁玛在《罪孽的报应——德国和日本的战争记忆》一书中提出一种深刻的见解，即德国的悔罪是一种日本至今未能取得的政治成熟和道德进步，"不检视天皇在战时的角色，不负责任的体制就无法昭然于天下。如此一来，它就很可能会以另一种方式延续其存在"[4]。而这正是今天在法律视野下通过共谋检视东京

---

[1] 程兆奇：《从〈东京审判〉到东京审判》，载《史林》2007年第5期。

[2] 同上。"甲级"本书作"A级"。

[3] ［荷］伊恩·布鲁玛：《罪孽的报应：德国和日本的战争记忆》，倪韬译，广西师范大学出版社2015年版，第178页。

[4] 同上。

审判的一个重要意义所在。

(三)寓个性于共性：作为一种归责理论

无论是普通法，还是东京审判的检方，都将共谋看作一个单独罪名的同时，还将其视为一种责任理论，以此作为追究和分配集体犯罪中个人刑事责任的归责原则。

曾担任过东京法庭首席检察官季南助理的霍维茨指出，东京审判另辟蹊径，从实体性罪行可能受到共谋参与者影响的角度判定刑事责任，这使得某些被告必须承担共谋实行侵略战争罪，而非实行侵略战争的犯罪责任。[1]博伊斯特和卡莱尔教授在他们的研究中得出结论认为，东京判决树立了模糊的"共同犯罪体"(Joint Enterprise)的模糊先例，共谋是日本"军国主义"构建的意识基础，参与顺序发生的事件可以反过来证实共谋的真实性，确定个体对反和平罪指控的个体责任，也可以根据其参与程度确定责任形式。他们认为，通过间接证据证明被告人达成了共谋协议是不够的，因为这难以突出个人刑事责任判定原则的重要性。与共同犯罪的刑事责任不同，没必要根据"平克顿规则"确立共谋人对其他共谋人具体行为的替代刑事责任，因为运用犯罪预备和共同实行行为的"从犯责任"已经可以实现给日本领导人定罪的目的。[2]

类似东京审判所审理的共谋这种计划性和组织都较弱的国际犯罪结构引的归责问题，已经引起了越来越多国际刑法学者的关

---

[1] Solis Horwitz, *The Tokyo Trail*, International Conciliation 1950 (471), p.553.

[2] Neil Boister, Robert Cryer, *The Tokyo International Military Tribunal: A Reappraisal*, Oxford University Press, 2008, p.225.

第六章 共谋与个人责任

注。著名国际刑法学家巴西奥尼教授曾列举出9个包括罪刑法定原则在内的国际刑法问题,在二战后的审判中再次出现并值得关注和研究,其中一个就是"参与犯罪组织的个人责任;共谋;从犯"。[1] 德国法学家克劳斯·马克森(Klaus Marxen)在其《参与严重系统性不法行为》(1998)的文章中,就重新发现了纽伦堡审判中被告人共谋犯罪的当代意义。他说:"某一个体的贡献与某一严重犯罪的实施之间不需要存在直接的因果关系,必要的联系可以通过不同人之间的共谋而被建立。应以国际刑法的观念为基础发展出一种更加灵活的刑事责任制度。"[2] 这为我们今天考察东京审判中的共谋提供了一个新的视角,即国际犯罪中的个人处于集体或组织的支配之下,受制于一种共同的"情势",这样的犯罪体展现出更多更复杂的层次性。他们当中有身居幕后的策划者、宣传者、各种级别的政治领袖、军事领袖、上级长官、提供武器和其他物资的人,以及那些知晓即将发生暴行但宁愿不去干预的人。更为典型的是,这些个人彼此之间经常没有相互作用。有时候,他们明确知道哪些犯罪将要发生;有时候,他们对于何人可能实施何种犯罪,只有一个大体上的了解;甚至有时候,他们可能希望武装冲突规则受到尊重。

当代著名国际刑法学家凯·安博斯(Kai Ambos)意识到解决国际犯罪的传统德国学说的局限性:"传统的个人刑事责任制度必须适

---

[1] 参见[美]M.谢里夫·巴西奥尼:《国际刑法导论》,赵秉志、王文华等译,法律出版社2006年版,第87页。

[2] [德]托马斯·魏根特:《国际刑法中的归因问题研究——一个德国法视角的考察》,姜敏译,载陈兴良主编:《刑事法评论36:不法评价的二元论》,北京大学出版社2016年版。

应于旨在发展出一种个体—集体责任混合制度的国际刑法之需要,在这种制度中,刑事责任建立在作为一个整体的'犯罪组织体'之上。"[1]瑞士法学家汉斯·韦斯特(Hans Vest)在分析了大规模国际犯罪的特殊性之后得出如下结论:由于领导层对系统性不法行为在战略上的集体支配和系统功能性参与,传统的责任概念没有充分反映出领导层对于系统性犯罪的更大责任。[2]

晚近以来,对东京审判个人刑事责任的研究大多基于"集体"与"个人"或"主权"与"人权"的二元论,在国际法转型的浪潮中提倡"刺破主权的面纱",用"排除主权"理论,来提升个人的法律地位,弘扬个人权利之保障和个人义务的自我承担。如田畑茂二郎所言,"所有包裹在国家这一面纱中的抽象国家法人论都被东京审判坚决地驳回了……倘若东京法庭容许集团责任论的概念,就意味着将责任转嫁到不被允许任何政治性发言同时深受战祸之苦的民众、归国者、战争孤儿和寡妇的头上,导致真正的责任归属被掩盖"。[3]从这样的角度认识国际犯罪中的个人刑事责任无疑具有极大的进步意义。但这样的犯罪定义和归责方式典型地受制于"目击者视角":一些人亲手"实施"了杀人、强奸或其他暴行,然后借助因果关系理论,将目光向上移动继续寻找还可以为此承担责任的人,再依据传统的

---

[1] K.Ambos, *Command Responsibility and Organisation sherrschaft*, in A.Nollkaemper and H.Vander Wilt(eds.), System Criminality in International Law, Cambridge University Press, 2009, p.127, at157.

[2] H.Vest, *Volkerrechts verbrecherverfolgen*, *Einabgestuftes Mehrebenenmodell systemischertatherr schaft*, Stampfli, 2011, p.427–431.

[3] 田畑茂二郎:「東京裁判の法理」,『世界』第42号,1949年6月:12—20。

第六章　共谋与个人责任

共同犯罪理论,比如直接实行行为、共同实行行为、间接实行行为、教唆犯、帮助犯等进行归责。然而,这些传统的责任类型更适于处理较少量个人合作实施的犯罪,应对集体的大规模犯罪则显得力不从心。国际犯罪的集体性质需要一些分配个人刑事责任的新方式。如果依赖博伊斯特和卡莱尔提出的"共同犯罪体"概念,将所有的个人犯罪行为都与该共同体相关联,则没有必要在身居幕后的行动者与直接实施犯罪的个人之间建立直接联系,将两者与共同体联系起来就足够了。显然,这能为裁定集体犯罪提供更大的灵活性。

但国际刑法本质上仍然是刑法,在刑法中,受到刑罚的是每个个体,因此,必须具体寻找每个个体的可罚性依据。如果对一个被告人施加严厉的制裁,仅仅告诉他说我们这样做是因为他支持某个实体,或者参加某个集体组织,是远远不够的。东京法庭就尝试根据共谋理论明确个人责任的判定条件:个人是否参与共谋需要通过其政府任职、出席会议的情况来证明,例如梅津美治郎、平沼骐一郎和广田弘毅。如果被告未在政府担任要职,定罪则参考其是否"煽动"或"谴责"反对意见。煽动明显表明其参与共谋。例如桥本欣五郎,虽然证据表明他的作为不多,但其中不乏发表军国主义极端言论。此外,在东京法庭也试图描述个体参与共谋的程度,其中既有相对中性的"联系",还有更加明显的"主动联系""紧密联系"和"参与",以及更深层次的"密切参与"和"宣传"。[1]

2011年,国际刑事法院预审庭在穆布鲁西玛纳(Mbarushimana)案的裁决中强调指出,对某一集体的努力作出的有意识的重大加功,

---

[1] Neil Boister, Robert Cryer, *The Tokyo International Military Tribunal: A Reappraisal*, Oxford University Press, 2008, p.219.

并且明知该集体的犯罪活动,这是根据《罗马规约》第25(3)(D)条使一个个体承担刑事责任的最低要求。由此而论,如果我们在应对国际刑事犯罪中仍然坚持责任主义原则,那么仅仅指出国际犯罪的集体背景是远远不够的。我们还需要证明,被告人的故意加功,导致了由某人实施的某个特定犯罪,而且他已经或本应预见犯罪的实施。[1]

建立国际刑法中兼具公平性与灵活性的新型责任理论,同时避免"包含不足"和"包含过度",有机结合共谋与共同犯罪是一个可能的方向。换言之,在共谋"磁场"中具体考察其后不断形成的单独犯罪和共同犯罪,可以囊括刑事可罚线上从置身幕后的共谋协议者、加入共谋后的不作为者、目标罪行的实行者、表示反对但未成功脱离者等所有的有责对象,并有助于责任被公平地归于那些该当责备的人。在这方面,东京审判对于共谋理论的理解、适用和认定可以成为有用的范例。

共谋反映出贯通三类罪名的追诉逻辑和底层价值,因其具有特殊危险性、逻辑融贯性和起诉便利性而进入纽伦堡及东京审判的视野。可以说,利用共谋追诉被告人的反和平罪是符合当时国际审判政策的选择,也反映了在应对战争这种特殊的集体支配型国际罪行时,法律工具的强大解释力。

东京审判基于普通法规则理解和适用了共谋反和平罪,试图合理描述东京审判被告人在集体犯罪中的个人刑事责任的归属和程度。但由于未起诉天皇,以及对个别被告人如松井石根和重光葵成

---

[1] [德]托马斯·魏根特:《国际刑法中的归因问题研究——一个德国法视角的考察》,姜敏译,载陈兴良主编:《刑事法评论36:不法评价的二元论》,北京大学出版社2016年版。

第六章 共谋与个人责任

立共谋的客观构成要件的不当理解,造成了共谋认定的重大遗漏。

无论是作为一种独立的罪名,还是作为一种责任理论,共谋在当今国际犯罪归责中具有强大的生命力。《联合国打击跨国有组织犯罪公约》第5条要求缔约国创制"有组织犯罪共谋"和"洗钱罪共谋",《联合国反腐败公约》第23条要求缔约国创设"洗钱罪共谋"。这意味着共谋作为一种可能与共同犯罪相结合的新型国际刑事责任理论,在应对当前愈发复杂的国际犯罪中将发挥越来越重要的作用。上述两公约目前在我国均已生效,因此研究东京审判对共谋的刑事审判先例具有不言而喻的现实意义。

把焦点放在个人身上会产生许多风险:一个起诉可能会让大屠杀的凶手一举成为殉道者;它可以让人把注意力从有害的政策转移到"坏人"身上。而共谋试图"揭发"的,正是那些妄图躲在"替罪羊"身后的更多的和更重要的罪人。面对战争这种特殊的恶和越来越去中心化的国际犯罪,法律往往在扩张和节制中进退两难,多少显得有些无奈。约翰·道尔在《拥抱战败》中感慨,"不精通国际法之微妙解释的普通人,难以理解司法正义在何处罢手而政治的反复无常又始于何"[1]。但是,正如西塞罗所言,"当武器出鞘时,法律变得沉默"。而一旦武器重新入鞘,文明就会接管。

---

[1] [美]约翰·W.道尔:《拥抱战败:第二次世界大战后的日本》,胡博译,生活·读书·新知三联书店2015年版,第434页。

第七章

法庭对反和平罪的审理

一、宪章对反和平罪的规定

《纽伦堡宪章》将侵略战争行为命名为"反和平罪"。其具体定义为：

> 反和平罪，即计划、准备、发动或实行一种侵略战争或一种违反国际条约、协定或保证之战争，或参加为完成上述任何一种战争之共同计划或阴谋。

纽伦堡法庭的检察官将反和平罪解释为侵略战争的具体行为和参与共同计划或阴谋两种类型，并分别制作了单独的诉因。东京法庭总体上沿袭了纽伦堡的做法，但和未区分主要罪名和诉因的纽伦堡法庭不同的是，东京法庭以反和平罪的控告和审理为中心。

如前文所述，麦克阿瑟颁布的《特别公告》规定，东京法庭意欲审判以个人或团体成员身份涉嫌犯有反和平罪者；《东京宪章》第5条"对人与罪的管辖权"又进一步明确，法庭管辖犯有包括反和平罪在内的三类罪行的远东战争罪犯；只有控告中包含反和平罪的个人才能被起诉，东京法庭的28名被告全部被指控涉嫌犯有反和平罪而被捕；检方提出的55项诉因中，前36项也就是近2/3的诉因都集中于反和平罪,这些都鲜明地表现出东京审判是以反和平罪为核心的。由于"反和平罪"在《东京宪章》中被规定在第5条(A),东京审判也因此被称为"A级审判",相应的战争罪犯被称为"A级战犯",纽伦堡审判和欧洲战争罪犯则无此称呼。

反和平罪为什么得以成为东京审判的中心?这与东京审判的主题是清算日本在1945年之前的侵略政策有关,反映出同盟国的认知是:作为被告人的28名日本前政治和军事精英的"主要罪责都与侵略战争相关"[1]。

但是,法庭之上的辩护方和后来许多东京审判的研究者却大多把批评的矛头对准了反和平罪,抨击这一罪名的确立违反了罪刑法定原则,属于事后创法,并对反和平罪审理中共谋理论的运用、天皇逃脱战争责任、"自卫"的界限等问题展开持久的探讨。

东京法庭审理反和平罪究竟是否于法无据,违背了合法性原则?反和平罪的概念和构成要件是什么?共谋在反和平罪中发挥了怎样的作用?法庭对于反和平罪的审理有哪些成果可以嘉惠后人?带着这些问题,本章梳理了禁止侵略战争的历史脉络,通过分析宪章和起诉书的内容、控辩双方的陈词辩论、法庭判决、持异议的法官意见以及相关的法律评论,尝试总结东京法庭对反和平罪的内涵、构成要件以及重要争议问题的认定和贡献。

---

[1] Totani Yuma, *The Tokyo War Crimes Trial: The Pursuit of Justice in the Wake of World War II*, p.27.

第七章　法庭对反和平罪的审理

二、反和平罪的构成

（一）客观要件

纽伦堡在反和平罪上为东京提供了模板，但《东京宪章》较之《纽伦堡宪章》对反和平罪的规定，又进行了两处细小改动。《东京宪章》第5条（A）对反和平罪的定义如下：

> 反和平罪。指策划、准备、发动或执行一场经宣战或不经宣战之侵略战争，或违反国际法、条约、协定或保证之战争，或参与为实现上述任何行为之共同计划或共同谋议。

东京法庭审理反和平罪的主要目标是惩罚日本人策动的侵略，因此构成反和平罪的必要条件是存在侵略战争，具体而言包括两种行为类型：一是侵略战争，二是违反国际法、条约、协定或保证之战争（以下称"违反条约的战争"）。

为明确每个被告人的责任，控方必须证明被告个人可能部分或全部参与了这些行为。检方提出的36项关于反和平罪的诉因在起诉书中被归为第Ⅰ类，指控日本作为整体发动战争且28名被告人均参与其中的罪行。这些诉因根据行为类型又分为两类：一类是实质性罪名，包括计划、准备、发动及实行战争；一类是共谋，后来经法庭确认为共谋实行侵略或违反条约的战争。

1. 侵略的定义和范围

东京法庭的首席检察官季南提供了三种关于"侵略"的定义。

其一，侵略是"一次无端的攻击或敌意行为，一种导致战争或有争议的伤害的行动，一种袭击或入侵的实践"。其二，侵略是"一个国家在解决争端时拒绝仲裁或拒绝接受仲裁裁决或任何其他和平方法，并威胁使用武力或诉诸战争的行为"。[1]其三，根据肖特韦尔（James Thomson Shotwell）对《日内瓦公约》（1924）和《洛迦诺公约》（1925）的总结，侵略是"侵略者的一种状态，违反其早已同意以和平方式解决事件的承诺，用战争解决问题"。[2]

辩方则宣称这些定义不能反映国际法也并不可行。他们提出，应根据所指控共谋这一项的本质来补充关于侵略的"完整定义"，侵略的本质在于其统治外国的目的，没有统治目的的战争不是侵略性战争，希望通过这种论点迫使法庭去确定日本的目的。

审判的最后，控方不再纠缠于关于侵略的定义，法庭对此表示赞同，认为即便缺少关于侵略的清晰定义也不会影响他们关于侵略就是犯罪的这一结论。[3]法庭指出，不论给出关于"侵略战争"的全面定义有多难，日本由获得领土欲望驱使的无端的、贪婪的攻击只能定性为侵略战争。法庭的判断总的来说表明，侵略战争的目标是对另一个国家的统治或对另一个国家领土的获得。虽然侵略概念具有不确定性，但东京法庭通过对几起典型武装冲突的定性表明了他们的立场。

---

〔1〕 前两个定义引自《新韦氏国际词典》，*Webster's New International Dictionary*, 2nd edition, 1943. See Richard Minear, *Victors Justice: The Tokyo War Crimes Trial*, PrincetonUP, 1971, p.58。

〔2〕 J. T. Shotwell, *Warasan Instrument of National Policy*, Harcourt Brace, 1929, p.58.

〔3〕 See Solis Horwitz, *The Tokyo Trail*, p.549.

第七章 法庭对反和平罪的审理

法庭认为侵略不包括单纯的威胁行为和经过同意的占领。例如，法庭认为日本从事的各种威胁法属印度支那的行动不属于侵略，这包括1939年初先夺取中国海南、再夺取中国南沙群岛（1933年，法国侵占了南沙群岛的九个岛屿）等地区。法国首先依据条约同意日本军人在印度支那驻扎，然后同意日本占领印度支那南部。然而，只有当1945年初日本驻扎军队与法国军队发生的军事冲突才构成侵略战争。法庭判决书未将先前的行动归为侵略，认为在这一案例即使同意是被迫的，但被迫程度不足以使胁迫者的行为构成"统治"。[1]

法庭认为因"即将来临的武力威胁"而率先宣战不构成威胁方行为构成侵略的抗辩。法庭判决书认定，日本曾侵略荷兰东印度群岛，荷兰政府知道这一袭击"即将来临"，因此以自卫形式宣战，战争状态其实早已存在。[2]荷兰法官勒林等也认同这种"即将来临的威胁"是武力威胁的一种，认为这符合《联合国宪章》中允许以武装攻击形式进行自卫，荷兰的做法可能是早期非正式集体自卫战的一个实例。[3]也有人认为荷兰实际上发动的是帮助盟友的预防性战争而非自卫战。事实上，武力威胁是否"即将来临"，是否应当立即采取反制措施在当今的争议丝毫不比当年的东京少，这是另一个有意义的研究课题，当然，这已经超出了本文的讨论范围。

法庭还认为，战斗目标和规模大小也不会影响其侵略的本质。

---

[1]《远东国际军事法庭判决书》，张效林节译，向隆万、徐小冰等补校译，上海交通大学出版社2015年版，第500页。

[2] 同上书，第502页。

[3] B. V. A. Röling, *The Tokyo Trial and Beyond: Reflections of a Peacemonger*, ed. A. Cassese, Polity Press, 1993, p.167.

日本与苏联、外蒙古在哈桑湖附近的为期较短的边境冲突（张鼓峰事件）是侵略战争，因为这一冲突的目标对于评估苏联在该区域的力量具有重要的战略意义。而更为持久的、规模更大的诺门罕事件是否具有侵略性反而引发了争议，因为它是由未经授权的当地指挥官发起的，而且日、苏双方均未正式宣战，因而是否具有统治和政府的意图就十分可疑。但是法庭通过调查，认为战争的规模之大使得日本领导人不可能不知情，他们被告知后仍不作为，因此应该为此负责。

《东京宪章》在纽伦堡的基础上，在反和平罪的定义中补充了"宣战或不经宣战"的字句，这表明了战争的起始形式本身并不能决定战争的法律性质。即不论宣战与否，战争都可以对照国际法的规定进行考虑其是否构成犯罪。这比纽伦堡版本"更加明确地指出了其内在法律理论"[1]，即使形式上符合国际法关于宣战要求的战争，如果具有侵略性，则不能消除其犯罪性质。

这一主张主要针对日本对中国的武力侵犯，根据辩方的说法，在中国发生的武装冲突系没有宣战声明的事变，故而不能视为两国间的武力纷争。这是日本政府在战时的有关态度，东京法庭上被告方也采取了同样的立场。辩方更是进一步主张鉴于中日之间从未进入正式交战状态，中国士兵不享有作为俘虏的国际权利。[2]东京法庭驳回了辩方的这些主张，正式确认了"中日间存在事实上的战争"以及日本负有"按国际法对待中国士兵的国际义务"。

---

〔1〕 Totani Yuma, *The Tokyo War Crimes Trial: The Pursuit of Justice in the Wake of World War II*, Harvard University Asia Center, 2008, p.100.

〔2〕 中国国家图书馆东京审判数据库—庭审记录库，载国图网，http://mylib.nlc.gov.cn/web/guest/djsp/pdfplayer?id=E2D98C9C0E104E2D856777332B7BD63C&type=pdfinfo&module=theTrialRecord。

第七章　法庭对反和平罪的审理

在法庭看来,开始具有特定激烈程度的敌对状态,而不是明确的宣战,对于战争的存在是有必要的。以各方创设一种战争状态的意愿为基础的战争的正式概念,在二战前就已经证明是不可行的。纽伦堡法庭把德国对丹麦的占领看成是一种侵略战争,即使德国和丹麦政府在德国国防军入侵丹麦之后,都坚持说不存在战争状态。《东京宪章》明确规定,宣战是不重要的,因此,放弃了战争的传统概念。

辩方对侵略战争罪行的主要辩护是《巴黎非战公约》曾打算将实行自卫战的定义和条件专门留给各方自己进行判断。辩方特别提到,公约发起人美国前国务卿凯洛格曾说"每个国家要做的唯一一件安全的事是在其本国主权内判定这是不是非正义袭击"。这一说法得到法国和日本的赞同,英国表示它曾以自卫形式保护了"世界的某些个地区,这些地区的福祉和完整对英国政府的和平与安全有着重要意义"[1]。辩方还争论道,1929年6月26日,日本枢密院的一份关于《巴黎非战公约》的未发表的报告曾采纳这一观点,将自卫权延伸至保护其在中国的重要权利和利益,特别是满蒙地区。[2]

控方则拿出纽伦堡法庭的判决予以回应,即"对于以自卫名义采取的行动是侵略还是自卫必须最终依据调查和裁定"。[3]东京法庭认为,根据对《巴黎非战公约》对自卫权最自由的解释,也并没有授予诉诸战争国家对行动的正义性作出最后决定。根据有效性原则,任何对公约单方的解释都是无效的。但帕尔法官表示不赞同,他辩驳

---

[1]　中国国家图书馆东京审判数据库—庭审记录库,载国图网,http://mylib.nlc.gov.cn/web/guest/djsp/pdfplayer?id=E2D98C9C0E104E2D856777332B7BD63C&type=pdfinfo&module=theTrialRecord。

[2]　同上。

[3]　同上。

道,该公约中没有有关国际法庭裁决的规定,这一事实表明缔约国家没有打算将裁决即时反映问题的权利在其后留给国际法庭决定。帕尔认为,自卫权与主权不可分且不会"受暗示的影响"。

辩方认为日本是在以"自卫"形式反抗其他的国家,帕尔法官也认可这一主张,他认为"侵略"作为一种自助的形式,对"受殖民者控制国家"可能是必要的。[1]但这并不能解释日本征服中国或袭击美国的合法性,也不能解释日本对朝鲜、中国台湾等原来非殖民地人民的再度殖民化。勒林法官在审判后的访谈中曾说,"亚洲人的亚洲"观念拨动了帕尔的心弦。[2]但无论如何殖民主义的不道德不会破坏掉侵略的非法性。虽然当时国际法律的内部有冲突的价值观,但这些价值观不管怎样也无法将日本的战争暴行解释为具有正义性的"自卫"行为。

在一般人的认知中,侵略战争和违反条约的战争区别不大。伦敦会议上,美国提出侵略战争是一种犯罪时,法国担心反和平罪的定义被诟病,希望通过增加违反条约和保证使其更具追溯效力。[3]当讨论日本在袭击前未进行正式宣战时还是需要将两者区分开来的。

控方认为《海牙第三公约》曾要求进行宣战或以最后通牒条件宣战,但日本没有这样做。辩方强调说出兵中国东北曾被视为"短

---

[1] *Judgment of Justice Pal*, Neil Boister, Robert Cryer, eds., Documentson the Tokyo International Military Tribunal: Charter, Indictment, Judgments, Oxford University Press, 2008, p.909.

[2] B.V.A.Röling, *The Tokyo Trial and Beyond: Reflections of a Peacemonger*, ed. A. Cassese, Polity Press, 1993, p.54.

[3] Neil Boister, Robert Cryer, *The Tokyo International Military Tribunal: A Reappraisal*, Oxford University Press, 2008, p.119.

第七章 法庭对反和平罪的审理

期战争"进行,而关于珍珠港,在紧张的谈判背景下,日本关于谈判可能破裂的解释可被视为向美国及其盟友英国的宣战。实际的调查是,法庭发现没有必要对"警告义务"进行确切解释,因为约定本身就有些含糊不清。

东京判决书总结说,因为已经确定了实行侵略战争的共谋罪和实际执行侵略战争的罪行,所以没有必要再去考虑违反条约罪是否也已确认。[1]帕尔法官对此并不赞同,提出诸如《海牙第三公约》中的契约义务应该引入一条新的国际法则,即将没有宣战的战争都视为非法战争。[2]但勒林法官赞同法庭判决书的立场,在他的反对意见书中指出,对于日本侵略这一事实没有必要再调查其违反了哪条公约的条文。[3]

东京判决书认为禁止侵略战争的范围很广,已经包含了诸如《海牙第三公约》的相关条文禁例。鉴于条约本身与战争法则和惯例相比范围有限,上述观点似乎符合逻辑。但是有些条款的内容并非全都涉及战争的合法性,比如《九国公约》就只有部分内容与《巴黎非战公约》的内容相重叠。正如控方所指出的,这两种行为类型的列举潜在构成两种独立的反和平罪:一是一般意义上的侵略战争,二是违

---

[1] 《远东国际军事法庭判决书》,张效林节译,向隆万、徐小冰等补校译,上海交通大学出版社 2015 年版,第 585 页。

[2] *Judgment of Justice Pal*, Neil Boister, Robert Cryer, eds., Documents on the Tokyo International Military Tribunal: Charter, Indictment, Judgments, Oxford University Press, 2008, p.1002.

[3] *Röling Dissent*, Neil Boister, Robert Cryer, eds., Documents on the Tokyo International Military Tribunal: Charter, Indictment, Judgments, Oxford University Press, 2008, p.1002.

反了宣布特定情境中使用武力不合法的条约规定的战争。博伊斯特和卡莱尔教授就认为东京判决书忽视这一区别是一件憾事，因为对于合法的武力使用而言可能依然在部分地区被禁止，至少从概念上等同于反和平罪。[1]

2. 违反国际法

《东京宪章》在反和平罪的定义中增加了"违反国际法"的内容，表示除了国际公约和协议之外，东京法庭还要突出强调反和平罪在国际法上的认同。这一观点在纽伦堡时期就得到史汀生、罗斯福和杰克逊等人的提倡而成为审判理念的一个前提。但《纽伦堡宪章》中并未言明《巴黎非战公约》等"法的约束力"，在这一点上《东京宪章》中进行了补足。

检方指出，依靠法庭成立时的法律文件作为直接依据已经足够认定侵略战争是国际罪行，但在论证时检方提及了更多的依据证明侵略或违反条约的战争已经违反了国际法。其中，最依赖的当属《白里安公约》，检方认为1928年所有文明国家均已宣布将战争视为违法行为，这意味着侵略战争不合法是国际法的一般原则。因此，检方在起诉书的时间范围上也与《巴黎非战公约》的生效日期保持了一致，将起诉的时间起点上溯至1928年1月1日，因此公约就对"起诉书中提到的关于日本的所有相关时间都具有约束力"。[2]

辩方也围绕对《巴黎非战公约》的解释展开了反驳。辩护团团长高柳贤三提出，公约并没有言明侵略战争是"犯罪"，反和平是在

---

[1] Neil Boister, Robert Cryer, *The Tokyo International Military Tribunal: A Reappraisal*, Oxford University Press, 2008, p.121.

[2] 另一种说法是，将起诉的起点定为1928年是由于"皇姑屯事件"导致日本入侵东北的实际举动。

第七章　法庭对反和平罪的审理

伦敦会议上首次形成的,这应当被视为"事后法",违反了"法无明文规定不为罪"这一所有法律的基本原则。退一步说,即便侵略战争的确在国际法中视作犯罪行为,被告人也只是代表国家行使职责,不能追究他们个人的刑事责任。[1]

东京法庭则表示,它除了受《东京宪章》的约束之外,还援引纽伦堡法庭的审判为先例,"宪章并非战胜国方面权力之武断的行使,而是宪章颁布制定时现行国际法的表现"。[2]纽伦堡法庭认为,《巴黎非战公约》无条件放弃将战争作为国家政策工具的权力,将战争作为国家政策工具的做法在国际法中一定是非法的,因此发动侵略战争的计划者和实行者会因这样做而犯下罪行。东京法庭也同样重视《巴黎非战公约》的法律效力,通过该公约来确立侵略战争的犯罪性质。法庭认定:侵略战争在国际法上犯罪,对个人可追究侵略战争的刑事责任。

(二)主观要件

主观要件的要求在于,共谋以及计划、准备、发动和实行侵略战争,必须是故意实施的。尤其是,行为人必须知道战争的侵略目的,并且仍然继续进行战争的计划、发动和实行。如果行为人知道了战争的目的后仍然实施行为,那么他就是把这些目的作为自己的目的加以采纳,并且是以攻击的故意实施行为的。在行为人方面的目的是不需要的。

---

[1] 高柳賢三:『東京裁判と国際法』,有斐閣,1948,27—63頁。
[2] 《远东国际军事法庭判决书》,张效林节译,向隆万、徐小冰等补校译,上海交通大学出版社2015年版。

值得注意的是,在纽伦堡,纳粹领导人们和东京审判的被告人几乎使用了同样的辩护手段,而纽伦堡法庭也驳回了辩方的所有主张。纽伦堡法庭的立场十分明确:(1)"法无明文规定不为罪"的法律格言是普遍的正义原则,辩护方抛出的所谓"禁止事后法"的逻辑企图逃脱法律追究与作为法律基石的正义原则是互不相容的,根据《巴黎非战公约》侵略战争在国际法上依然是犯罪,因此事后法的批评无论如何是不成立的;(2)有关战争的法律不仅仅是条约和协定,还是国家间逐渐形成并成为普遍认识的习惯、惯例以及法学家和军事审判所认可的一般性正义原则,国际法由成文法和习惯法而来,将侵略战争犯罪化的"反和平罪"在法理上不可驳回;(3)对一方面完全知晓国际法、一方面又发动侵略战争之人,完全可以向其追究个人刑事责任,并且不因为其是政府高官而免责。[1]

可以说,有关反和平罪的法律争论在纽伦堡法庭上都已得到解决。两年后,东京审判完整因袭了纽伦堡的判决和法理,两个法庭在有关反和平罪的法律解释上保持了一致性。但有关东京审判中适用反和平罪是"事后法"的批判延烧至今,实为不该,也实属异常。[2]在这里不妨引用户谷由麻教授的一句话:"倘若有对非战公约或事后法原则持有异议者,其矛头应首先指向作为先例的纽伦堡而不是东京。但是,战后的审判争论中围绕事后法问题遭到批判的却是东京审判,而纽伦堡判决几乎没有成为话题。"[3]

---

〔1〕 Nuremberg Judgment, p.40.

〔2〕 参见徐持:《论东京审判管辖权之争应当终结》,载《山东警察学院学报》2017年第2期。

〔3〕 Totani Yuma, *The Tokyo War Crimes Trial: The Pursuit of Justice in the Wake of World War II*, Harvard University Asia Center, 2008, p.107.

第七章 法庭对反和平罪的审理

三、共谋反和平罪

(一)共谋与计划、准备侵略战争

在反和平罪项下,宪章列举出5项犯罪形态。包括计划、准备、发动及实行侵略战争或违反国际法、条约、协定或保证之战争。除此4项外,为达到上述目的而参与共同计划或共谋也包括在内。起诉书根据宪章控告以上各项罪行并根据宪章中的其他规定而控告其他各种罪行。实行侵略战争或非法战争的共谋罪发生于2人或2人以上同意执行这类犯罪之时。其后,为推行此项共谋继续进行战争的计划和准备。在此阶段上的参加者,可以分为最初的共谋者或以后的参加者。如果后者赞成共谋的目的,并为其实现进行计划和准备,那么他们就是共谋者。

检方提出的第1—5项诉因与共谋相关:

表6 共谋反和平罪诉因表

第一组 反和平罪	
诉因1	1928年1月1日—1945年9月2日,对东亚、太平洋和印度洋区域发动战争的共谋
诉因2	1928年1月1日—1945年9月2日,对中国东北发动战争的共谋
诉因3	1928年1月1日—1945年9月2日,对全中国发动战争的共谋
诉因4	1928年1月1日—1945年9月2日,对美国、英联邦国家、法国、荷兰、中国、葡萄牙、泰国、菲律宾及苏联发动战争的共谋
诉因5	1928年1月1日—1945年9月2日,对诉因1地区与诉因4国家发动战争的日德意三国共谋

控方提出的第6—17项诉因与"计划和准备"侵略战争和违反

条约战争有关:

表7 计划、准备侵略战争和违反条约诉因表

诉因 6	1928年1月1日—1945年9月2日,对中国发动战争的计划和准备
诉因 7	1928年1月1日—1945年9月2日,对美国发动战争的计划和准备
诉因 8	1928年1月1日—1945年9月2日,对英联邦国家发动战争的计划和准备
诉因 9	1928年1月1日—1945年9月2日,对澳大利亚发动战争的计划和准备
诉因 10	1928年1月1日—1945年9月2日,对新西兰发动战争的计划和准备
诉因 11	1928年1月1日—1945年9月2日,对加拿大发动战争的计划和准备
诉因 12	1928年1月1日—1945年9月2日,对印度发动战争的计划和准备
诉因 13	1928年1月1日—1945年9月2日,对菲律宾发动战争的计划和准备
诉因 14	1928年1月1日—1945年9月2日,对荷兰发动战争的计划和准备
诉因 15	1928年1月1日—1945年9月2日,对法国发动战争的计划和准备
诉因 16	1928年1月1日—1945年9月2日,对泰国发动战争的计划和准备
诉因 17	1928年1月1日—1945年9月2日,对苏联发动战争的计划和准备

这些指控建立了一个包含广泛、能覆盖大量地理和历史空间的网。它们都是侵略的早期形式,检方在这12项诉因中都使用了"计划和准备",说明这二者很难进行区分,从字面意思来看它们可以说都是"准备"的子集。[1]这些指控是一种创新:"准备"或预备在普通法规中本身不是一种犯罪,除非是反国家罪如叛国罪等。

控方在审判中避免定义"参与计划和准备"这些术语是什么意

---

[1] Neil Boister, Robert Cryer, *The Tokyo International Military Tribunal: A Reappraisal*, Oxford University Press, 2008, p.141.

第七章 法庭对反和平罪的审理

思。在判决中,法庭认为共谋可以涵盖计划和准备侵略战争,因此,虽然不质疑它们的有效性,但也决定不对这些诉因定罪:"鉴于全体被告均以阴谋罪被起诉,我们认为对于或将判为阴谋罪的被告,不必再判以计划和准备侵略战争罪。换句话说,虽然我们对起诉事实的合理性并无疑问,但是对于或将判为阴谋罪的被告,不必再按第6项至第17项罪状考虑定罪。"[1]

这一点区别于纽伦堡审判。纽伦堡区分了"共谋计划、准备、发动和实行侵略战争"与"计划、准备侵略战争"。前者意味着长期的计划和准备,旨在充分授权国家实行战争,后者是具体的计划和准备。这种区别有可能实现,是因为《纽伦堡宪章》的规定是"共谋计划、准备、发动和进行侵略战争",而《东京宪章》的规定是共谋实行侵略战争。

哈那尼拉法官批评判决书对这些罪项缺乏考虑,忽略这些诉因意味着犯有共谋罪所有被告人也同时犯有计划和准备侵略战争罪,但它们在宪章中是彼此独立的违法行为,而且它们的行为表现和有责程度都是不同的。[2]伯纳德法官对反和平罪构成的分析采取了类似的观点。他认为行为有三个阶段——设想、准备和完成,因此,他认为有三种反和平罪:共谋—计划和准备—发动和实行。他认为计划和准备比共谋更严重。在他的反对意见书中,他认为二者应该加以区分,因为一个人可能通过协议成为共谋的一方,也可以通过接受

---

[1] 《远东国际军事法庭判决书》,张效林节译,向隆万、徐小冰等补校译,上海交通大学出版社2015年版,第18页。

[2] Jaranilla Opinion, Neil Boister, Robert Cryer, eds., Documents on the Tokyo International Military Tribunal: Charter, Indictment, Judgments, Oxford University Press, 2008, pp.650-652.

共谋从而进行计划和准备。[1]

东京判决书认为计划和准备可作为共谋的一种早期犯罪,虽然正如伯纳德所暗示的那样,计划和准备更接近实质性犯罪,因此更有害。但法庭对计划和准备侵略战争进行检证却并不成功,战前日本采取了一系列措施以便增强其发动战争的潜力,但很难证明这些措施在什么时候变成了一场侵略战争的预备步骤。

(二)共谋反和平罪的认定

共谋的第 1 项诉因是对日本反和平罪的一个概括,也是检方最为重视的一项。据此诉因,日本 1928 年到 1945 年间发动的对亚洲太平洋地区的侵略战争存在着共谋,28 名被告全员包括其中。该条诉因着眼于"计划、准备、发动或实行一场经宣战或不宣而战之侵略战争,或违反国际法、条约、协定或保证之战争",目的在于"攫取东亚、太平洋、印度洋地域以及境内所有国家和岛屿在陆海双方在军事、政治、经济上的资源"。此外,被告还"协同其他未受起诉的数人作为领导者、组织者、实行者也就是共犯,参与了共同计划,即共谋"。尽管该条诉因的字面意思曲折迂回,确是检方尽可能忠实地根据法庭宪章规定而作成的结果。

剩下的 4 个共谋诉因内容基本一样。不过相对于第 1 条诉因为达成单一目标而就共谋进行总括性的主张,余下 4 个诉因都有各自的目标,形成 4 个共谋。这显示出诉因 1 和其他 4 个诉因相互补充

---

[1] Neil Boister, Robert Cryer, eds., *Documents on the Tokyo International Military Tribunal: Charter, Indictment, Judgments*, Oxford University Press, 2008, p.665.

第七章 法庭对反和平罪的审理

的关系：在前者没有明确的情况下，由后者向法庭一一说明。[1]

有关东京法庭对共谋认定的问题在第五章已经多有述及，此处特别强调需要注意的两点：一是，根据户谷由麻教授的研究，东京判决书在确立共谋的同时又详细记录了日本政府在战争计划上没有保持一贯性的事实。其结果就是判决书中还有一个与共谋不相吻合的战争史观——这个史观与纽伦堡有相似之处。这种不统合性却没有在判决书里得到妥善解决，这意味着从不同的视角看东京判决包含了两种"东京审判史观"，此后关于审判的讨论恐怕应该也注意到了这一点而屡起争执。[2]二是，在对有关中国部分进行裁决之时，法庭对1931年九一八事变爆发时的军事局势进行了相当仔细的检证，这是由于检方将进攻东北作为日本发动侵略战争的第一步，并将它和之后对中国、东南亚和太平洋地区的军事行动关联起来，确立起战争侵略性质。

第二次世界大战事实上由两场战争组成：一场在欧洲和大西洋，一场在亚洲和太平洋。二战究竟起源于何时何地？对欧洲来说，二战开始于1939年9月1日德国闪击波兰；对于美国人而言，1941年12月7日的珍珠港偷袭把他们"炸"入了太平洋战争；但对于中国和日本来说，1931年9月18日的"奉天事变"，即九一八事变，引发了日本对中国漫长、持久、残忍的15年侵略战争。在1931年，日本似乎能行侵略之举而无须担心西方列强的插手，为什么后来一步步走向对抗多国联盟的境地，并最终在东京法庭上接受多国审判？

---

[1] Totani Yuma, *The Tokyo War Crimes Trial: The Pursuit of Justice in the Wake of World War II*, Harvard University Asia Center, 2008, p.100.

[2] Ibid., p.102.

在检视这一问题时,有学者研究认为,应把第一次世界大战和第二次世界大战联系起来分析,从中日战争的角度,甚至应把两次世界大战作为一体,并进而同中日甲午战争放在一起透视。[1]换言之,第二次世界大战是从1894年中日甲午海战到1945年日本战败并无条件投降这50多年战争的重要组成部分。日本通过第一次世界大战一举成为世界强国,在巴黎和会上跻身世界五强,战后地位大大提升,势力膨胀。在某种程度上可以说,正是日本在一战中的巨大成功,推动其在1931年发动九一八事变,在1937年发动卢沟桥事变并全面侵华,深陷第二次世界大战的旋涡。

东京法庭确认日本发动对美、英、法、荷(A、B、C、D四国)的战争的原因在于其对中国的军事介入(以九一八事变为发端),这一点十分重要。事实上,东京法庭的判决是以中日战争和太平洋战争之间的因果关系为中心明确了日本的战争责任。20世纪60年代后半期开始出现的"十五年战争"以及20多年来形成的"亚洲太平洋战争"的概念都在日本国内广泛流传开来。前者以1931年9月的九一八事变作为太平洋战争的发端,强调战争持续了15年。与之相对的后者则着眼于中日战争和太平洋战争的空间关联,将"亚洲"和"太平洋"并立。不管哪个概念都以日本对中国的军事攻击作为太平洋战争的诱因,可以说这成了今天历史学的主流解释。[2]

---

〔1〕 参见[美]入江昭:《第二次世界大战在亚洲及太平洋的起源》,李响译,社会科学文献出版社2016年版。

〔2〕 Totani Yuma, *The Tokyo War Crimes Trial: The Pursuit of Justice in the Wake of World War II*, Harvard University Asia Center, 2008, p.118-119.

四、实行侵略战争罪

检方提出的第 18—26 项诉因与"发动"各种侵略战争或违反条约战争相关：

表 8　发动侵略战争或违反条约战争诉因表

诉因 18	1931 年 9 月 18 日，发动对中国东北的战争
诉因 19	1937 年 7 月 7 日，发动对中国的战争
诉因 20	1941 年 12 月 7 日，发动对美国的战争
诉因 21	1941 年 12 月 7 日，发动对菲律宾的战争
诉因 22	1941 年 12 月 7 日，发动对英联邦国家的战争
诉因 23	1940 年 9 月 22 日，发动对法国的战争
诉因 24	1941 年 12 月 7 日，发动对泰国的战争
诉因 25	1938 年 7—8 月，在哈桑湖地区发动对苏联的战争
诉因 26	1939 年夏，在哈拉哈河地区发动对外蒙古的战争

这些诉因都涉及时间和地域，但与"计划和准备"的诉因不同，这些诉因均指控是既遂的行为。鉴于"实行"战争指控必然需要包含"发动"战争，毫不奇怪，判决书合理归并了发动和实行战争，因此，并未将第 18—26 项诉因纳入法庭的考虑。由此，"实行侵略战争"成为至关重要的实质性反和平罪。

（一）侵华战争

第二次世界大战的所有战场中，中国战场遭受的侵害最多、持续时间最长，所以围绕侵华战争罪行的庭审内容也最多。检方以九一八事变和卢沟桥事变为标志，把日本侵华战争罪行分为"侵略中国东北"和"侵略全中国"两段历史进程,为此设置了两个举证阶段。为了应对检控,辩方也针锋相对地设置了侵略中国东北和侵略全中国两个反证阶段。1946年7月和8月,由检方先行展开"侵略中国东北"和"侵略全中国"举证阶段,待到1947年3月,由辩方依次开始了"侵占中国东北"和"侵略全中国"反证阶段。于是,1931—1945年日本侵华战争在庭审中被分割成了两部分。

检辩双方在这四个阶段里的攻防,主要围绕反和平罪——即日本对中国的侵略罪行——展开,涉及相关被告在战前的准备筹划、策动诸如地区独立等各种侵略行为、战争爆发的内幕、各战役的经过等方面,还包括日本对占领地区的经济管制和资源掠夺。检方认为日本发动的侵华战争,既侵入并占领了他国领土,也违背了诸如1919年《国联盟约》、1922年《九国公约》、1928年《巴黎非战公约》等国际协议,所以这些罪行完全符合反和平罪的定义。

对于侵华战争的前一段,检方重点对九一八事变的爆发及经过进行举证。主张从1927年夏天"田中奏折"到1935年秋冬"华北自治运动"期间,日本军政高层和关东军军官密谋策划并实施了一系列侵略行动。通过这些侵略行动,日本自沈阳开始渐渐蚕食整个东三省、热河乃至蒙疆和华北,并扶植伪满洲国,分裂中国东北。而辩方反证的内容和主张大体上与检方的举证相反。如其辩称,"三国干涉还辽"[1]剥夺了日本对辽东半岛的"合法主张"。又辩称,此后日本始终为了捍卫自己在中国东北的权益而努力,且充分照顾了中国的主权。中国东北关系到日本的核心利益,而北伐战争期间中国国内

---

〔1〕 指1895年《马关条约》6日后,俄、德、法三国通过外交斡旋"劝告"日本将辽东归还中国一事。

第七章　法庭对反和平罪的审理

日益高涨的民族主义和排日运动、动荡的局面以及苏联在外部的支配地位等,都让日本的这一权益受到威胁。日方甚至辩称,九一八事变的爆发是一个意外而非日本蓄意为之。事变发生后,上到东京,下到关东军,都尽力勒马。而事态之所以发展到不可控制,主要是张学良等部的问题。还辩称,"满洲""独立建国"有其历史渊源,也是当地人的自发之举,"满洲国"不是日本的傀儡,也不是日本进一步侵略中国的基地。[1]

对于侵华战争的后一段,检方举证的重点在于卢沟桥事变的爆发及经过、中日战争的全面爆发至太平洋战争爆发期间中日两国发生的各大战役。检方认为日本通过策划并实施这些战役,侵占了中国东部的大部分领土。而辩方辩称,中国共产党鼓动的反日运动才是中日爆发全面战争的原因。在卢沟桥事变爆发后相当一段时间内,日军始终秉持不扩大方针,是中国军队的主动攻击才让事态不可收拾。直至八一三淞沪战役前后,日本仍在寻求遏止局势恶化的可能。至于日本在中国各地扶植的几个"新政权",则都是为了维持和平与秩序。辩方力图向法庭证明,中日矛盾一步步激化,中国方面需承担主要责任。

法庭的判决驳回了辩方的主张并采信了检方的主张。判决书写道:"有足够数量和确凿的证据显示'奉天事变'系经参谋本部军官、关东军军官、樱会成员及其他人等事先周密策划。包括被告人桥本欣五郎在内的数名参与计划者在不同场合下承认了自身在计划中所

---

[1] 参见程兆奇主编:《远东国际军事法庭庭审记录·中国部分——侵占东北辩方举证(上)》,韩华译,龚志伟校,上海交通大学出版社、国家图书馆出版社2016年版。

扮演的角色,表示这一'事变'的目的在于为关东军占领满洲提供口实,建设日本所希望的'王道'新国家。"法庭认定日本进一步挑起卢沟桥事变,把手伸向中国大陆也是长期密谋的结果。也就是说,日本方面所谓"满洲事变"和"中国事变",在法庭看来是一场自1931年9月18日始至1945年9月2日终的侵略战争。这15年间日本谋划并实施的各个战役、冲突和分裂中国、侵占中国领土的行径,都是为了一个一以贯之的目的,每一步都为后一步做准备。在这一设定下,15年间有如走马灯般的日本政界和军界高层,以及侵华军队的指挥官、特务机关负责人,但凡作出过侵略中国的计划、决议和做出实际行动者,均符合共谋和实施反和平罪的标准。

(二)太平洋战争

日本对欧美及其亚洲太平洋地区殖民地的武力攻击和军事占领,以1941年12月7日日本联合舰队偷袭珍珠港为明确开端,尽管之前日本就已对东南亚开始了行动。日本自从发动九一八事变和卢沟桥事变以后,整个国家机器一步步滑向太平洋战争。这条历史道路是客观存在的事实,无可争辩。于是,双方的辩论聚焦于导致太平洋战争爆发的根本因素这一问题上,即究竟是日本人的主观意志,还是外部的客观"压迫"。法庭审理的重点围绕被告对侵略战争的共谋、计划和筹备罪行展开,涉及的主要历史事件几乎都发生在珍珠港事件之前。

法庭确认的事实有:日本从1941年12月7日开始,对夏威夷、关岛、菲律宾、中国香港地区、中国上海市、英属马来亚为中心的盟军军事设施进行武力打击,并在此后数月间在太平洋地区发动了广泛的军事攻击。法庭上检方主张这一系列军事行动构成了日本对英联邦、

第七章　法庭对反和平罪的审理

荷兰、菲律宾、泰国和美国的侵略战争之始。但法庭最后只接受了日本对英联邦、荷兰和美国实行了侵略战争三个诉因,驳回了另外两个。

检方在审理中主张日本政府领导人故意违反1907年的《海牙第三公约》,计划对美国发动偷袭,并为此立证进行多番努力。《海牙第三公约》里包含了国家有实现进行宣战声明的义务的内容。负责珍珠港事件的美国检察团就是以日本违反该公约为依据确立其日本对美战争的侵略性质。

不过法庭却认定1907年《海牙第三公约》对决定珍珠港袭击一事的法律性质没有实际作用,驳回了美国检察官的主张。根据判决书内容,法庭认为"毫无疑问,根据海牙公约,在开始敌对行为之前,负有预先作明确警告的义务。但从警告到开始敌对行为之间,究竟应有多长时间,并不明确",因此该公约"既然有作狭义解释的可能,那么寡廉鲜耻的人就会企图一方面不违反解释的义务,同时使他们的攻击确实能达到突袭的目的",也就是说由于海牙公约存在不完备之处,所以也就不能一味拘泥于其内容。[1]

法庭这一裁定让美国检察团大失所望。根据日暮吉延的研究,季南就对这部分判决内容表达了不满。自珍珠港袭击以来,美国舆论便将这一事件视为国际伦理中的背信弃义行为,因此也不难想象美国代表团执意希望这一论断能在东京法庭上作为史实确立起来。但不管美国意图如何,法庭在对美战争是否具有侵略性的问题上并不以"是否存在偷袭"为关键,而是看中太平洋战争爆发前中日战争

---

[1]《远东国际军事法庭判决书》,张效林节译,向隆万、徐小冰等补校译,上海交通大学出版社2015年版,第497—498页。

的进一步深化。[1]

据判决书认定的事实关系来看,日本领导人对于批判日军在中国行动的西方各国十分不满。1941年末东条内阁成立后,政府就决定放弃寻求和平解决的途径,代之以武力对抗英美的压力,继续在中国一贯的政策。法庭以这一事实为中心,确立起了日本对美战争的侵略性质。即日本执意对中国继续军事占领和侵略成了确定其对英美的战争是否属反和平罪的要素。

另外,辩方在审判中主张日本是迫于盟国的经济封锁,不得已才开始自卫自存的防卫战争。[2]但法庭也驳回了这一论断,解释如下:"与辩方的主张相反,日本对法国的侵略行为以及对英国、美利坚合众国和荷兰的攻击的动机是为了反对他们对中国的一切援助,中国正在与日本的侵略进行斗争,侵略动机还包括将日本南面各个邻国的领土划归己有的欲望,这些事实都已通过明白的证据加以立证。"

(三)入侵苏联

日本对苏联和外蒙古的军事侵略,是除了侵华战争和太平洋战争之外,法庭审理的事关反和平罪的另一段历史。相对前两者,围绕它的庭审时间短、审理内容少。检方强调,日本对苏联的侵略是其整个对外侵略的一个组成部分。日本侵占中国东北,主要是为了扩张领土和掠夺资源,但也希望将它作为对苏战争的跳板。九一八事变爆发后,北向侵略苏联远东地区的计划,就已成为某些被告的议案。

---

[1] Totani Yuma, *The Tokyo War Crimes Trial: The Pursuit of Justice in the Wake of World War II*, Harvard University Asia Center, 2008, pp.116-119.

[2] 中国国家图书馆东京审判资源库—庭审记录库,载国图网,http://zxsl.nlc.cn/jeecms/djsp.jhtml。

第七章　法庭对反和平罪的审理

检方主张张鼓峰事件与诺门罕事件为日本的侵略战争，但辩方辩称"这些作战行为均为单纯的国境事件，因界限不明而起。所以仅仅是两国对峙的国境守备队之间的冲突"，抛出这两桩事件为代表的军事行动乃系日满"自卫"的观点，否定其侵略性质。辩方还主张日苏于1941年缔结中立条约，故两国间争议此时已一并解决，东京法庭等第三方无权置喙。

但法庭并未接受，法庭认为，首先，法庭判定日本事前就做好了这两件国境线争端的战争计划和准备，驳回了辩方关于自卫战争的主张。其次，关于法庭管辖权的问题，法庭的立场是"作为辩方辩论基础的以上三个协定（两个停战协定和中立条约），都不包含免除特权"，这几个协定中未决之反和平罪的刑事责任问题交由东京法庭研究解决不存在任何问题。[1]

当今国际社会已逐渐接受侵略战争在国际法上是犯罪行为的观点，战争法观已发生根本转变，这与纽伦堡和东京审判的贡献密不可分。两大审判的首要目标就是使侵略战争的犯罪性质在国际法庭上得到确认[2]，东京审判更是以反和平罪的审理为核心。东京法庭对反和平罪的定义、辩论、解释和法律适用，使得反和平罪逐渐成为具有实际操作性的国际刑法的重要概念。

至今，国际社会仍未就反和平罪延伸发展出的"侵略罪"的内涵达成共识。尽管德日两国都将禁止侵略行为纳入宪法框架内（《德国基本法》第26条，《日本宪法》第9条），英国上议院也赋予禁止侵略

---

[1]《远东国际军事法庭判决书》，张效林节译，向隆万、徐小冰等补校译，上海交通大学出版社2015年版，第423页。

[2] Totani Yuma, *The Tokyo War Crimes Trial: The Pursuit of Justice in the Wake of World War II*, Harvard University Asia Center, 2008, p.31.

战争以习惯法上的价值,但是其在多大程度上能够真正起到实体法的作用尚存疑问,毕竟日本跃跃欲试地要取消宪法第9条。

一方面,由于"战争权"对于国家民族的存亡有着举足轻重的意义,无论大国小国都不肯轻易"授人以柄";另一方面,也说明对于反和平罪以及侵略罪的法律探讨仍有许多疑难问题没有解决。为此,在武装冲突频仍、正义谜题辩难不断的今天,回溯源头,检视东京法庭对反和平罪的审理就具有格外紧迫的必要性。

今天,纽伦堡和东京的宪章,以及明确这个犯罪的这些国际法庭的判决,组成了将侵略战争加以犯罪化的基础,是建立起发动侵略战争是犯罪的这种国际社会在法治上所需要的行为的出发点。在1946年12月11日的联合国大会第95(1)号决议中,发动侵略战争的犯罪性得到了明确的"肯定"。因此,国际社会表明了这样的观点:这种犯罪的有效性是一般性的,并不仅限于二战的轴心国。后来,《联合国侵略定义》第5条第2款第1句和所谓的《和平关系宣言》第一原则第2点,都明确地把侵略战争定义为一种侵害国际和平的犯罪。1991年和1995年国际法委员会提交了两份报告,每一份都包含了侵略罪。最后,在《罗马规约》中包括侵略罪,是一种相信其在习惯性国际法项下具有犯罪性的表示,而纽伦堡和东京审判就是迄今为止最为重要的先例。

第八章

法庭对战争罪的审理

从东京审判的判决来看,有7名被告人被判处死刑[1]。虽然前文已经阐述,反和平罪是东京审判的核心,但反和平罪却并不是这7名被告人被判极刑的原因,因为全体被告人中,仅以反和平罪被起诉并判定有罪的没有一人被宣告死刑,而是被判处无期或有期徒刑。相反,因战争罪被起诉并被法庭认定有罪的被告人全部被判处死刑,包括唯一的一名文官广田弘毅。同样的量刑逻辑也存在于纽伦堡法庭,两个法庭都认为战争暴行相对于反和平罪更值得科处最严厉的刑罚。

表9　A级战犯定罪量刑表[2]

被告人	被诉诉因	有罪认定诉因	量刑
荒木贞夫	1—19,23,25—36,44—47,51—55	1,27	终身监禁
土肥原贤二	1—44,51—55	1,27,29,31,32,35,36,54	死刑

---

〔1〕 这7名被判处死刑的被告人分别为:土肥原贤二、广田弘毅、板垣征四郎、木村兵太郎、松井石根、武藤章、东条英机。

〔2〕 根据[日]日暮吉延《东京审判的国际关系》,程兆奇、龚志伟、赵玉蕙编著《东京审判研究手册》等制成。

续表

被告人	被诉诉因	有罪认定诉因	量刑
桥本欣五郎	1—19,27—32,34,45—47,53—55	1,27	终身监禁
畑俊六	1—17,19,25—32,34—36,44—45	1,27,29,31,32,55	终身监禁
平沼骐一郎	1—47,51—55	1,27,29,31,32,36	终身监禁
广田弘毅	1—17,19—25,27—35,37—47,52—55	1,27,55	死刑
星野直树	1—17,19—25,27—35,37—44,52—55	1,27,29,31,32	终身监禁
板垣征四郎	1—19,23,25—36,44—47,51—55	1,27,29,31,32,35,36,54	死刑
贺屋兴宣	1—17,19—55	1,27,29,31,32	终身监禁
木村兵太郎	1—17,20—22,24,27—32,34,37—44,53—55	1,27,29,31,32,54,55	死刑
木户幸一	1—17,19—54	1,27,29,31,32	终身监禁
小矶国昭	1—18,26—32,34,36,44,48—51,53—55	1,27,29,31,32,55	终身监禁
松井石根	1—17,19,25—32,34—36,44—47,51—55	55	死刑
南次郎	1—18,27—32,34,44,53—55	1,27	终身监禁
武藤章	1—17,19—24,26—34,36—47,51,53—55	1,27,29,31,32,54,55	死刑
冈敬纯	1—17,20—22,24,27—32,34,37—44,53—55	1,27,29,31,32	终身监禁

第八章 法庭对战争罪的审理

续表

被告人	被诉诉因	有罪认定诉因	量刑
大岛浩	1—17，20—22，24，27—32，34，37—44，53—55	1	终身监禁
佐藤贤了	1—17，20—22，27—32，34，37—44，48—50，53—55	1，27，29，31，32	终身监禁
重光葵	1—18，23，25，27—35，44，48—50，52—55	27，29，31，32，33，55	7年有期徒刑
岛田繁太郎	1—17，20—22，24，27—32，34，37—44，53—55	1	终身监禁
白鸟敏夫	1—17，27—32，34，44	1	终身监禁
铃木贞一	1—17，19—22，24—32，34—47，51—55	1，27，29，31，32	终身监禁
东乡茂德	1—17，20—22，24—32，34—44，51，53—55	1，27，29，31，32	2年有期徒刑
东条英机	1—24，26—34，36—44，48—55	1，27，29，31，32，33，54	死刑
梅津美治郎	1—19，26—32，34，36，44—51，53—55	1，27，29，31，32	终身监禁

为什么会出现这样的结果呢？对照前文回顾东京审判政策的确立就可以清楚地看到，战争中的残虐行为本来就是引发各国领导人和大众舆论同仇敌忾、决心对侵略国施加国际刑事审判的最重要原因。后来，由于和平、法治和秩序三大价值的相互作用，尤其是决不饶恕实现正义的诉求和法的追诉逻辑的要求之间的制衡，其结果就是确立了以侵略战争犯罪化的反和平罪为逻辑起点，嵌套追究战争中的违法暴行和反人道行为的战争罪和反人道罪的罪名结构。

反和平罪肩负实现侵略战争犯罪化，树立追诉这一犯罪实体标准的任务，因此必然成为法庭关注的焦点，又由于反和平罪的法理在当时还没有被广泛认知，因此检辩双方和法官们都花了大量时间论辩其法理，对争议问题进行攻防和裁判，因而在公众印象中更为旷日持久和辩难不断。然而事实上，正是由于确立标准的谨慎性和罪名法理尚待发展成熟，使得法庭在反和平罪上并不倾向于适用重刑，在量刑上格外小心。

战争罪历史悠久，几乎可以算是国际人道法、国际刑法中最古老的内容。内涵和外延相对清晰，行为及其恶害非常直观，容易获得更大的认同。就连东京法庭被告人无理也要辩三分的豪华律师团在这些显而易见的暴行证据面前，也不得不承认，这些残虐事实的确发生了，无可辩驳。可辩论者，无外乎法律依据是否严密、归责是否成立和恰当而已。

由此，本章对东京审判战争罪审理的检视，分为以下几个部分：

第一，基于《东京宪章》规定三个罪名与控方提出三类诉因的差别，以及它们与法庭实际宣判罪名的差异，论述战争罪与谋杀罪、战争罪与反人道罪的联系和区别，厘清三者的界限，总结法庭在罪名选择上的考量因素和逻辑。

第二，战争罪作为最为古老的国际罪行之一，在东京审判中，正式得到国际刑事司法裁判认可的法律依据为何，总结东京审判审理战争罪的实体法律基础是否坚实。

第三，从保护法益、国际性因素、违反战争法和战争惯例、危害行为等物质性要件、心理要件几个方面，分析战争罪的构成，并尝试总结东京法庭认定被告人构成战争罪的三种个人责任形式："直接责任"、基于"不作为"理论的"内阁责任"和"指挥官责任"。

第八章 法庭对战争罪的审理

第四,考察东京法庭战争罪审理的若干证据问题,包括对证据规则的实际运用、检方的立证策略、辩方的质证侧重、法庭的采证原则等问题。

一、罪名辨析:杀人罪与战争罪

(一)起诉杀人罪的原因

《东京宪章》规定东京法庭管辖三类罪名:反和平罪、战争罪、反人道罪。但是,在实际诉讼中,一个明显的特别之处就是检方以杀人的诉因(Murder)对被告人进行了起诉。杀人本身在纽伦堡法庭或任何以前的战争审判中只是作为犯下战争罪行或反人道罪的一种手段,但是,这并未阻止控方将杀人作为一项罪名进行控告。控方的理论比较简单,在非法战争中杀戮就构成杀人罪,因为战争本身就是最严重的犯罪。

起诉书的37—52项是对杀人罪的指控。其中第37—43项诉因指控被告人"于1941年12月7日和8日的和平期间在珍珠港、哥达巴鲁、香港、上海和达沃命令、授权和允许武装袭击"。

表 10　杀人罪诉因表(太平洋战争)

诉因 37	1940年6月1日—1941年12月8日,对美国、菲律宾、英联邦国家、荷兰及泰国宣战前,谋杀军人和平民的共谋
诉因 38	1940年6月1日—1941年12月8日,对美国、菲律宾、英联邦国家、荷兰及泰国宣战前,谋杀军人和平民的共谋(与诉因37在细则上有差异)
诉因 39	1941年12月7日,攻击珍珠港,谋杀美国军人和平民
诉因 40	1941年12月8日,在马来半岛哥达巴鲁谋杀英联邦国家军人

续表

诉因 41	1941 年 12 月 8 日,在香港谋杀英联邦国家军人
诉因 42	1941 年 12 月 8 日,在上海谋杀英联邦国家军舰 Petrel 号上的 3 名军人
诉因 43	1941 年 12 月 8 日,在菲律宾达沃谋杀美国和菲律宾军人及平民

从这些诉因中可以清晰地看到珍珠港事件的影响。前已述及,麦克阿瑟憎恨没有进行宣战的珍珠港偷袭,把处罚东条等人视为自己的义务所在。他强烈赞同1944年9月成立的美国法务总监部(JAG)[1]及其总监密朗·克拉默(Myron C.Cramer)的主张,克拉默认为珍珠港事件是"违反《海牙第三公约》的对美国的不忠实的敌对行为",可在战争犯罪范畴将其责任者判定为有罪。作为职业军人的麦克阿瑟的确对改革传统的战争犯罪处罚方式十分反感,但另一方面,又很难在战时法则范围内追究东条对珍珠港的责任,于是,JAG的构想就成了最适当的方案。[2]

第44—52项诉因为"命令、授权或允许日本武装军队非法袭击中国、外蒙古和苏联,非法谋杀了大量的士兵和平民"。

---

[1] 1944 年 9 月 25 日,美国法务总监部(Judge Advocate General,JAG)成立,后来应 UNWCC 要求,于 1944 年底将 JAG 下设的"战争犯罪部"(War Crime Division)同时设立为美国国家战争犯罪办公室,负责为 UNWCC 提供信息。1945 年 3 月 22 日,JAG 的战争犯罪部改组为"战争犯罪局"(War Crime Office),除规模扩大外,功能没有实质性变化。

[2] 参见本书第一章之三、"审判政策的出台"中关于"简易审判论"的内容。

第八章　法庭对战争罪的审理

表 11　杀人罪诉因表（太平洋战争前）

诉因 44	1931 年 9 月 18 日—1945 年 9 月 2 日，屠杀战俘的共谋
诉因 45	1937 年 12 月 12 日以后，南京战役中屠杀中国平民和解除武装的军人
诉因 46	1938 年 10 月 21 日以后，广州战役中谋杀中国平民和解除武装的军人
诉因 47	1938 年 10 月 27 日光景，武汉战役中谋杀中国平民和解除武装的军人
诉因 48	1944 年 6 月 18 日光景，长沙战役中谋杀中国平民和解除武装的军人
诉因 49	1944 年 8 月 8 日光景，衡阳战役中谋杀中国平民和解除武装的军人
诉因 50	1944 年 11 月 10 日光景，桂林、柳州战役中谋杀中国平民和解除武装的军人
诉因 51	1939 年夏，在哈拉哈河地区谋杀外蒙古和苏联军人
诉因 52	谋杀苏联军人

这两种类型的罪项都采用了两种形式之一：两种类型下最初的罪项都被表述为谋杀对立国公民的一个共谋（第 37、38 和 44 项）。在这里使用了共谋将其与反和平罪连接起来，并扩大了个人范围上的责任参数，将那些负责发起战争但并没有直接下达军事命令的人包括在内，并暂时包括了那些参与了计划阶段但在战争开始之前就已经脱身的人。

杀人罪的指控反映了盟军将自己的行为看作正义战争的自然主义思想，他们解释了控告杀人罪的原因，主要有以下三个要点：

（1）战争不可避免地涉及杀戮和破坏，如果战争在国际法视野下是非法的，而战时杀戮战士和平民是故意的，则这样的故意杀人就是谋杀。东京法庭检方列举的依据是《巴黎非战公约》对战争的禁止、《海牙第三公约》中对敌对状态开始前必须进行宣战的要求以及

《海牙规则》第 23 条中对危险杀戮的禁止,并认为一旦违反了以上条款,那么任何非法战争中杀戮的抗辩包括紧急避险、正当防卫都不能成立。[1]

(2)指控谋杀意味着消除"法不溯及既往和胜利者正义的可能疑问",因为谋杀在所有文明国家的法律传统中都是自然犯。问题是这些罪名在国际法中是否可以找到基础,将它们与国内法联系在一起消除了检察官的不安和担忧。

(3)将发起侵略战争的人看作普通杀人犯并建立一种特殊的犯罪类别来处理被告人的罪行更为简便也更有吸引力。检察官们试图戳破主权的气球,破坏高级政府官员身上的邪恶权威。正如季南所说:"是时候让无情侵略战争的推动者和条约的破坏者脱下民族英雄的外衣,暴露出他们的本来面目——简单、普通的杀人犯。"[2]

辩方也毫不相让地辩驳:杀人在哪里都是犯罪的简单事实并没有使杀人在国际法中被单独确立为一种罪名。[3]辩方还认为,检方在引用国际法中的非法时犯了一个类别错误,就好像其与国内法律有着直接的平行关系。正如高柳所说:"检察长首先使用模棱两可的词语'非法'来表示'国际法上的非法',然后又错误地使用相同的词

---

[1] 中国国家图书馆东京审判数据库—起诉书,载国图网,http://mylib.nlc.gov.cn/web/guest/djsp/pdfplayer? id=E2D98C9C0E104E2D856777332B7BD63C&type=pdfinfo&module=theTrialRecord。

[2] 中国国家图书馆东京审判数据库—庭审记录库,载国图网,http://mylib.nlc.gov.cn/web/guest/djsp/pdfplayer? id=E2D98C9C0E104E2D856777332B7BD63C&type=pdfinfo&module=theTrialRecord。

[3] 同上。

第八章　法庭对战争罪的审理

来表示'依据地方法律判定的非法'。"[1]

(二)驳回杀人罪的理由

最终,法庭判决对杀人罪的处理分为两个部分:首先,他们驳回了杀人罪的诉因,理由是宪章中没有这样的罪名;然后,他们接受了剩余的罪项:

> 从第39项至第52项(除已经讨论过的第44项罪状外)罪状,均包含谋杀的指控。在所有这些罪状中主要的是控告在某地某日因实行非法战争所发生的谋杀行为。某些罪状的日期就是在某地开始敌对行为的日期。其他罪状中的日期,是指进行非法战争期间攻击该地的日期。对任何情况的谋杀行为都认为是由于实行非法战争所引起的。其所以非法是因为在实行谋杀行为前并没有经过宣战手续(第39项至第43项,第51项和第52项罪状);或者是谋杀行为发生于违反某一条约条款的战争中(第45项至第50项罪状)。但不管在什么情形下,只要认为这个战争是合法的,那么,杀人的起诉事实和实行非法战争的起诉事实,就都不能成立。反之,在任何特定情形下,只要这个战争被认为是非法的,那么随之而发生的谋杀行为,不仅是在罪状中所指出的日期和地点,而且是全部战区和整个战争期间的谋杀行为,就都是非法的。我们认为根据杀人罪状来处理这部分

---

[1] 中国国家图书馆东京审判数据库—庭审记录库,载国图网,http://mylib.nlc.gov.cn/web/guest/djsp/pdfplayer?id=E2D98C9C0E104E2D856777332B7BD63C&type=pdfinfo&module=theTrialRecord。

犯罪是没有好处的。因为在控告施行这类侵略战争的罪状中，已将实行这类非法战争的一切罪都包括在内了。……这些罪状的叙述语言表达不清晰，非法谋杀是指攻击的非法性，还是指随后对战争法规的破坏，还是两者都有。如果意指前者，那么与最前面的罪状相同。如果指违反战争法规，那么就与第54项和第55项的指控重复。仅凭这些理由，我们发现，没有必要在这种情况下对指控谋杀的有效性发表意见，所以也没有必要确定从第39项至第43项和从第45项至第52项的罪状。[1]

博伊斯特和卡莱尔教授得出结论，认为杀人罪可由国际法支持是不可能的，同样很难将它们看作是控方提出的一组合理指控。如果杀人罪被认定，则有无限责任的风险：任何在防御战争中合法的行为在此处都成了非法的，每一个接受命令进入被占领土地，或是在其祖国战斗的士兵都将成为杀人犯。[2]约拉姆·汀斯也指出："从实用的角度看，对杀人罪的接纳将会导致战时法体系的整体瓦解。地面战争的规则……不会再是估量行为的尺度，任何情况下的警告声明将流于形式。"[3]部分由于这个原因，国际法中没有此罪名还是比较适当的，美国在"全球反恐战争"中采取的类似立场需要据此进行反思。

---

[1]《远东国际军事法庭判决书》，张效林节译，向隆万、徐小冰等补校译，上海交通大学出版社2015年版，第19—20页。

[2] Neil Boister, Robert Cryer, *The Tokyo International Military Tribunal: A Reappraisal*, Oxford University Press, 2008, p.174.

[3] Yoram Dinstein, *War, Aggression and Self-Defence*, 4th edn., Cambridge University Press, 2005, p.157.

第八章　法庭对战争罪的审理

杀人罪是最古老的自然犯罪,对人的生命、身体健康发起攻击和侵害无论在何种地域和法系都具有天然的可罚性。在国际刑法的视野内,也同样承认杀人的犯罪性,可以作为其他国际犯罪的手段和方式,却不接受其作为一种独立的罪名,根本原因在于这样的罪名无法反映犯罪的"国际性"。国际刑法项下的犯罪是指"国际社会所关心的最严重的犯罪",也即核心犯罪。这些犯罪必须同时攻击了个人权利,以及个人权利之上"整体的国际社会"的基础性价值,用《罗马规约》概括,就是足以影响和侵害世界和平、安全和福祉。这样,国际犯罪得以区别于国内法上的犯罪,这种双重法益侵害要求使得对这些国际犯罪的惩罚成为国际刑法的合理任务。

二、罪名辨析:普通战争罪与反人道罪

(一)二者的共性

不同于与杀人罪的关系,战争罪与反人道罪可谓同源共生。发端于19世纪的日内瓦法体系和海牙法体系致力于改善受到战争行为影响的个人的条件,以及保护武装冲突中的基本个人权利,日内瓦法和海牙法共同发展形成今天的国际人道法。以国际人道主义精神和国际人道法为基础,规制战争中对战斗员、战俘以及平民的严重暴力行为及其法律后果的分支经纽伦堡和东京审判发展为今天的战争罪;而规制基于特定目的以大规模系统性方式实施,不区分国内国外、战时平时和军人平民的严重侵犯人权行为及法律后果的分支,则发展为今天的反人道罪。

战争罪不是二战前国际刑法的常见名词,但它的核心内涵在战

前已经历了长期的发展和演变。"反人道罪"一词首次出现于1915年,这一概念自诞生那天起,就天然地与种族屠杀、种族灭绝相关联。1915年5月24日,法、英、俄三国在谴责奥斯曼土耳其帝国犯下的"亚美尼亚大屠杀"的宣言中声明:"所有土耳其政府的成员及涉及大屠杀的代理人都应该为反人道罪和破坏人类文明承担责任。"[1]1919年,凡尔赛会议"战争发动者责任和刑罚执行委员会"的报告中指出:"谋杀和灭绝、有系统的恐怖主义活动、处决人质、拷打平民、故意断绝平民的饮食、绑架妇女强迫卖淫、驱逐平民、在非人道主义的条件下监禁平民、强迫平民为敌对军事活动劳动、集体处罚以及故意轰炸无设防的地方与医院,这些行为都属于反人道罪。"虽然美国和日本代表团认为"人道法"的概念太模糊,但委员会的报告仍坚持认为"人道法"确实存在,违反这一法则要承担刑事责任。[2]

在相当长的时期内,虽然人道观念日益深入人心,但对违反国际人道法者缺少有效的制裁机制和司法实践。二战以后,这种状况在两大审判中得到了改变。1945年夏季,伦敦会议上达成的《纽伦堡宪章》正式提出反人道罪这一罪名,并且赋予了它具体的定义:

> 反人道罪,即战争爆发前和战争期间,对平民人口施以谋杀、种族灭绝、奴役、驱逐,和其他非人道行径;或者基于政治和种族理由,实施或有关本法庭的管辖权之内的任何罪行的迫害行为。

---

[1] [德]格哈德·韦勒:《国际刑法原理》,王世洲译,商务印书馆2009年版,第239页。

[2] 刘萍:《联合国战争罪行委员会的设立与运行——以台北"国史馆"档案为中心的探讨》,载《历史研究》2015年第6期。

第八章　法庭对战争罪的审理

这一定义被《东京宪章》完整沿用,由此两大国际军事法庭都将反人道罪纳入了法庭的管辖权范围。两大审判认为,反人道罪是国际法上极为严重的国际罪行,侵犯了国际社会的共同利益和全人类所共有的价值观念。反人道罪不仅仅针对某一些群体和个人,而且,是针对整个人类的犯罪行为。如果这些犯罪行为不加以处罚或制止,国际社会赖以生存的基本价值就会受到损害。

战后两大审判惩处战争罪和反人道罪的实践过程中形成的一些规则逐渐发展为战争国际强行法,确立了一个国家对国际社会的责任,即"对所有人的义务"(obligatio erga omnes)。为了全人类的利益,一个国家无论有没有条约的规定,都必须对国际社会承担一种义务,即打击和惩罚国际犯罪。后来的《罗马规约》进一步完善了反人道罪的定义,明确规定对于犯有反人道罪的被告人的刑事责任的追究不仅仅是针对冲突中的一方,而是针对实施反人道主义犯罪的行为。在很大程度上,这是对二战之后的两大国际军事法庭审理行为的发展,是人道主义普适性诉求的展现。

从历史发展的眼光来看,现代国际刑法的产生实际上就是人道主义不断被人类重视的结果,或者说国际刑法的创制和发展的初衷就是基于捍卫人道主义的需要。人道主义是战争犯罪得以证立的根基,东京战争罪行审判也弘扬了人道精神。尽管此后国际刑法、国际刑事规则的内容日渐羽翼丰满,但从总体来看,捍卫人道主义始终是其不渝的追求。

(二)二者的区别

卡尔·雅斯贝尔斯(Karl Jaspers)在1946年曾写过一篇分析德国罪行的著名文章《论德国人的罪责问题》(die schuldfrage)。在文中他区分了四种罪过：第一种是触犯法律的刑法罪过；第二种是参与罪恶政治体制的政治罪过；第三种是因为个人罪恶行为而生的道德罪过；第四种是形而上罪过，意指未能尽到维护人类文明标准的过错。[1]

由于刑法与人类共同伦理的密切关系，这四种罪过又牵涉刑法三个层级的伦理。第一层级是带来具体苦难的恶行；第二层级是涉及共同体权力、生存、死亡、性别、财产的占有与分配的规范机制的伦理；第三层级，也是最后一层伦理，即刑罚如今处于一种世界化过程的中心，其将我们引向一种以"刑法上的不人道"为特征的、共同接受和认可的超伦理。[2]

1939年9月，纳粹德国闪击波兰，拉开了二战欧洲战场的序幕。然此之前，纳粹就已对犹太人实施迫害，其中也包括大量德国国籍者。所以，战后同盟国制订反人道罪这项罪名，初衷即是为了审判并惩罚纳粹德国的种族灭绝恶行。而"战争爆发前"和"平民人口"这两个要素，就是为了纳粹德国迫害犹太人而量身定制的。不仅东京审判，战后亚洲—太平洋地区先后设立了51所B、C级法庭，用以审判符合这两项罪行的战犯们。[3]

的确，在康德"激进邪恶"的概念下，也如汉娜·阿伦特所同意

---

[1] [荷]伊恩·布鲁玛：《罪孽的报应：德国和日本的战争记忆》，倪韬译，广西师范大学出版社2015年版，第153页。

[2] 参见[法]玛瑞莉·戴尔玛斯·玛尔蒂：《暴力与屠杀：刑法上的"敌人"还是刑法上的"不人道"》，余履雪译，载《法学家》2010年第4期。

[3] Arnold Brackman, *The Other Nuremberg: The Untold Story of the Tokyo War Crime Trails*, William Morrow & Co, 1987, p.298.

第八章 法庭对战争罪的审理

的那样,一些犯罪的恶是如此严重,甚至最严重的惩罚都不能充分表达其行为的不法性。[1]因此,观察反人道罪,需要一个新的维度,即"对人性的否定"。这些残虐行为的恶性不仅在于受难者众多的"量",更重要的是大规模系统性的残虐行为背后"去人格化"的"质",即否认被害者与施暴者同属人类和具有人格。

东京审判的检察官们也很快意识到日本对他国平民的杀戮、奴役、迫害等行为有别于纳粹德国,并不能很好地适用反人道罪这一罪名。所以反人道罪在东京审判中实际依附于普通战争罪名之中,并且检方着力举证的也是最为典型的战争罪,即战时对士兵和平民的非人道待遇。

《东京宪章》中反人道罪的规定具有如下特点:首先,反人道罪不区分"战前或战时";其次,反人道罪的具体实施形式是多样的,包括杀害、灭种、奴役、强迫迁徙等;再次,确定了反人道罪为国际法上的一种罪行,即使国内法规定某种行为是合法的,但如果这种行为符合反人道罪的要素,也要受到国际法的惩罚;最后,与《纽伦堡宪章》不同,对于反人道罪项下的迫害罪,不要求基于宗教的理由。

这意味着"人道"具有某种超越性。它首先超越国家与政权,回到了人的权利自身,将整个人类作为一个命运共同体来看待和保护。它还将"人类"的价值置于"文明"之前。认为文明不应高于人类而存在。任何以复兴文明、巩固政权的名义,或以"历史的意志""前进的方向"等为借口来消灭、奴役国民或族群的行为都是犯罪。

东京审判的起诉书没有对战争罪与反人道罪作出清晰区分,而

---

[1] Neil Boister, Robert Cryer, *The Tokyo International Military Tribunal: A Reappraisal*, Oxford University Press, 2008, p.115.

是将其合并共同作为第三类诉因——战争与反人道罪。东京法庭也并未就反人道罪进行判决,而是把有据可查的所有暴行案件都作为战争罪对待。但这不但不会削弱东京审判的人道立场,反而凸显出东京国际军事法庭对反人道罪的思辨和理解。在东京法庭看来,反人道罪的实质在于特别的犯罪动机,即基于被害者的种族、国籍、民族、文化共同体、信仰等产生的歧视性动机。受此动机支配,产生的系统、严重侵害人的生命、身体健康、自由等最低限度尊严的行为才能构成反人道罪。这样的犯罪"归根结底触及到或应当触及到全体人类成员,无论他们属于哪个国家,来自哪个种族以及身在何处"[1]。

三、法庭对战争罪的认定

(一)保护的法益

战争是权力政治的顶峰,标志着共同体间相对和谐的关系滑向武装对抗。虽然由于大多数人的秉性,法律经常受到权力赤裸裸的破坏,然而战争却从来不处在法律上的真空地带,即使从现实的角度看,人们也期待"国际法至少能够缓解武装冲突中某些最可怕的形式"[2]。

1762年,卢梭在《社会契约论》中指出:"战争是一种关系,不存在于人与人之间,而是存在于国家与国家之间,并且,个人只是偶然

---

[1] [法]玛瑞莉·戴尔玛斯·玛尔蒂:《暴力与屠杀:刑法上的"敌人"还是刑法上的"不人道"》,余履雪译,载《法学家》2010年第4期。

[2] [意]安东尼奥·卡塞斯:《国际法》,蔡从燕等译,法律出版社2009年版,第529页。

第八章　法庭对战争罪的审理

地成为敌人，不是作为人，甚至也不是作为公民，而是作为战士；不是作为他们国家的成员，而是作为国家的卫士。"传统国际法基于战争是国家军队之间的冲突这一认识，区分了战争中的战斗人员与平民，并且寻求尽可能地使平民免遭武装暴力的伤害。认为作为一种结果，杀死敌对国家的士兵的权利，仅仅存在于他们继续战斗的期间。然而，在那之后，他们就"再次成为单纯的人，他们的生命是任何人都没有权利夺走的"，因此着重规定缔约国保护没有参加敌对状态人员的义务。1864年，第一部《日内瓦公约》通过，此后形成的"日内瓦法"目的都在于保护那些没有参加或者从来没有参加敌对活动的个人。

到了1868年的《圣彼得堡宣言》，缔约方保证不使用对士兵具有特别毁灭性意义的特定武器。其前言尤其是一个创举："国家应当努力在战争期间实现的唯一合理对象，就是削弱敌人的军事力量。"《圣彼得堡宣言》之后，在俄国沙皇亚历山大二世的邀请下，又在布鲁塞尔（1874年）和海牙（1899年和1907年）举行了会议。这些会议对传统法律进行重申与编纂，并推动战时法向前发展。两次海牙会议最重要成果是1899年和1907年的《海牙公约》。海牙法系列公约通过了战争中可接受的战斗方式的综合规定，它以保护士兵为主要目的，禁止各种特别残忍或者危险的作战方式。这个条约的缔约方达成共识："交战各方采取的伤害敌人方式的权利并不是不受限制的。"战争的特定方法和手段受到禁止，因为它们会造成不必要的苦难。这项声明在战争法的发展中迈出了关键性的一步。关于战争手段和方式的规定，在习惯国际法中得到了确认和文明国家的采纳。

由此可以清晰地看到，战争法保护的法益是武装冲突中的个人基本权利，包括战斗员、平民以及战俘。这一点，在日内瓦法和海牙法为基础的国际人道法中体现得非常充分。此外,国际刑法意义上的战争法还保护超过个人权利的价值。就像其他国际法项下的核心犯罪一样,战争犯罪的法律服务于保护世界和平。对瓦解和平和安全的行为进行规制,使冲突结束之后和平的恢复和共同生活容易一些,正是规制战争犯罪的国际刑法所追求的目标。[1]

(二)国际性因素

通过战争罪核心法益的分析,我们发现国际刑法意义上的战争罪必须具有个人法益与超个人法益双重侵害的特征。而战争罪得以与国际社会最重要的价值之间建立起联系的,就是"国际性因素",这要求战争罪要具有一种有系统或者大规模地使用暴力的背景。

第二次世界大战日本发起的对其他国家的一系列侵略战争,就典型地构成了这种国际性因素的要求。如前所述,这也是东京审判适用共谋的逻辑所在,在侵略战争中,战时犯罪行为就一定已经发生。发起侵略战争必然导致有组织暴力的使用,因此发动侵略和伴随侵略的战时暴力行为得以在国际刑法视野下被犯罪化。

在东京审判中,与之相关的一个论辩焦点是中日战争是否具备这样的国际性因素,进而得以适用战争法和战争惯例的问题。

辩方从审判一开始,就对审理战争罪的法律依据提出质疑。辩方声称,1941年12月蒋介石对日本宣战之前,日本与中国从技术上来说并未处于战争状态,因此之前的行为不可被看作战争罪行。战时日本当局对于侵华战争的步步升级,始终单方面使用"满洲事

---

[1] [德]格哈德·韦勒:《国际刑法原理》,王世洲译,商务印书馆2009年版,第431页。

第八章 法庭对战争罪的审理

变""中国事变"等称谓,而不称"战争",目的就在于刻意淡化双方正式交战的性质。日军自九一八事变开始,把在历次镇压和"扫荡"中国东北的抗日力量的过程中俘获的中国士兵,都冠之以"土匪"之名,并且不遵守战争规定给予"土匪"战俘待遇,转而常常采取屠杀的手段,其中包括1932年9月在抚顺附近大屠杀中杀死的2700名平民。

在日本看来中国军队不是合法的战士而是土匪,并荒谬地得出结论认为他们得以肆意屠杀中国军人和平民,还试图将包括南京大屠杀在内的诸多日军暴行事件排除在法庭管辖权之外。

检方的回应是,日本已经对中国采取了实质上的战争行动,日本"将其士兵送至全中国,杀死数百万士兵以及儿童、妇女和无助的平民",向哲濬检察官在法庭上反击道,"如果这不是战争,那么什么是战争,我想知道什么是战争。"[1] 检方的核心观点在于,在1941年12月7日之前,日本和中国之间的敌对状态有战争的全部特点,实际战争状态使战争法生效,换言之,由于事实上有一个战争,因此战争法应该适用,形式上的宣战并非认定战争存在的必要条件。

法庭最终判定,虽然中日双方在珍珠港事件前没有经过正式的宣战程序,但不代表双方正在进行的只是"事变"。中日自九一八事变后的交战都应当遵守国际战争法规和惯例。日军虐待、残杀战俘的行径已然是一种非法暴行。

---

[1] 中国国家图书馆东京审判数据库,载国图网,http://mylib.nlc.gov.cn/web/guest/djsp/pdfplayer? id=E2D98C9C0E104E2D856777332B7BD63C&type=pdfinfo&module=theTrialRecord。

（三）违反战争法和战争惯例

《纽伦堡宪章》对战争罪的定义是：

> 违反战争法和战争惯例，包括但不限于：谋杀、虐待或驱逐奴役劳工，或其他占领地或身处占领地的平民人口；在海上谋杀或虐待战俘和被俘人员；杀害人质；劫掠公私财物；肆意破坏，或者在没有军事必要的情况下不正当地毁灭城市、小镇或村庄。

《东京宪章》则将其大大精简为"违反战争法和战争惯例"，删去了细则内容。但是，从以后检方对被告的指控来看，虐杀战俘和平民、奴役劳工等行为仍旧是战争罪的主要内容。战争之后的其他几个诉讼也判定，严重违反国际武装冲突法的行为就违反了战争罪。

针对"违反战争法和战争惯例"这一要件，法庭上的控辩双方进行了针锋相对的论辩。

1."准用"问题

检方提出并被法庭认可的战争罪的一般法律依据包括1907年《海牙第四公约》亦即《陆战法规和惯例公约》、1929年的《日内瓦公约》和1929年《红十字公约》。

尤其重要的是1929年7月27日各国签署的《日内瓦公约》，全称《战俘待遇公约》（Convention Relative to the Treatment of Prisoners of War），这是国际社会第一个专门用于处理战俘事务的多边公约。这部公约以人道主义为基础，全面规定了战俘的身份、待遇、管理、遣返和处罚等事项的细则，并成为第二次世界大战各交战国处理战俘问题的基本法规。日本曾派全权代表参加此次会议，并

第八章 法庭对战争罪的审理

在公约上签字,然而1941年12月7日太平洋战争爆发以前,日本政府却始终没有批准《日内瓦公约》。太平洋战争打响后不久,美、英等西方国家要求日本遵守公约。对此,日本予以拒绝,但同时答应在对公约进行"必要的改变"后,以它为标准,为美国和英联邦国家的战俘提供相应的待遇。所以,尽管日本政府没有批准公约,却不能说日本不受公约的约束。

就在《日内瓦公约》签署的同一天,包括日本在内的各国还签订了《红十字会公约》(the Geneva Red Cross Convention),它明确了战争期间交战方必须为对方的伤病人员提供符合国际法和国际惯例的救助待遇。可以说,早在日本发动侵略战争以前,国际法对于战俘、被俘平民、被俘伤病人员的待遇规定,就已经高度成熟。这三个公约是二次大战之后欧洲和亚洲两个国际军事法庭的法律基石。

不过在法庭上,辩方就这些条约对日本是否具有约束力提出质疑,尤其是1929年的关于战俘待遇的日内瓦公约。辩方主张日本政府虽然签署了该公约但并未批准,因此无须承担遵守公约的法律责任。即便日本在1941年12月7日对英美开战后曾向各国保证本国政府将尊重俘虏公约,但这一保证只是作为"准用"俘虏条约的附加条款,政府仍可自由裁量如何适用公约。[1]

战时曾任日本外务局条约局长的松本俊一作为辩方证人出庭,据他所说,"日本在处理俘虏问题上的意向是看条件允许,也就是说只要《日内瓦公约》在实际操作中不成为阻碍,就可以适用其内

---

[1] 中国国家图书馆东京审判数据库—庭审记录库,载国图网,http://mylib.nlc.gov.cn/web/guest/djsp/pdfplayer?id=E2D98C9C0E104E2D856777332B7BD63C&type=pdfinfo&module=theTrialRecord。

容"。[1]也就是说日本政府只有在本国政府方便的情况下才会提出尊重日内瓦公约,并不承担遵守公约的法律义务。

与此相对,检方展开了一番对日内瓦公约不同的法律解释。检方指出,日本批准并签署的1907年《海牙第四公约》中,除了明文规定战争法规外,还包括必须以人道方式对待俘虏的基本原则这一事实。在海牙公约对日本具有约束力的情况下,即使没有批准1929年的《日内瓦公约》,日本也必须遵守"以人道方式对待俘虏"这一大原则,否则,无论在哪种情形下,都可以追究其刑事责任。

另外,根据日本原外务大臣、也是辩方证人松本俊一的上司东乡茂德的证词,当时日本的法律规定是,"在条约要件与国内法冲突的情况下以公约为优先",即认为《日内瓦公约》并不受制于日本国内法。

法庭在听取了对立的检辩双方的意见之后作出了最终裁决,判决书陈述如下:

> 关于日本政府"援用"日内瓦公约加以遵守的诺言及保证,无论从任何观点看来都不能动摇下列的事实,即根据一切文明国家所承认的有关战争的习惯法,对于俘虏及被拘禁平民,都必须给予人道的待遇。像在本判决书本章中所列举的日军的极无人道的待遇,尤其应当指责,并且这是犯罪。犯了这类违反人道行为的罪人,决不能借口本人及本国政府不受某些特定条约的

---

[1] 中国国家图书馆东京审判数据库—庭审记录库,载国图网,http://mylib.nlc.gov.cn/web/guest/djsp/pdfplayer?id=E2D98C9C0E104E2D856777332B7BD63C&type=pdfinfo&module=theTrialRecord。

第八章　法庭对战争罪的审理

约束而避免受罚。法的一般原则,是独立于上述各公约之外而存在的。公约不过是再度确认既存的法,决定适用它的详细条款而已。[1]

东京法庭认为,给予战俘人道待遇乃是战争法规的最大原则,因此没有必要将日本政府在附加条款中声明的"准用"一事等同于有限的适用范围。国际法除了成文法的性质外还有习惯法的侧面,基于国家间的协议达成的明文法规作为习惯法的一部分,国际法无非是对此重新确认而已。反过来说,没有必要亦不应该拘泥于《日内瓦公约》上究竟如何列载细则。

这一立场与纽伦堡审判的立场一致,并为此后的 12 个后续审判所继承,成为当今国际人道法的基础。从这一点来说,东京法庭作出了一个在国际法发展史上极为重要的裁决。[2]

2. 普遍加入条款

与前述抗辩不同,辩方承认日本是 1907 年《海牙公约》的签署国,因此《海牙公约》对日本具有约束力。然而他们认为,由于该公约第 2 条的约定,公约实际上并不适用于太平洋地区的战争,第 2 条的规定正是所谓"普遍参加条款"。

不可否认,规制国家间战争的国际公约适用起来是不确定和不稳定的,其最大的缺陷与不足在于,很多公约都规定了所谓的"普遍参加条款"。这一条款意味着,如果所有交战方均为公约缔约方,公约

---

[1]《远东国际军事法庭判决书》,张效林节译,向隆万、徐小冰等补校译,上海交通大学出版社 2015 年版,第 564 页。

[2] Totani Yuma, *The Tokyo War Crimes Trial: The Pursuit of Justice in the Wake of World War II*, Harvard University Asia Center, 2008, p.123.

就可以适用于武装冲突。因此,如果公约不适用于其他交战方之间的关系,那么,某一交战方也就不受公约的约束。交战方担心的是,如果另一交战方不受某特定公约的约束,而且自己却要受这种约束,这种不平衡必将使其处于劣势。因此他们更愿意选择一种有利于他们但有损于平民,最终也有损于战斗人员的解决方法:不适用公约,因此不限制任何交战方的自由。只有作为最具普遍性但也是最松散的法律规则体系的习惯法才可以无可争议地适用于任何战争。[1]

辩方因此认为,组成同盟国的很多国家都不是公约的缔约国,因此《海牙公约》不能适用。在严格的法律解释下,公约的有效性会由于所谓的"普遍加入款"而大大受损,因为公约只在交战国都是当事方的情况下才有约束力。这一条款的影响是剥夺了一些公约对直接条约义务的约束力,不管是从战争的一开始或在其过程中,只要一个非签约国参与到交战国的行列中,不管它是多么的微不足道,都会将公约的普遍约束力一扫而空。

有学者对此指出,这其实是无关紧要的,根据是非缔约的交战国实际并没有参加太平洋地区的战斗。[2]而东京法庭采用了一种更加具有说服力的方式合理解决了这一问题。法庭认为,无论1907年的形势是怎样的,到第二次世界大战他们已经被认为是反映惯例的。在判决书中,法庭对《海牙第四公约》以及日本应承担的义务进行了详细的分析:

---

[1] 参见[意]安东尼奥·卡塞斯:《国际法》,蔡从燕等译,法律出版社2009年版,第532页。

[2] Howard Levie, *Terrorism in War: The Law of War Crimes*, Oceana, 1992, p.152.

第八章　法庭对战争罪的审理

1907年的《海牙第四公约》,是关于陆战法规及惯例的公约……曾由日本及除中国外提出起诉书各国或其代表签署和批准。包括泰国和葡萄牙在内的其他19个国家,也签署和批准了这个公约。后来,又有其他两国加入。

这个公约是包含有"总加入条款"的《海牙公约》之一,我们对这种条款所述及的意见,在这里也同样适用。

正像该公约的前言中所说,缔约国签订该公约及其附属法规,纯出于减轻战祸以符合人类福利和文明要求的愿望。军事情况许可时可作为交战者行动的一般准则。理解到当时企图拟定足以应付实际上所发生之一切情形的法规,尚不可能。所以各国宣称,缔约国无意在不能预料的情况下,因无明文规定,而任由军事指挥官独断专行。在更完备的法典问世前,凡法规未述及的情况发生时,一般居民和战斗员均仍然处于国际公法原则的保护之下,亦即在文明国间的惯例、人道法则及人类良心的要求所产生的国际公法原则的保护之下。

由于这个公约,日本同意下列事项:

(1)俘虏系在敌国政府的权力之下,而不在俘获者个人或部队的权力之下,俘虏必须享受人道的待遇,俘虏所携带的物品,除武器、马匹及军事公文外,仍然为个人所有。

(2)凡属于交战国军队的人员,不论是战斗员或非战斗员,被俘时都受俘虏的待遇。

(3)除军官以外,可以利用俘虏的劳动力,但工作不能过度,也不应与作战行动有任何关系,对俘虏所做的一切工作须付工资。

(4)在交战国间没有特别协定的时候,关于食品、宿舍和被服，俘虏所受的待遇应与俘获他们的军队相同。

（5）在某国权力下的俘虏，须服从该国军队所施行的法规，以及享受其利益的权利。

（6）在战争开始的时候，就应设立俘虏情报处，俘虏情报处的任务是答复任何关于俘虏的询问，并且要为每一名俘虏设立个人记录，逐日加以记载。在这个记录中，应注明一切必要的重要事项和其他一切有用的信息。

（7）对于俘虏救济团体，为了使其人道工作得以顺利进行，需提供一切便利，并准许其代表进出战俘营，实行救济及其他工作。

（8）禁止：（a）使用毒药和有毒的武器；（b）用欺骗的方法杀伤属于敌国或敌军的人；（c）杀伤放下武器或失去防御手段并已自发投降的敌人……

（9）当围攻与轰炸的时候，对于宗教、艺术、科学与慈善所用的建筑物、古迹、医院及伤病者收容所，应尽一切方法加以保全。

（10）攻占都市或其他地方之后禁止抢掠。

（11）战争中对于家族荣誉与权利，个人生命与私有财产，以及宗教信仰和仪式，应加以尊重。[1]

东京法庭试图通过以一种与纽伦堡审判相似但更微妙的方式规避普遍加入条款，纽伦堡判决指出，"到1939年，这些规则被视为是被战争法律和惯例确认的"，但东京审判的判决法理更具涵盖性，"是

---

[1]《远东国际军事法庭判决书》，张效林节译，向隆万、徐小冰等补校译，上海交通大学出版社2015年版，第40—41页。

第八章 法庭对战争罪的审理

站得住脚的,并且不像纽伦堡那样以偏概全"。[1]

（四）心理要件

依照国际法项下的犯罪的结构,除了物质性因素的检验,特别是上述危害行为、危害结果和附随情节以外,认定行为人对战争罪行负有责任,还必须进行心理性因素的考察,即要求行为人在实施危害行为时,存在"故意和明知"。这一点也反映在检方提起的战争罪诉因当中：

表12 战争罪（暨反人道罪）诉因表

第3组　战争罪暨反人道罪	
诉因53	1941年12月7日（中国则是1931年9月18日）以后,共谋违反战争法规惯例
诉因54	与诉因53同一时期内,命令、授权、许可违反战争法规惯例
诉因55	与诉因53同一时期内,怠于防止违反战争法规惯例的行为

检方面临的问题不是证明罪行的发生,而是证明被告人对发生罪行的主观心理态度。从诉因表中可以看出检方对被告人主观心理的描述：第54项诉因指控被告人命令（ordered）、授权（authorised）和允许（permitted）实施战争罪行；诉因55指控被告人存在故意或轻率（deliberately and recklessly）,怠于采取充分措施确保军队遵守法规,防止违反战争法规惯例的行为。两项诉因对被告人的心理要件要求是不同的,诉因54要求上级对下级的战争犯罪存在直接故意,诉因55则要求被告人故意,或本应知情但因轻率而未履行防止义务。

被告人除了高级陆军和海军军官,高级文官也站到了审判席上。也即检方认为犯罪行为责任人不仅包括军方阶层,也延伸到了文职

---

[1] Neil Boister, Robert Cryer, *The Tokyo International Military Tribunal: A Reappraisal*, Oxford University Press, 2008, p.124.

领导圈。为应对这种复杂情况,必须对诉因 54 和诉因 55 的内容进行明确,将诉因 54 的内容确定为,有证据表明被告知晓罪行内容,有的任其发生,有的下达执行命令;诉因 55 则指向无论罪行的实施是否得到了允许或命令,相关被告得知犯罪行为后,制止其发生本就是他们的职责所在。

据此,检方认为,南京大屠杀之后,日本政府已经意识到自己犯下了大规模暴行,而且暴行有可能继续。侵华日军的罪行影响范围如此之广,文职官员肯定也知晓此事。而且,日本政府对国际红十字会的工作也百般阻挠,整个战争期间,日本只允许国际红十字会的三个代表团(分别驻东京、上海和香港)在其本土和所占区域开展工作,但受到严格的限制,甚至还以阴谋反日为名处决了国际红十字会驻婆罗洲的代表,这也是日本政府知晓战争暴行的明证。[1]战争罪行的真实性已经得到了证明,战争成为国家政策的手段,也可以说日本政府知道这些情况,但是故意不采取任何措施来防止其重演。根据《海牙公约》和《日内瓦公约》的相关规定,政府对战俘负有责任,除非制止暴行或者辞职反抗,否则文官也要对军队的行为承担责任:

> ……显然政府要承担防止触犯战争法的主要责任。这样一来,内阁成员及其顾问应首当其冲,所有直接下达命令的高级军官都必须遵守法律的规定。通常来说,适当政府机器的建立无疑有助于此项职责的履行。但得知具体情况后,他会开始怀疑

---

[1] 徐进:《暴力的限度——战争法的国际政治分析》,中国社会科学出版社 2012 年版,第 104 页。

第八章　法庭对战争罪的审理

自己的指令被公然无视，或者只做了些表面功夫，然后更重的责任又落到了他身上……内阁部长的职责非常明确，在得知这些罪行后，要将情况传达给其他内阁成员，如果没能采取有效措施阻止罪行的实施，就得引咎辞职。[1]

澳大利亚助理检察官托马斯·F. 莫内恩中校的最终陈词如下：

我们的观点是：阻止违反战争法规的根本责任无疑在全体政府——首先是所有阁僚和阁僚顾问们，然后是隶属于与该问题直接相关的指挥系统的高级军官们——他们的职责之一是确认战争法规没有被违反。通常为了达到这一目的会设置合适的机构来履行这一责任（也就是阻止违反战争法规），从而免去了（政府高官和军队首脑）的责任。然当情报显示可能出现严重违反战争法规的行为时，或者说当情报显示有明显的违反行为时，他们就承担了更高层次上的责任。[2]

也就是说，由中央政府和军队司令部所构成的国家领导者们在本国军队内部设立军纪监督机关，通常就意味着他们已经尽了遵守战争法规的职责。但是，当意识到军纪监督机关无法正常运作，本国军队的战争罪行常态化的时候，如何处理这个问题就成了更高层次上的责任。检方认为，是否履行这一责任就产生了"不作为责任"的

---

[1] 中国国家图书馆东京审判数据库—庭审记录库，载国图网，http://mylib.nlc.gov.cn/web/guest/djsp/pdfplayer? id=E2D98C9C0E104E2D856777332B7BD63C&type=pdfinfo&module=theTrialRecord。

[2] 同上。

问题。这一主张的理论基础就是起诉书附件中指出的《海牙公约》等国际条约。

莫内恩接着分别说明政府和军队上层负有的"更高层次的责任"的具体内容。首先,阁僚在得知本国政府派遣的军队士兵正在进行战争犯罪之时,有责任将事情告知其他的阁僚,即"所有得知这些犯罪事实的官员们都负有一个明确的责任,就是行使赋予自己的权力,对事态即刻进行纠正——至少要立即停止暴行。"其次,接到暴行相关情报的人"除非能采取有效措施防止暴行继续,否则就应该辞职",政府必须明确表示反对放任暴行持续的立场。这种围绕阁僚的不作为责任论,可称之为"阁僚责任"。

而军队高层在得知下属部队正在实施战争犯罪时,同样负有阻止的责任。只不过与阁僚不同,他们不是像政府那样采取某些措施,而是向下属部队下达必要的纠正军队风纪的命令来显示自己愿意遵守战争法规。这一责任理论在近些年的国际法庭上以"指挥官责任"而为人熟知。莫内恩指出围绕如何处理俘虏拘禁的行政问题,可以对海陆军高级军官适用同样的责任理论。

可以看到,检方对于战争罪的指控使用了三个有关领导人责任的法理,即"直接责任"(诉因 54)、"内阁责任"(诉因 55)以及"指挥官责任"(诉因 55)。[1]

战争中发生虐待俘虏和平民等非人道事件的情况下,必须对个人进行问责。纽伦堡和东京审判已经充分确认这一原则不仅适用于前线上实施犯罪的士兵和其他军队人员,还包括在中央政府和军司令

---

[1] Totani Yuma, *The Tokyo War Crimes Trial: The Pursuit of Justice in the Wake of World War II*, Harvard University Asia Center, 2008, pp.125-128.

第八章 法庭对战争罪的审理

部进行决策的相关人员。而且东京法庭还明确了中央政府官员负有的敦促本国外派军队遵守战争法规的责任,并且在该责任未得到履行的场合下,包括首相、外相在内的政府领导人都会被视为失责并视情况处以重刑。在纽伦堡和东京审判判决下达的当时,文官不作为责任的法理受到了很多负面评价,但其恰当性已被今日的国际审判广泛认同。这一点也可以从国际刑事法院的《罗马规约》中反映出来。该规约第26条和第28条分别规定了直接责任和不作为责任,他们作为国际人道法的基本原则被明确记载。当今国际社会所面临的挑战并不是在于是否接纳它们为法律原则,而在于今后如何去普遍适用这些原则。

由此可以清晰地看到,战争法保护的法益是武装冲突中的个人基本权利,包括战斗员、平民以及战俘。这一点,在日内瓦法和海牙法为基础的国际人道法中体现得非常充分。此外,国际刑法意义上的战争法还保护超过个人权利的价值。就像其他国际法项下的核心犯罪一样,战争犯罪的法律服务于保护世界和平。对瓦解和平和安全的行为进行规制,使冲突结束之后和平的恢复和共同生活容易一些,正是规制战争犯罪的国际刑法所追求的目标。[1]纽伦堡和东京审判为保护战时平民不受国家领导者权力滥用的国际人道法原则的发展作出了很大贡献。从这个意义上来说,是划时代的事件。尤其是东京法庭以纽伦堡法庭为先例,全面承袭和支持后者关于《海牙第四公约》和习惯法的解释并据此下达判决,明确了战时非战斗人员和非武装俘虏享有人道待遇的基本人权。今天,这一法律原则的正当性

---

[1] [德]格哈德·韦勒:《国际刑法原理》,王世洲译,商务印书馆2009年版,第431页。

再度得到确认。在人道主义法律理论向实定法发展的过程中,纽伦堡和东京审判作为重要的遗产,应当给予高度评价。

四、法庭对战争罪具体形式的确认和发展

与东京法庭判决的其他部分一样,关于战争罪的讨论是务实的。法律分析与法庭对日本侵略的一般叙述交织在一起,认定被告犯下的战争罪包括:大屠杀、杀害被俘的飞行员、死亡行军、酷刑拷问、活体解剖和吃人肉、攻击运输俘虏的船只、非法役使饥饿和虐待俘虏及被拘平民、侮辱俘虏、过重和非法处罚等。在该判决中有一些很重要的讨论,可以视为战争罪审判方面的法律先例。

(一)大屠杀

南京大屠杀(Nanjing Massacre)是第二次世界大战中持续时间最长和最为惨烈的针对平民与战俘的大屠杀,也被称为"南京暴行"(the Rape of Nanjing)。东京国际军事法庭,对包括犯下这一战争暴行的日本领导人和军事精英进行了史无前例的国际刑事审判。但是,无论这场审判,还是其对南京暴行罪审理,都在中国和日本引发了旷日持久的争议,却在西方学术界形成了研究上的"黑洞"。[1]

---

[1] 和纽伦堡审判研究的广泛和深入相比,东京审判自结束后,只有少数学者发表了有限的论著,"东京法庭这一很重要的国际法庭很少被研究",是"二十世纪历史上一个真正的黑洞",这种状况自20世纪90年代起才开始得到改观。参见[法]艾迪安·若代尔:《东京审判:被忘却的纽伦堡》,杨亚平译,程兆奇校注,上海交通大学出版社2013年版,第7页。

第八章 法庭对战争罪的审理

南京暴行在东京审判的起诉书里被赋予了特殊的地位,即第45项诉因:

> 被告荒木贞夫、桥本欣五郎、畑俊六、平沼骐一郎、广田弘毅、板垣征四郎、贺屋兴宣、木户幸一、松井石根、武藤章、铃木贞一和梅津美治郎在1937年12月12日及之后,通过非法命令,违背诉因2所提及的条约款项,致使和允许日本军队袭击南京城。同时违反国际法屠杀城内居民,非法地杀害和谋杀了数万中国平民和非武装士兵,他们的名字和具体人数至今未明。[1]

谓其特殊,一来因为这项诉因被置于"杀人罪"项下提出,而非"普通战争罪和反人道罪"之下,二来因为该项诉因指控的犯罪事实全部来自南京暴行,但被告人的罪责根据却各有不同,起诉书对此并未分别详述。

法庭经过审理,认为检方提出的诉因缺乏平衡并且大量重复,对其中大部分诉因进行了合并,最后仅保留了10项,其中并不包括第45项诉因。因此从法庭的判决结果来看,并没有被告人因为第45项诉因被定罪,这使得很多中国人感到南京大屠杀的受害者遭到了轻视,甚至在中国广泛存在一种误解,即东京审判未能就南京暴行而追究日本领导人。著名历史学家、加拿大学者卜正民注意到了这种现象:"一种观点影响着这种失望情绪,即在伸张正义的方面,纽伦堡法

---

[1] 中国国家图书馆东京审判数据库—起诉书,载国图网,http://mylib.nlc.gov.cn/web/guest/djsp/pdfplayer?id=E2D98C9C0E104E2D856777332B7BD63C&type=pdfinfo&module=theTrialRecord。

庭做到了东京法庭所没能做到的。"[1]

　　这种观点形成的理由是复杂的,事实上,东京审判的判决在日本的确未能如纽伦堡判决在德国那样被普遍接受。日本"虚构派"[2]观点滥觞于东京审判的法庭之内。重要争点几乎都可以在东京审判的庭辩中找到源头:"法理是一问题,后遗症更大的则是证据问题……日本右翼在日军所有暴行中之所以集矢于南京大屠杀,东京审判的所谓证据'不实'是一个原因。"[3]对暴行的审判模式及国际法的理解不同,使得这些质疑之声渐渐不再仅停留于南京事件,更将矛头指向东京法庭的判决。在1955年进行的关于东京审判的民意调查中,有60%的人表示不赞同同盟国的法庭。这与审判初始时的状况完全不同,那时大多数日本人对审判他们国家的政治领导人表示理解。[4]对此,新加坡前总理李光耀得出的结论是:"不幸的是,日本人与德国人不同,他们对自己在二战中所犯下的残忍行为和造成的可怕灾难,既不坦率面对,也无诚实可言……"[5]

---

〔1〕 [加拿大]卜正民:《作为中国历史的东京审判》,赵玉蕙译,载《解放日报》2017年2月20日。

〔2〕 日本学界对南京大屠杀总体上仍有虚构派、中间派和肯定派之分,但虚构派已经占据绝对上风。

〔3〕 程兆奇:《南京大屠杀研究——日本虚构派批判》,上海交通大学出版社2017年版,第283页。

〔4〕 [德]曼弗雷德·基特尔:《纽伦堡和东京审判之后——1945—1968年日本与西德的"历史清算"》,吕澍、王维江译,上海交通大学出版社2014年版,第61页。

〔5〕 Tanaka, *Japans Nachkriegs ver antwortung*, p411. 转引自[德]曼弗雷德·基特尔:《纽伦堡和东京审判之后——1945—1968年日本与西德的"历史清算"》,吕澍、王维江译,上海交通大学出版社2014年版,第2页。

第八章　法庭对战争罪的审理

中国人痛感于日军在战时对平民及战俘施暴与侮辱之深切,始终都在要求一种彻底的纠正。特别是对东京审判未对检方的控告照单全收,在暴行的量上没有作出和南京审判相若的裁断。进入20世纪90年代后,这种诉求进而愈发强烈。许多中国人至今坚信正义仍未得到伸张,而正义必须得到伸张。南京大屠杀之所以在中日双方都受到高度关注,不仅因为它是众多历史事件中的一件,而是因为它是日军暴行的特别标志。所以,虽然我们不必将东京审判尤其是南京审判的结论图腾化,但对日本虚构派的挑战还是应该争所当争。长期以来我们对日本虚构派长于"观念"的批判,而疏于材料的辩驳。[1]即便是屠杀派,在问题意识、持论根据以及话语方式上都与我们有所不同。这种"常识"的不同迟早我们也要面对。

纽伦堡和东京军事法庭具有可比性,但不容抹杀的一个决定性不同是,纽伦堡的世界审判把德国人的罪责明晰而清楚地记录下来并进入民族的集体记忆——就如同凿刻在人类记忆中一样;而麦克阿瑟对日本天皇的宽恕行为被国际舆论错解为日本民众从整体上减轻了罪责。几乎是在东京审判宣布30年之后,才由东京审判的法官之一勒林和另一位荷兰法学家将审判的全部文本出版。因此毫不奇怪,对纽伦堡审判的研究绝非东京审判研究所能相提并论。[2]

这就触及了东京审判的若干核心法律问题,即如何理解及回应战争中的大规模屠杀和暴力行为。东京审判对战争罪行的理解是划时代的,许多表面看似矛盾之处只有看清东京审判战争罪行图景的

---

〔1〕 程兆奇:《南京大屠杀研究——日本虚构派批判》,上海交通大学出版社2017年版,第285页。

〔2〕 John R.Lewis 所列的战犯审判研究书目,纽伦堡有1290种,东京只有231种。See John R.Lewis, Uncertain Judgment.

全貌才能真正理解，而了解南京暴行在东京审判中的体系性位置是客观评价审判对南京暴行审理模式成败得失的关键。

国际检察局在法庭上对多起暴虐事件进行了立证，其中南京事件在当下的关于审判的争论中占据了很重要的位置。就南京事件来说，大量目击者和受害者，甚至日军相关人员，从日军开始实施暴行之日起，就以报告和日记等形式记录下当时状况，而且各国通过外交和媒体途径在事件发生不久后均已知晓。

检方的基本主张是：日军在南京陷落后进行了至少六周的大屠杀、强奸等大规模暴行。这一点通过检方的人证及物证清楚地昭示于法庭。对于检方描绘的这幅人间地狱般的场景，辩护方难以辩驳。要知道，在其他案件中，辩护律师们通常不放过丝毫破绽，对检方证人展开反复且冗长的质证，但是在南京暴行一案上，他们却基本放弃了这一权利。辩护方的这种行为等于是承认了日军在南京战役后的所作所为。

法庭认定，"已向本法庭提出的有关暴行及其他违反战争法规罪行的证据，自中日战争起至1945年8月日本投降止，已证明日本陆海军曾任意实行拷问、杀害、强奸及其他最无人道的野蛮残酷行为。本法庭曾用数月听取证人口头的或宣誓口供书形式的证言。这些证人对在所有战争地区所犯暴行详细作证。暴行规模巨大，而在所有战争地区又完全采取同样的方法，所以只能有一个结论，也就是说只能有一种暴行。这种暴行或由日本政府或个别官吏及部队指挥官所密命实行，或为他们故意纵容。"[1]"据后来估计，在日军占领后最初

---

[1]《远东国际军事法庭判决书》，张效林节译，向隆万、徐小冰等补校译，上海交通大学出版社2015年版，第505页。

第八章 法庭对战争罪的审理

六个星期内,南京及其附近被屠杀的平民和俘虏,总数达20万以上。这个数字并非出于夸张想象,而是来自殡葬行业和其他一些掩埋尸体的团体提供的事实。他们一共埋葬了超过了15.5万具尸体。根据这些团体还报告说,尸体大多被反绑着两手。这个数字还没有将被日军军所烧弃了的尸体,投入到长江,或以其他方法处分的人们计算在内。"[1]

此外法庭还审理了日军在汉口、长沙和桂林的暴行。法庭判决指出,之后在中国其他地方,许多人因为被怀疑是非正规军而被杀害、折磨或饿死;在通向汉口的路上,许多村庄被毁,居民被强奸或被杀,数百名战俘也被杀。从汉口向南部转移后,日本军队占领了长沙和桂林,又开始了进一步的谋杀和强奸。[2]在中国杀戮、性侵和掠夺的进一步证据来自回国日本士兵的报告。[3]

类似的还有法属印度支那、苏联、南亚等地的大屠杀。法庭判决在对平民、战俘、伤者和病人的屠杀以及非人道照管方面也进行了阐述,认为施暴者大多数都是受军官或更上级的官员命令。在日本占领期间常因恐怖统治目的或镇压反抗屠杀平民,其中包括1945年3月在法属印度支那对战俘和平民的屠杀,苏联加入战争后在中国东北对苏联公民的屠杀,以及在南亚和太平洋地区的暴行。还有因预期日本即将战败撤军而进行的屠杀,其中就包括臭名昭著的马尼拉

---

[1] 《远东国际军事法庭判决书》,张效林节译,向隆万、徐小冰等补校译,上海交通大学出版社2015年版,第512页。

[2] 同上书,第514—516页。

[3] Neil Boister, Robert Cryer, *The Tokyo International Military Tribunal: A Reappraisal*, Oxford University Press, 2008, p.192.

大屠杀、大规模强奸和纵火，还有对医护人员的屠杀和其他罪行。

判决中还包括日军对盟军飞行员的屠杀。美国空军人员在被捕后受尽折磨，即使他们并未"供认"任何罪行，日军并未举行公正公开的审判就对其执行死刑，在日本进行枪决或在被占领地将其斩首，或者活活烧死。

(二) 性暴力

南京暴行中，除了屠杀平民和放下武器的中国军人之外，许多证人和书证多还指向日军对中国妇女的性暴力。美国人、南京安全区国际委员会委员贝茨为检方出庭指证，国际委员会主席拉贝先生曾向德国当局报告称，他和他的同事们相信至少发生了2万起强奸事件，而贝茨仅根据安全区的报告，就估计类似事件起码有8000起。法庭认定：

> 获胜的日军为奖赏而犯下无数暴行。日军单独一人或者以二三人为一个小集团在全市游荡，实行杀人、强奸、抢劫、放火。……
>
> 同时还发生了多起强奸事件。不管是被害人，还是想要保护她的家人，只要稍有抗拒，常常会被处死。全城上下，甚至大量幼年少女或老年妇人都被奸污了。在这类强奸中，还有许多变态和淫虐狂行为的事例。许多妇女在被施暴后杀害，遗体都被损毁。占领后的第一个月，南京城内约发生了2万起强奸事件。[1]

---

[1]《远东国际军事法庭判决书》，张效林节译，向隆万、徐小冰等补校译，上海交通大学出版社2015年版，第511页。

第八章 法庭对战争罪的审理

关于慰安妇问题，典型的看法是东京法庭未对战争中的"慰安妇"事件进行任何调查和审理。事实上，关于日军强迫下的"慰安妇"一案，经过确认的就有三个国家的检察官提出共计7份证据，这在东京审判的判决书中也有提及："占领桂林时期，日军犯下强奸和抢劫等一切种类的暴行。他们以设立工厂为口实招募女工。这些招募来的妇女，被强迫为日军作娼妓。"[1]东京审判虽然算不上审判了"慰安妇"制度，然而检察官们大多认为这些强制的性奴役属于战争罪行。他们提交了证据，判决中也或多或少有所提及。此外，东京审判中也提交了大量的证据文件证明了强奸罪行，一并看来的话，包括东京审判在内的对日战犯审判认定了战时性暴力为战争罪行，可以将其评价为惩处战时性暴力犯罪的绪端。

这是对国际刑法中的性暴力犯罪的一个相当早期却未得到充分承认的讨论。直到20世纪90年代，前南国际法庭才注意到这个重要的话题，并决定在战争时期优先起诉性暴力。联合国专家委员会有关前南斯拉夫境内违反国际人道主义法的行为的报告中，将性暴力作为其调查的主要内容之一，报告的附件九题目就是"强奸和其他形式的性侵犯"，作为前南问题国际法庭最终起诉强奸和性侵犯的基础。当时领导该委员会的著名国际刑法学家巴西奥尼（M.Cherif Bassiouni）指出，这是在战争时期进行的第一次强奸调查，人们期望前南问题国际法庭会给予"这一特别令人发指的罪行"以公正的审判。

---

[1]《远东国际军事法庭判决书》，张效林节译，向隆万、徐小冰等补校译，上海交通大学出版社2015年版，第516页。

(三)虐囚

东京审判中同样令人痛心的披露是日本人对平民与俘虏的残虐行为。审判的法律依据之一《波茨坦公告》中,同盟国阵营对日本虐待俘虏的愤怒之情跃然纸上。纳粹骇人听闻的暴行举世震惊,但"大多数美国人、英国人和澳大利亚人仍然相信,他们在亚洲的敌人,甚至要比德国人更为可憎"。[1]审判过程中形成的统计数据,更强化了这样的印象。据估计,被德国和意大利俘虏的英美军人,只有4%在囚禁期间死亡,而日本俘虏的美国和英联邦军人的死亡率,则达到约27%。[2]

据粟屋宪太郎的研究统计数据,总计5700人因B级或C级罪行在世界各地被起诉。其中,最初被判死刑者984人。[3]在这些B、C级战犯的审判中,约有3/4的被告因虐待俘虏被起诉。无论被指控的理由如何,这些嫌疑罪行无一例外地残忍,而且经常是骇人听闻。

在1942年6月至1943年10月修筑缅甸—暹罗铁路过程中,战俘们在日军的刺刀威逼下每日从事高强度劳动达16小时,任何反抗都会遭到日军的惩罚,包括毒打、在锋利的石块上罚跪,以及用带刺的铁丝将战俘捆在树上长达2—3天,不给食物和饮水,残酷的劳动环境使整个工地尸横遍野,这也正是这条铁路被称为"死亡铁路"的原因。[4]东京审判判决书认定:"俘虏们在施工前和施工时期中,在几

---

[1] [美]约翰·W.道尔:《拥抱战败:第二次世界大战后的日本》,胡博译,生活·读书·新知三联书店2015年版,第430页。

[2] 同上。

[3] 粟屋宪太郎:『東京裁判論』,大月书店,1989,282—297页。

[4] 徐进:《暴力的限度——战争法的国际政治分析》,中国社会科学出版社2012年版,第103页。

第八章 法庭对战争罪的审理

乎无法形容的困难下开始了走向这个地区的强行军,俘虏不断被虐待,拷问并曾遭受一切种类的匮乏。结果在 18 个月里面,46000 名俘虏中死亡了 16000 名。"[1]在占领地区征募的当地劳动者"所受的待遇和他们的生存状态,比前面所说的情况还更要恶劣。15 万人中在建筑铁路期间至少死了 6 万人"。[2]

而上述判决中提到的与缅甸—暹罗铁路有关的强制行军并不是一个孤立的行为。这样的例子还有 1942 年 2 月在荷兰东帝汶科庞(Kopang)战俘营开始的行军,1943 年和 1944 年在英国新几内亚开始的行军和 1945 年从婆罗洲拉瑙(Ranau)开始的行军。在这些行军中,那些坚持不下来的就被杀了。[3]

其中最臭名昭著的是 1942 年在 4 月的巴丹死亡行军,当时囚犯在非常热的天气里走了 120 公里或者 75 英里的距离,病者和伤者也被迫行进。那些倒在路边或无法继续行走的就直接被枪杀或被刺刀杀死,其他人也一直经受着殴打、折磨和杀害。行军持续了 9 天,日军每隔 5 公里就会被美国卡车运来的新的警卫替换掉。在前 5 天,囚犯只得到很少甚至没有食物或水。此后,唯一可用的水是偶尔出现的自流井或驯鹿打滚造成的泥坑。当囚犯绕着井想取水时,日军就会对他们开火。射击和刺死囚犯是司空见惯的,尸体就散落在路边。判决书确定,在 9 天中,"美国人和菲律宾人的死亡数大约有

---

[1]《远东国际军事法庭判决书》,张效林节译,向隆万、徐小冰等补校译,上海交通大学出版社 2015 年版,第 533 页。

[2] 同上书,第 537 页。

[3] Neil Boister, Robert Cryer, *The Tokyo International Military Tribunal: A Reappraisal*, Oxford University Press, 2008, p.197.

8000人；从1943年4月到12月止，在奥多尔俘虏营美国人和菲律宾人的死亡达27500人以上"。[1]行军的一个幸存者是德尔芬·哈那尼拉，东京审判席上的菲律宾法官。

对战俘和平民的虐待也被确定并非个例，而是极为广泛的。这些虐待行为包括淹水、燃烧、电击、下跪、吊起、跪在锋利的东西上，鞭打、活体解剖和切割（包括阉割）也时有发生，在战争后期，还逼迫盟军战俘同类相食。[2]虐囚还延续到了海上，战俘在不卫生和危险的条件下被频繁地不人道地运输，许多人因此生病或死亡。

（四）酷刑

关于战争罪形式的另一个重要讨论是：酷刑的定义和构成。东京法庭指出：

> 凡是日军所驻扎的地方，无论是占领地区抑或是日本本土，都对俘虏及被拘禁平民进行酷刑拷问。在所有地区，拷问的方法都是相同的，这就显示出拷问在训练和实施上都有一贯的措施。在这些拷问方法中，有灌水、烙刑、电刑、踩杠子、悬吊、坐钉板和鞭笞等。[3]

---

[1]《远东国际军事法庭判决书》，张效林节译，向隆万、徐小冰等补校译，上海交通大学出版社2015年版，第531页。

[2] Neil Boister, Robert Cryer, *The Tokyo International Military Tribunal: A Reappraisal*, Oxford University Press, 2008, p.198.

[3]《远东国际军事法庭判决书》，张效林节译，向隆万、徐小冰等补校译，上海交通大学出版社2015年版，第538页。

第八章　法庭对战争罪的审理

法庭还指出,宪兵队和俘虏收容所的警卫员行为反映了陆军省的政策。精神拷问也是普遍使用的。

当今的国际人权和人道主义法禁止在任何情况施行酷刑,而酷刑是国际社会深为关切的问题。酷刑的目的是要故意地不仅摧残个人肉体和精神的健康,而且在某些情况下要消灭整个社会的尊严和意志。酷刑关系到人类大家庭的所有成员,因为它对我们生存的真正意义发出了挑战,并且击碎了我们对美好未来的憧憬。免受酷刑的权利已根据国际法得以牢固确立。《世界人权宣言》《公民权利和政治权利国际公约》和《禁止酷刑和其他残忍、不人道或有辱人格的待遇或处罚公约》都已明确禁止酷刑。同样,一些区域性文书也确立了免受酷刑的权利。《美洲人权公约》《非洲人权和人民权利宪章》和《保护人权与基本自由公约》均载有明确禁止酷刑的规定。

因此,很明显,东京法庭对实质性战争罪的讨论与今天的现实有着强烈的共鸣,因为关于禁止这些具体战争罪表现形式的工作仍在进行中。

第九章
判决：定论与异见

一、法庭判决书

按照东京审判的章程,法官多数一致的裁决即足以作出判决。1948年3月,东京审判判决书的起草委员会成立,开始判决书的撰写准备工作。1948年4月16日,开庭近两年的远东国际军事法庭终于审结,进入到判决书的撰写阶段。梅汝璈法官在同年6月致外交部函电中表示:"十一位同仁间,撰拟全判决书之责,已有多数派完全负起。"[1]

草拟判决书的工作具体被分为七个部门,由七个部门负责:(1)序论;(2)对中国东北的侵略;(3)对华全面侵略;(4)日、苏关系;(5)全面侵略之准备;(6)太平洋战争之发动及扩大;(7)日军暴行。各部门负责之法官"须指导法庭助理人员,根据证据及记录,就日本侵略战争之准备,及对各国实行侵略之经过史实,各部门草拟初稿"。草案形成后再由多数派起草委员会进行修订和认可。一个月后,梅汝璈法官致电外交部,由他负责的"日本对华全面侵略史实确认之一"已经由多数派法官会议审查通过。

---

[1] 梅小璈、梅小侃编:《梅汝璈东京审判文稿》,上海交通大学出版社2013年版。

不过，少数派法官并非完全隔绝于判决书的撰写过程。多数派判决草案会分发给少数意见法官，如有异议可以通过书面方式相互告知。除了印度法官帕尔，其他少数派法官在观点上也并非处处针锋相对。梅汝璈法官甚至向外交部表示："庭长与吾人见解相差甚微，表示会后仍将参加（多数派）。法、荷两国亦有参加可能。"[1]当然在此事的判断上，梅法官多少有些过于乐观，法、荷两国法官最后并未加入多数派。需要指出的是，尽管由法庭多数派负责的部分即关于事实认定部分构成了东京审判判决书的主体内容，但判决书还有一项重要内容，即讨论及厘定被告个人之责任并决定量刑部分。此项工作系"全体法官十一人经长久讨论，热烈争辩后，而以投票表决方式而定"。从这个角度来说，并不能完全将东京审判的判决简单地归为多数派意见，而仍然可视之为某种程度上的全体合作。

1948年7月下旬，判决书的一部分内容通过确认后，日文翻译工作随即启动。带领翻译组的是日本当时的知名法学家横田喜三郎、长洲一二及日本外务省官员真崎秀树。翻译工作在盟军的严密监视下于一处私人宅邸进行。另外，少数派意见法官也继续各自撰写个别意见书，其中帕尔法官的反对意见早在6月就已在盟军驻日总部展开翻译工作。

大约于正式宣判前一个月的时候，法庭判决书的全部内容得以完成并审议通过。就这样，东京审判的审理用了两年，判决工作亦花费半年之久。

1948年11月4日，审结半年后法庭再开，庭长开始宣读对25

---

[1] 梅小璈、梅小侃编：《梅汝璈东京审判文稿》，上海交通大学出版社2013年版。

第九章 判决:定论与异见

名被告的判决的英文版本,数名日本工作人员宣读判决书的日本版本。这份判决书不仅体现了法庭多数派法官的意见,而且是全体法官共同审议的,持少数意见的如法国法官及印度法官等虽未参与讨论,但仍然参与了多数派判决草案的撰写,故而这份判决书是东京审判唯一的生效判决,对东京审判具有终局性效力。宣读判决书的整个过程持续了7天。11月12日,判决书宣读完毕。

判决书分为三部分共十章内容。第一部分阐明法庭和法理,重申了东京国际军事法庭设立的依据,对辩方提出的法庭管辖权异议作出了回应,对检方提出的诉因作了大幅精简并陈述其原因。第二部分分为五章,占了超过一半的篇幅,对1928—1945年间日本计划并发动对亚洲各国侵略战争的事实进行叙述和认定。包括日本军部主导和战争准备和引导、日本对华侵略、日本对苏联侵略、太平洋战争、违反战争法规的犯罪。其中以日本对华侵略一章最为详细,再细分为侵略和占领中国东北、统一和开发中国东北、进一步侵略中国的计划、从卢沟桥事变(1937年7月7日)到"近卫声明"(1938年1月16日)、"华北临时政府""大东亚共荣圈"、日本对中国东北及中国其他地区的经济支配等七个小节。这部分内容的叙述顺序也与庭审过程保持一致。[1]

在有关反和平罪诉因中,法庭认定日本领导层中的确存在自1928年到1945年间在东亚和太平洋-印度洋广大区域内以确立军事、政治和经济统治为目标的共谋行为。被告全体负有对中国(诉因27)、美国(诉因29)、菲律宾(诉因30)、英联邦(诉因31)、荷兰(诉

---

[1] 参见程兆奇:《东京审判——为了世界和平》附录部分,上海交通大学出版社2017年版,第128页。

因32)发动侵略战争的刑事责任。数名被告负有对法国(诉因33)以及外蒙古和苏联(诉因35)发动侵略战争的刑事责任。判决书写道:"伴随着对中国东北的蚕食,日本国内的政局也日益为军国主义者所把持。这些共同谋议者支配了日本。他们决定了自己的政策并决心加以实现。"在逐步实施侵略中国计划的同时,他们也筹谋着对中国以外其他国家和地区的侵略。在日本尚未完成对中国东北全面占领时,日本军方就开始着手北向进攻苏联的准备工作。1933年斋藤实内阁拒绝退出中国东北,甚至不惜为此退出国际联盟。退出国联属于公然违反条约义务、逃避国际监督的行径,又可视作阴谋计划并准备太平洋战争的序曲。1940年6月,被告白鸟敏夫发表题为《大战的归趋》的演说,其中讲道"我们说欧洲战争的导火线是首先由中国战争点燃的,这并非言过其实"。顺着白鸟的说法,1945年战争结束后回望历史,一切侵略罪行都始于14年甚至17年前。某些被告在那个年代就很活跃,另有一些则是在后来的十几年间陆续加入的,他们是侵略战争和违背国际协议之战争的共同谋议者,也是实施者。

东京审判行将结束之际,法官们裁定共谋不适用于普通战争罪、反人道罪和谋杀罪,而只能用于反和平罪。基于这一决定,在1948年11月的宣判阶段,法庭只对普通战争罪暨反人道罪的第54、55两项诉因作出判决和科刑。尽管只有两个涉及暴行的诉因被保留下来,但检方在暴行罪起诉中的策略,即力图证明各地广泛发生的暴行是自上而下有组织、有命令地实施的论证被法庭接受。判决书认为,日军的暴行不仅规模巨大、受害者众多,而且在庞大的亚洲-太平洋战场,又完全采取同样的方法,所以只能有一个结论,也就是说只能有一种暴行。这种暴行或由日本政府或个别官吏及部队指挥官所密令实行,或为他们故意纵容。判决书同时指出,日本的战俘管理机构和规章形同虚设。太平洋战争爆发伊始,日本政府也曾设立处理战俘的机构,并为此制定了规章制度,但法庭认为它们没有起到防止暴行的作用,这些制度只是做些表面文章,它们对阻止日军非人道的野蛮行径作为有限,同时也不符合通行的国际条约和惯例。最终,数名被告被认定在多起日军重大暴行中负有"直接责任"或"不作为责任"而被追究个人刑事责任。可以说,东京法庭的判决是以中日战争和太平洋战争之间的因果关系来明确日本的战争责任的。[1]

判决书的最后一部分是罪状认定以及量刑。25名被告有7名被判处绞刑,16名无期徒刑,1人20年有期徒刑,1人7年有期徒刑。概言之,除重光葵和松井石根之外的所有被告都被认定共谋项有罪。松井石根(诉因55)、大岛浩(诉因1)和白鸟敏夫(诉因1)3名被告则只有一项有罪认定。而松井最终因普通战争罪的不作为责任被判处死刑,另两人则都被判无期徒刑。也就是说,在东京法庭的量刑标准中,构成普通战争罪可以被判处死刑,但没有被告以单纯的反和平罪名被判处极刑。这应当是法庭出于慎重考虑,在没有明确先例的情况下将反和平罪的最重惩罚定为无期徒刑。

二、法官的少数意见

有5位法官提交了个别意见书但未被宣读。韦伯法官的意见(Separate Opinion of the President),虽然表面上与多数判决书同调,但却对审讯与判决的某些方面进行了激烈的批判;哈那尼拉法官撰

---

[1] 参见程兆奇:《东京审判——为了世界和平》附录部分,上海交通大学出版社2017年版,第129页。

写了附和意见书（Jaranilla Opinion），他同意所有被告人的有罪判决，但认为判决书的多项判决过于宽容，主张更严厉的量刑；法国法官伯纳德提交了反对意见书（Bernard Dissent），他的意见书有着鲜明的"自然法"特色；荷兰法官勒林也撰写了反对意见书（Röling Dissent），这是审判时最年轻，后来在世最久的法官，持续关心着国际刑事审判的发展；最为著名的一份要数印度法官帕尔提交的反对意见书（Judgment of Justice Pal），与长达 1200 页的多数判决书篇幅相当，其名称（Judgment）不同于其他法官的"意见"（Opinion，Dissent），主张包括东条英机在内的全体被告人无罪，虽未当庭宣读，但早已经辩方之手流传，被直接称为"帕尔判决书"，在日本国内被右翼用作洗脱日本国家罪责的"日本无罪论"的利器。

这些少数意见主要围绕东京审判的管辖权、程序、事实认定、判决等重要方面展开各自看法，仅是对审判的个人观点陈述，或补充，或反对，或并存，并不具有法律效力，但是研究东京审判的重要参考文献。这些意见书在当时并未公开发表。1977 年参与东京审判的荷兰法官勒林将全部法官意见编辑出版。

（一）庭长韦伯的意见

韦伯早年时就深受自然法思想的影响。1947 年 10 月，他专门向东京上智大学（Sophia University in Tokyo）的彼得·赫尔佐格牧师（Father Peter Herzog）求教适用于战争罪和反和平罪的自然法的相关问题，在这之后，他还写信给赫尔佐格向其说明他可以理解大部分的有意义的内容。[1] 他对法庭判决的意见草稿也采用了自然法框架作

---

[1] Neil Boister, Robert Cryer, *The Tokyo International Military Tribunal: A Reappraisal*, Oxford University Press, 2008, p.282.

第九章 判决：定论与异见

为基础，因此他还断言，"如果把国际法看成是独立政治团体在相互关系中对自然法的实现，那么侵略战争就是一场反国际法的罪行"。尽管如此，他并没有坚持这一立场，而是转而说道，"英国法院认为，国际法的效力必须通过国际条约的明确约定或者通过国内法识别转化，才能被认可"。[1]

韦伯身份特殊，身为庭长的他在庭审结束后要负责组织法官团撰写判决书，也即担任通常被称为"多数判决书"起草工作的领导者。但由于在一些重要问题上与判决书持相反立场，因此韦伯又以法官的个人身份撰写了一份"庭长个别意见"，也被后世称为"庭长意见书"。

庭长意见书的主要内容包括：

第一，对"共同谋议罪"的概念及适用性提出了质疑。他认为"共谋"是英美法国家的法律制度，而不是国际法上的一项罪名。"国际法和许多国家的国内法不同，没有明确地把纯粹的阴谋作为犯罪的一种。《巴黎公约》认为诉诸侵略战争是犯罪，但是并未将导致战争的阴谋定为犯罪。同样，战争法和惯例都没有把纯粹的阴谋看作犯罪行为。""把诉诸战争的阴谋、犯普通战争罪行的阴谋和违反人道罪的阴谋作为犯罪或许有道理，但本法庭不会去确定什么应该是法律，而是要确定什么是法律。如果国际法认定是犯罪的行为，法庭将会应用通用的原则来确定犯罪责任的范围，但是法庭无权按照英美法系的观念把纯粹的阴谋视为犯罪，也不能因为这种阴谋符合很多

---

[1] *William Flood Webb Archives*, Australian War Memorial.3 DRL/2481, Box1Wallet8, 7-9.

国家国内法的犯罪特征而视之为犯罪。"[1]

第二,在量刑上反对对犯有"战争罪"和"反人类罪"的被告判处死刑,坚持应将他们终生流放海外。他提出对被告施加的最轻处罚应该是终身监禁,最重还是终生监禁。只是罪责轻点的就地监禁,罪责重的流放到"日本之外某个与世隔绝的地方"。韦伯还指出了不适用死刑的一个因素是"这些被告的上级(天皇)已经被给予豁免权","并且我并不是暗示本应该起诉天皇,这超出了我的职责范围。毫无疑问,给他豁免权最符合盟国的利益。在决定对其他被定罪的被告的刑罚时,公正要求我必须考虑到对天皇的豁免权"。[2]

第三,韦伯坚持应当审判天皇。"天皇的权利和地位使他必须对战争负责,假使不希望开战,他早就应当不予批准。"然后韦伯又说:"既然天皇已经获得了豁免权,那么他的下属更不适宜被判处死刑,况且对那些显然年事已高的人处于死刑是极不人道的。"[3]有研究者指出,韦伯是随着庭审对相关事实的揭露,逐渐形成了"天皇系首要领导"的认识,并在其庭长意见和庭长判决草案里明确表达了天皇问题属于"应责而未责"的立场。同时,韦伯接受了天皇不受审系出于同盟国政治考量的事实,并将这一议题排除出了法庭管辖范围,在庭审中努力防止涉及天皇的讨论,以维护法庭宪章和公

---

[1] 杨夏鸣编:《南京大屠杀史料集7:东京审判》,江苏人民出版社、凤凰出版社2005年版,第616页。

[2] Neil Boister, Robert Cryer, *The Tokyo International Military Tribunal: A Reappraisal*, Oxford University Press, 2008, p.637.

[3] 王震宇:《远东国际军事法庭法官意见研究》,南昌大学2009年硕士学位论文。

第九章　判决:定论与异见

正审判的立场。[1]

(二)伯纳德法官的意见

法国法官伯纳德有着别具一格的审判理论。伯纳德毕业于普罗旺斯艾克斯的圣心学院(College of the Sacred Heart),他的所有不同意见都是基于自然法提出的,他认为自然法是适用于国际法的唯一法则。[2]首先,伯纳德法官反对检方基于1928年《巴黎非战公约》认定侵略战争的非法性,但他坚信,"侵略战争"在常理和普遍良知的眼中是并且从来都是一项罪行,常理和普遍良知表达了自然法,一个国际法庭可以且必须依据这个自然法来判定提交给它的被告之行为。[3]换句话说,伯纳德确信侵略战争是非法的,但这是依据自然法理由,而不是通过实在战争法的适用。

其次,同样也是根据自然法,集体责任可以被加之于个人责任之上,而并不消除个人责任。关于个人责任的刑法原则,其基础存在于自然法之中。东京审判法官们的工作受这个原则的约束,这个原则允许集体责任,使两种责任相加而不是相互取代。伯纳德法官进一步就起诉是对人而不是对事表示遗憾,这是东京法庭对于远东的犯罪行为采取了一种偏颇的做法,对于卷入暴行的日本官员也是不平

---

[1] 赵玉蕙:《东京审判法官视角下的天皇责任——以韦伯庭长为例》,载《日本侵华南京大屠杀研究》2022年第1期。

[2] Neil Boister, Robert Cryer, *The Tokyo International Military Tribunal: A Reappraisal*, Oxford University Press, 2008, p.280.

[3] [澳]米凯尔·何佛笙:《贝尔纳大法官》,载[日]田中利幸、[澳]蒂姆·麦科马克、[英]格里·辛普森编:《超越胜者之正义:东京战罪审判再检讨》,梅小侃译,上海交通大学出版社2013年版,第121页。

等的对待。不起诉天皇裕仁就是法庭这种选择性做法的证明。

最后,东京审判所适用法律必须受制于对一种程序正义的尊重,东京法庭的合法性有赖于同盟国家是否有能力给被告以公平审判的保证——法庭在有缺陷的程序后作出的定罪不可能是有效的定罪。他的异议书提醒全世界,只有在满足刑事司法形式和公平审判标准的情况下,东京审判才会得到尊重。忽视这一点会使审判的有效性受到质疑。[1]

(三)勒林法官的意见

荷兰法官勒林(1906—1985)的一生几乎跨越了整个20世纪,他的生平与建树某种意义上正是这"战争的世纪"之折射和注解。勒林出生于荷兰南部天主教城市丹博思(Den Bosch),在一个相当富裕的天主教家庭长大,1925年进入当时的天主教学校奈梅亨大学学习法律。他身材高大,曾是荷兰青年网球冠军,是一位优秀的音乐家,擅长小提琴,有贵族气质但十分友好,口才极佳。[2] 1933年勒林在乌得勒支大学被授予博士学位。1934年,他与另一位刑法学教授庞贝(Pompe)一起建立了荷兰第一个犯罪学研究所。1936年他被任命为乌得勒支地区法院候补法官。1940年5月德国占领荷兰后不久,他因维护司法权威、拒绝服从他认为不公正的命令而与德国占领

---

[1] [澳]米凯尔·何佛笙:《贝尔纳大法官》,载[日]田中利幸、[澳]蒂姆·麦科马克、[英]格里·辛普森编:《超越胜者之正义:东京战罪审判再检讨》,梅小侃译,上海交通大学出版社2013年版,第123页。

[2] Nico Schrijver, *B.V.A.Röling——A Pioneer in the Pursuit of Justice and Peace in an Expanded World*, Journal of International Criminal Justice 8 (2010).

第九章 判决：定论与异见

当局产生冲突，差一点被逮捕，最后在1941年被"发配"到米德尔堡的一家法院，在那里他与家人度过了相对平静的战时光阴。战争结束后，勒林被允许恢复乌得勒支的法官职务。此后不久，他又获任乌得勒支大学刑法学教授。

被任命为远东国际军事法庭法官时，勒林不过39岁，未及不惑之年，虽在荷兰刑法学界颇有声望，但没有任何国际司法从业经历，也并非深耕国际法的知名学者，从未去过日本。这不免让其他东京法庭的同侪感到些许不解，连他本人都深感意外。有研究者认为勒林"在法官中没有什么存在感，也没有很强的影响力，成了'少数派'后更是如此"[1]。勒林也意识到自己与法官团平均年龄之间的差异："除了中国法官也是年轻人之外，其余法官的平均年龄差不多要60岁。"但勒林认为，正是因为这些法官大半生都在本国担任国内法院的法官，他们可能没有意识到国际法庭的特殊之处，这是"没有立法者和中心权力的法律联合体，其间多为横向合作关系而不是纵向隶属关系，因此国内法中奏效的在国际法中并不必然奏效。"[2]

在东京，勒林对侵略战争的犯罪行为和战争法产生了浓厚兴趣。荷兰是大陆法系国家，像日本旧大审院时代那样，法官在判决时没有发表少数意见的习惯。但勒林还是发挥了他"异见者"逆水行舟的本色，在意识到自己与多数派法官以及其他少数派法官均意见相左之后，即便荷兰政府因担心导致问题国际化，禁止公布任何个别意见并反复忠告施压，勒林还是撰写了反对意见书。在反对意见书中，勒

---

[1] ［日］日暮吉延：《东京审判的国际关系》，翟新、彭一帆译，上海交通大学出版社2016年版，第371页。

[2] B.V.A. Röling, *The Tokyo Trial and Beyond: Reflections of a Peacemonger*, ed. A. Cassese, Polity Press, 1993, p.29.

林旁征博引,阐述了自己与多数派判决的不同,他认为多数派倾向于将西方标准应用于日本人的行为,是胜者之法,正如《麦克白》中的台词,"我们只是教了一些血腥的指令,这些指令是用来折磨发明者的"。同时他也不赞同印度法官帕尔的观点,他认为后者仅从亚洲解放者的角度看待日本人的行为,不分青红皂白认为全部无罪,不管这些行为是值得同情还是邪恶至极。[1]

考虑到自己提出反对意见可能无意间成为战犯们的英雄,勒林法官在撰写意见书时作了让步,以不同于多数派的理由承认"反和平罪"是国际法上的犯罪,并以此为逻辑基础系统展开各项论述。由于最高司令官拥有对判决量刑的变更权,因此他还着重写了对量刑的意见,希望能在多数判决作出后对麦克阿瑟产生一定影响。总体上看,勒林法官关于东京审判的意见和评论,反映了他试图在这场前所未有的国际战争罪行审判中保持独立思考,在法律和事实两方面都力求超越偏狭立场,调和实证主义与自然主义对立主张,以自己独特的方式追求审判公正,并以此谋求国际社会持久和平的努力。这些努力的成果最终凝结为一份无论是在西方,还是在日本,都很大程度上具有长久价值的法官意见书,是研究东京审判和国际法治根本问题不能忽视的法庭文献。

勒林法官的意见书内容丰富,长达130余页,可以分为管辖权、反和平罪、不作为责任、事实认定、对个人的判决等部分。

1. 法庭宪章问题

勒林、伯纳德和帕尔的3份反对意见书的共同特征是都认为法

---

[1] B.V.A. Röling, *The Tokyo Trial and Beyond: Reflections of a Peacemonger*, ed. A. Cassese, Polity Press, 1993, p.10.

第九章 判决：定论与异见

官有讨论法庭宪章的权限。虽然有学者从国际关系角度解读少数派法官之所以要提出个别意见，是因为被多数派排除在判决书决定过程之外的他们，希望借此能表明与纽伦堡原则不同的意见。[1]但结合勒林反对意见书的具体内容和不同国家对待违宪审查的态度，不难看出此种看法并不足取。在英国，普通法法院是没有权力审查立法效力的，法官也往往奉行严格的遵循先例原则。而在美国，法官往往会对法律采取比较宽松的解释原则，美国联邦最高法院还有对立法合宪性进行司法审查的权力。荷兰自1848年到1983年历经多次宪法修改，对是否允许法院进行违宪审查素有争论。因此在一个美国或荷兰法官看来，司法机关要审查甚至否决一部法律的效力，并不是非常不可思议的事（只有英国人才会这样觉得）。

勒林意见书鲜明地以法庭有权审查法庭宪章的合法性为前提，认为根据一个文件接受任命的法官有权就相关实体法作出判决，而并不动摇自己的法官地位。如若不这样做便会在实质上把东京法庭降格为一个事实调查机构，强烈主张"宪章不能决定某一作为或不作为是否为犯罪，而只能决定国际法所承认的某一罪行是否属于法庭管辖权范围之内"，因此，"法庭不能行使对宪章的审查权，不仅对将来是危险的，现在也不正确"。[2]

他还提出这样的主张，行使这种审查权的结果，法庭的管辖权，不仅对犯罪的管辖，对人的管辖也受到波茨坦宣言的限制。就是说，

---

[1] ［日］日暮吉延：《东京审判的国际关系》，翟新、彭一帆译，上海交通大学出版社2016年版，第373页。

[2] Röling Dissent, Neil Boister, Robert Cryer, eds., *Documents on the Tokyo International Military Tribunal: Charter, Indictment, Judgments*, Oxford University Press, 2008, p.682.

法庭的管辖权应只限于太平洋战争。从这种观点出发，他认为张鼓峰事件或诺门罕事件这种过去了的，并且已经由和平条约了结了的事件不在管辖范围之内。

2. 侵略战争的违法性与反和平罪的证立

在此基础上，勒林法官追溯了将侵略战争视为犯罪的国际法到底形成于何时的历史，并提出反和平罪在二战前并非犯罪，"《巴黎非战公约》本身只规定了一种制裁……但是那些对公约作出解释的人，几乎完全没有提到侵略战争是犯罪，会产生个人责任这样一种后果"。[1] 将侵略战争视为犯罪的契机，不是《巴黎非战公约》、哈瓦那泛美会议决定，严密地说，在规范意义上发动战争入罪的时点是《伦敦协定》。

但如果不把发动侵略战争作为国际法上的罪行来惩处的话，《东京宪章》规定的关于审判和惩罚反和平罪罪犯的规定又该如何处理呢？有法官认为第二次世界大战期间制定的交战规则可以作为新的国际法得到适用，日本违反这些禁令，就意味着他们和犯下战争罪一样。但勒林认为，尽管侵略战争在1939年敌对行动开始之前就已被禁止，但在战争的头三年，侵略战争并不被视为国际罪行，只有在1943年11月6日斯大林发表讲话之后，盟国才开始以战争方式来抵抗和反击侵略。

为了克服罪刑法定原则与反和平罪表面上的矛盾，勒林提出，根据国际法，罪刑法定原则并不是一个僵化的原则，而是一个"适用于

---

[1] Röling Dissent, Neil Boister, Robert Cryer, eds., *Documents on the Tokyo International Military Tribunal*: *Charter*, *Indictment*, *Judgments*, Oxford University Press, 2008, p.706.

第九章　判决：定论与异见

立法政策的原则，是"政治智慧的表达"，因此战胜国可以"无视这一点"。从流放拿破仑的先例来看，"正义之战"的胜利者，在国际法上具有拘束威胁战后秩序的个人的权利。于是，勒林将国际法中的"反和平罪"罪犯类推为国内法中的"政治犯"，他们应该被视为"敌人"而不只是罪犯，因此，惩罚应该更多是"政治手段"。他将反和平罪作为战后的一种安全措施或预防性保安处分来接受，在一场战争中，他们站在理性和法律的一边，肩负着维护和平的使命，根据国际法，胜利的大国有权对那些可能对新秩序造成危险的个人采取行动，这是消除威胁建立新秩序的权利，是为之后的和平和秩序负责。为了保卫人类社会，他们可以合法地逮捕、审判和惩罚这些危险分子，如果这些人被判有罪。[1]他还同时提出，对普通战争罪上的不作为责任，应作出严格的解释。

也因为"危险"要素的判定是政治性的，所以勒林也就反对只以"反和平罪"来判处被告死刑，犯有"反和平罪"的人不应被判处死刑，而只应被判处监禁（除非他也犯过战争罪）。这样，勒林以实用主义智慧和敏锐的法律意识与这一尖锐问题和解了，成功地使国际法治的发展前景与惩罚侵略战争策划者的迫切政治需要相协调，并为那些只犯下反和平罪的德国和日本罪犯不判处死刑提供了重要的理论依据。这一点极为重要，因为尽管纽伦堡和东京国际法庭都强调甚至尊重这一看法，但他们没有拿出以令人信服的论据支持这一点。

---

[1] Röling Dissent, Neil Boister, Robert Cryer, eds., *Documents on the Tokyo International Military Tribunal: Charter, Indictment, Judgments*, Oxford University Press, 2008, pp.679-680.

3. 共谋的事实认定

在对事实和历史的思考上，勒林法官也表达了对日本的实际历史不同于多数判决的观点，批评"共谋是盎格鲁－撒克逊刑事诉讼制度阴暗丑陋的一面"[1]。他认为，在日本存在着以和平方法繁荣日本、以日本事实上统治东亚为目标的一派；另外也存在着以武力进行日本的对外扩张为目标的一派。太平洋战争之前大致分为三个阶段。

第一阶段大致从1928年到1936年，是军阀在国内通过威吓和暗杀，在海外通过擅自行动来实现其目的的斗争阶段，擅自行动在卢沟桥事变、张鼓峰事件和诺门罕事件之后依然存在。

这一斗争阶段之后，是两派就应该实现的目的——统治东亚——达成一致意见的合作阶段。但即使是在这一时期，在达成目的的方法上，他们也仍旧是对立的。这一时期大致从几名和平主义者被杀害的1936年二二六事件到1940年9月19日联络会议作出决定为止。但和平内阁时期的政府政策已经有了变化。对张鼓峰事件、诺门罕事件以及日本和苏联订立的中立条约问题上，他提出了和多数判决书完全不同的看法。

最后一个阶段从1940年9月19日的联络会议开始，这一时期，最初只作为其他方法失败时的替代方案的武力政策，后来成了正式政策而为政府所接受。勒林法官为此举出了种种事例，评价了军阀之外木户等人的行动："在考察日本政治家所起的作用时，必须先记住这种非常艰难的事态。姑息侵略性各派的政策是错误的政策，但未必说明这种政策就是犯罪性的。这种场合，对不是犯罪的判断性

---

[1] B.V.A. Röling, *The Tokyo Trial and Beyond*: *Reflections of a Peacemonger*, ed. A. Cassese, Polity Press, 1993, p.58.

第九章 判决:定论与异见

错误还是有讨论余地的。"在这一点上,对东亚新秩序等使日本战争正当化的主张作了评论。

勒林试图解释日本对盟国发动战争的原因。他的思想摆脱了西方的思维定式,站在日本立场上,更好地分析了日本人的动机和目的。他总结说,几年前,日本人决定把"亚洲还给亚洲人",也就是说,把大陆从西方殖民者手中解放出来。一开始,他们决定推行鼓励经济和政治扩张的政策,军队随时待命以防敌对国家用武力作出反应。但后来,日本军队占了上风,说服了朝廷和天皇也部署了自己的军队:经济和政治的扩张转变成了扩张主义。勒林认为对"亚洲人的亚洲"这一口号支撑下的新秩序观念的评价至关重要,证据显示,事实上这一新秩序观念,尤其在独立方面和"亚洲人的亚洲"方面,基本上指引了日本国内的侵略。"在占领期间,日本不仅没有实践来自互助和睦主义的誓约,连基于并非不光彩的交战国主义的《第四海牙公约》所规定的交战规则也不遵守。崇高的理想给日本以灵感,引导日本最后走向战争——被告的这一主张必须驳回。从他们推行的政策来看,打胜仗显然不是靠公开声明的精神,而是靠秘密决定的精神,这些秘密决定完全只是以大日本帝国为目标。"[1]因此,勒林法官并不是反对适用共谋,而是赞同多数派判决书的立场——确定了实行侵略战争的共谋罪和实际执行侵略战争的罪行,就没有必要再去考虑违反条约罪是否也已确认[2]——在他的反对意见书中指出,对

---

[1] Röling Dissent, Neil Boister, Robert Cryer, eds., *Documents on the Tokyo International Military Tribunal: Charter, Indictment, Judgments*, Oxford University Press, 2008, pp.709-726.

[2] 《远东国际军事法庭判决书》,张效林节译,向隆万、徐小冰等补校译,上海交通大学出版社2015年版,第585页。

于日本侵略这一事实没有必要再调查其违反了哪条公约的条文。[1]

4. 对个人判决的意见

最后勒林法官在被告个人判定上和多数判决不同的独立见解，也是引人注目的。勒林赞同韦伯和纽伦堡法庭的意见，即按照当时的国际法，没有人应该因犯有反和平罪被判死刑。他认为终身监禁是"适当的惩处"。因此，在他的反对意见书里，勒林赞同16个无期徒刑判决中的大多数，这些被告是荒木、桥本、平沼、星野、南、贺屋、大岛、白鸟以及铃木。小矶和梅津也被科以同样刑罚，这是正确的。对被告土肥原、板垣、木村、松井、武藤及东条宣判死刑，勒林也表示怀着敬意同意。

但对于海军将领岛田和冈、陆军将领畑和佐藤，还有天皇的密友木户侯爵的判决勒林法官则有不同意见。"至于被告岗、佐藤和岛田……他们应当被认定犯有战争罪，并且应当被处以极刑。"勒林是唯一一位公开出面要求对受审的海军军官判处更严厉刑罚的法官，他将人们的注意力引向"地狱航船"和海军在其所控制的岛屿上的所作所为，尤其是在西南太平洋和马来亚群岛。[2]

在提议对海军的冈、岛田和陆军的佐藤这几个将领判处死刑的同时，勒林也赞同法庭所作出的死刑判决。只有广田一案例外。在这个问题上他非但不愿意判处死刑，而且认为广田理应无罪释放。他说："在认定文职政府官员为战场上军队的行为承担责任一事上，

---

[1] Röling Dissent, Neil Boister, Robert Cryer, eds., *Documents on the Tokyo International Military Tribunal: Charter, Indictment, Judgments*, Oxford University Press, 2008, p.779.

[2] Arnold Brackman, *The Other Nuremberg: The Untold Story of the Tokyo War Crime Trails*, William Morrow & Co, 1987.

第九章　判决：定论与异见

法庭应该非常谨慎才是。"勒林还呼吁无罪释放木户。他对法庭的判决提出异议，更不认同韦伯的个人意见书。勒林认为，证据显示天皇曾经反对日本的侵略政策，但没有能力改变政策的走向。"审判中的证据并没有支持检方（和韦伯）的论断，即天皇只需出面制止便可以避免战争，以及木户这样的人本应劝他这样做。……天皇的权力是有限的，那么顺理成章，他的顾问权力也是有限的。"

除了呼吁无罪释放广田和木户之外，勒林还认为畑、重光和东乡也应无罪释放。畑是职业军人，在考虑反和平罪上的军人责任时，必须极为慎重。只要高尚的兵马之职在国际交往中是必要的，就必须保护这种职业免受"干预政治"的强求，而只要他们是在本分之内行动的，战争以失败告终后，必须保护他们免受起诉。基于没有对他被认为有罪的任何起诉事实进行彻底的立证以达到排除合理怀疑的地步，必须宣告畑无罪。至于重光和东乡，入阁后一般为促进和平到来而担任某种职务，尤其对于具有这种资格的人，是一种国际义务。留在准备战争的内阁里，如果在法律上自然而然就是一种犯罪的话，这种法律就是不现实、不实际的。它就损害了这一法律的目的即促进维护和平。反和平罪不可能是为和平而犯下的。反和平罪，决定性的要素是侵略意图。如果谁为了促进和平担任某种职务而导致不可避免的结果，陷入不得不同意战争的境地，他不能被视作有侵略意图而受到追究。

勒林在东京审判中给人的突出印象，一是最年轻的法官，二是果断发表了反对意见，三是公正而有尊严。在许多方面，法官兼教授勒林只是一个不得已的异见者，但毫无疑问是一位坚定的和平主义先驱。

（四）帕尔法官的意见

在东京法庭中，印度的帕尔法官是唯一主张判决全部被告无罪并释放的法官。帕尔并不是在判决时才表现出他的与众不同之处的。帕尔在法庭开庭之后才抵达东京，虽然迟到了，但不愿只对先期抵达的法官们所达成的共识进行附议，他很快决定单独撰写法律意见。

他的反对意见书主要内容包括[1]：

（1）只要国家主权仍是维持国际关系的最根本基础，被告运用国家宪法时的各项行为就不应该受到审判。因此主张所有被告无罪，立即释放。

（2）不存在"共谋"。

（3）日本在远东展开的战争是亚洲最初的解放战争，不能被认定为侵略行为。不管那些被告曾经做过什么，都是出于纯粹的爱国动机。尤其是东条英机持有正确的意见，在表述这些意见时毫不犹豫，体现了信仰的无比坚定性。

（4）中国是个不能正常运转的国家，正是由于国共合作才诱发了日本的对华战争。国共内战时期的中国是一个绝望的破产国家，所以能否适用于国际法的保护是值得怀疑的。日本在中国打仗是正当的，因为它是在抗击共产主义的扩散，他们对苏联的畏惧也是有道理的。

（5）"九一八事变"是日本出于维护在中国东北的合法权益所作出的善意决定，根本不属于侵略战争。张作霖是否死于日

---

[1] Neil Boister, Robert Cryer, *The Tokyo International Military Tribunal: A Reappraisal*, Oxford University Press, 2008, pp.811-1421.

第九章 判决：定论与异见

本人之手,还很难说。

（6）松井石根无须为南京大屠杀承担任何责任。法庭上出现的那些证据部分可能存在,但明显被夸大了,甚至本身就是捏造的。况且那段时间松井因患病导致行为能力受限,其刑事责任能力当然也要受到限制。

（7）日本攻击珍珠港纯属自卫,而非侵略。

（8）美国使用重型轰炸机轰炸日本城市,以及对广岛和长崎投放原子弹构成了"反人道罪"。"在太平洋战争中,美国使用原子弹的决定,是唯一近似纳粹领导人在二战中那些指令的指示,绝无可与之相提并论者。"

（9）盟国主张侵略战争是犯罪,但他们自己不也正是通过不断地进行非正义的侵略战争,从而建立起了殖民帝国吗？为什么只有日本建立"满洲国"被判断为"侵略",西方国家实行殖民主义却没有被指控为犯罪？

（10）东京法庭不是一个纯粹的法律审判庭,而仅是盟国显示权力的工具。

（11）日本并非完全没有责任,但这种责任仅仅只是道义上的。

（12）起诉天皇是极不妥当的。

除了独树一帜的意见书之外,帕尔平时在法庭上的一些举动也令人大惑不解。他对被告始终谦恭有礼,每次在法官席落座前必先向被告席深深鞠躬致意。当辩护团团长鹈泽总明在法庭上完成对"八纮一宇"的长篇论述之后,帕尔主动来到休息室和他握手致意。据当时在场的荒木贞夫的日本律师菅原裕描述,帕尔告诉鹈泽："你说得简直太好了。迄今为止,辩护人的发言都集中于国际法方面,而没有谈及东方的思想,我对此感到非常孤寂。今天我实在太高兴了。"有人甚至提出,帕尔在法庭上的言行不像法官,更像辩方律师。在法庭之外,帕尔几乎不与任何人交往。平时除了到美军经营的商店购物或者买彩票外,帕尔几乎足不出户,将大量时间用于写作。

资深南亚研究学者中里成章在其极具影响力的著作《帕尔法官——印度民族主义与东京审判》一书中,以实证的手法勾勒出帕尔的生平和职业生涯,并以此为观照,探究帕尔的思想是如何影响他书写反对意见书的。中里对帕尔意见书精辟地分析指出:"帕尔意见书对日本军国主义的拥护是与批判西方的立场纠缠在一起的,以批判西方将日本军国主义的罪恶合法化,正是意见书的问题所在。"[1]

中里还认为:"在国际法领域,帕尔虽然对文明诸国法理,即国际法的西方中心主义作了批评,但是基本上仍是固守19世纪西方法学思想的解释,从这一点来说,他比西方学者更为西方。"帕尔在东京审判中对西方的批判,在拥护日本军国主义之处停止,没有达到指出西方法学观念的问题,并进行批判的境地。"他的政治倾向最大的问题是与日本军国主义站在同一条线上,笃信日本的战争是为了解放亚洲这种日本军国主义的意识形态。在东京审判中,帕尔的政治重点就是驱使老牌律师的辩论技巧,为被告人作出无罪论证。不过,这并非是为日本军国主义所迷惑,根本问题在于帕尔自身的政治倾向。"[2]

---

[1] [日]中里成章:《帕尔法官:印度民族主义与东京审判》,陈卫平译,法律出版社2013年版,第144页。

[2] 同上书,第145页。

第九章　判决：定论与异见

1952年4月28日美国结束占领日本，也是禁书令解除的当天，田中正明编辑的《帕尔博士陈述·真理的裁判·日本无罪论》即公开出版，帕尔意见书的全文也于当年出版。以后否定声浪逐渐高涨，东京审判的主张更被贴上"东京审判史观"的负面标签遭到挞伐。在日本有15座帕尔纪念碑，2005年在靖国神社的游就馆前就建了一座"帕尔博士显彰碑"。2007年，时任首相安倍晋三特意前往印度加尔各答会见帕尔的长子。帕尔这名印度法学家，一直身处日本新民族主义和历史修正主义浪潮的中心位置。[1]

事实上，帕尔并未宽宥日本的行为，而且大多数日本人事后也未容忍这样的罪行。但是除了坦承对"常规"战争犯罪与暴行的厌憎、除了感叹战争的愚蠢之外，许多日本人，就像这位印度法官一样，发现很难将他们自己国家的行为看作独特的现象。毫不奇怪，他们比胜利者更倾向于把战争看作不稳定的帝国主义世界中强权政治的表现。因此，这位印度法官显然十分快意于指出胜利者审判的伪善。例如，他详细引述了英国权威的皇家国际事务研究所关于日本几乎是以"学究式的精确性"效仿欧洲帝国主义先例的说法。[2]

对美国人最为不利的是，意料之中的谴责审判的双重标准的理由，就是美国对日本多个城市的恐怖轰炸，尤其是使用原子弹。帕尔法官对此进行的论证，在他本人来说也是异常辛辣：

> 在我们的考察之下，如果说太平洋战争中有任何事情近似

---

[1] [日]中里成章：《帕尔法官：印度民族主义与东京审判》，陈卫平译，法律出版社2013年版。

[2] [美]约翰·W.道尔：《拥抱战败：第二次世界大战后的日本》，胡博译，生活·读书·新知三联书店2015年版，第452页。

德国皇帝在上述书简中所言,那就是来自同盟国使用原子弹的决定。后世将会对这一可怕的决定作出判决。历史将判定时人反抗使用这一新式武器的情感爆发是否丧失理性或是感情用事;通过如此不分青红皂白的杀戮粉碎全体国民继续战斗的意志以赢得胜利是否合法……据此足以说明本法官现在的目的,即如果任何无差别地损毁平民的生命和财产在战争中仍属违法的话,那么在太平洋战争中,使用原子弹的决定,是唯一近似德国皇帝在一战中及纳粹领导人在二战中的指令的指示。而本案被告所为绝无可与之相提并论者。[1]

(五)哈那尼拉法官的意见

菲律宾法官哈那尼拉发表了并存意见书。在意见书中,哈那尼拉法官对《东京宪章》及法庭管辖权给予了全面肯定。他还特别指出,美国向日本投放原子弹完全属于正当行为。"如果手段是由目的决定其正当性,那么使用原子弹就是正当的,因为它使日本屈服并终止了可怕的战争。假如不使用原子弹而导致战争继续下去,还会有多少无助男女和儿童白白送死或受苦?还将会造成多少几乎无法挽回的破坏和毁灭?"[2]哈那尼拉对多数判决书的异议之处在于,他认为法庭对被告的判决过于宽大,完全起不到惩戒和威慑作用。判

---

[1] *Judgment of Justice Pal*, Neil Boister, Robert Cryer, eds., Documents on the Tokyo International Military Tribunal: Charter, Indictment, Judgments, Oxford University Press, 2008, p.1122.

[2] *Jaranilla opinion*, Neil Boister, Robert Cryer, eds., Documents on The Tokyo International Military Tribunal: Charter, Indictment, Judgments, Oxford University Press, 2008, p.651.

第九章　判决：定论与异见

决与被告人所犯罪行的严重性极不相符,"所有被告都应该被判处死刑",这与帕尔主张的全体释放形成了两个极端。

帕尔和哈那尼拉的意见加起来,涵盖了此后数十年间有关使用原子弹的论争的基本要素。如同东京审判的审理过程,它的判决在形成过程中也不断地面临种种难题,并为后人留下了许多讨论的空间。我们无须回避批判的声音,必须承认东京审判作为一项国际法上的先驱性司法事件,它的判决存在某些法理争议是无法避免的,否则也难以称为"先驱"。同时我们更要看到这些讨论的积极意义,对于判决(以及法官个别意见)的深入考察能够更准确和客观地梳理东京审判审理的文脉。更进一步地,它们将启发我们思考人类要如何面对和处理"战争与和平"这个永恒的课题。这也是审判当事人和严肃学者所期待的东京审判的"教育功能"的实现。

三、判决的执行

1948年11月24日,由于审判实行一审终审制,土肥原贤二和广田弘毅两名被告人的美国辩护律师竟向美国联邦最高法院提出所谓"上诉",随后被告人木户幸一、冈敬纯、佐藤闲了、岛田繁太郎和东乡茂德亦提出"上诉",认为麦克阿瑟无权成立审判日本战犯的军事法庭,东京法庭只是"美国的军事法庭",要求释放被告人。

根据美国政府参加的国际协议及其对盟国承担的国际义务,美国联邦最高法院本应立即拒绝受理,结果美国联邦最高法院却出人意料地决定受理该"上诉"。这引起了国际舆论的轩然大波,各盟国纷纷指责美国联邦最高法院的这一决定是"令人骇异的错误",倘若国际军事法庭所作的最终判决,还须经过某一国法院的单独复查,则今后的国际决定和行动,均面临被单独审查和撤销的危险,国际合作和互相信任将不复存在。美国司法部也向美国联邦最高法院指出:它无权重新审查美国在战时与各盟国共同达成的关于惩罚战犯的协定。它的不当干涉,会损害国际司法工作,损害国际法的威信,而且会破坏旨在达成合作的其他努力,尤其是联合国的工作。[1]

经过谨慎的考虑和评估,美国联邦最高法院更正了自己的决定,决定不再开庭审理土肥原贤二等人的"上诉"。并明确指出:根据美国宪法,对日本占领军最高司令审查麦克阿瑟将军的行为,美国联邦最高法院并没有权力审查。麦克阿瑟是依照《波茨坦公告》,以及根据《莫斯科宣言》组织成立的远东委员会(FEC)的政策指令代理组织法庭的。虽然建立东京法庭的基本原理并未记录在《波茨坦公告》第10条的规定里,但在《日本投降书》中,日本天皇和政府均承诺遵守和服从盟军最高司令官或由盟军指定的其他代表的命令和决定,这使得麦克阿瑟能够超越权限去执行《波茨坦公告》的条款。东京审判的判决也明确,麦克阿瑟并非作为美国公民,而是作为同盟国之代理的身份组建法庭。根据《波茨坦公告》《日本投降书》以及国际法一般原理,可以认定东京法庭是国际军事法庭。

---

[1] 刘仁文:《东京审判与国际刑事司法》,载《人民法院报》2015年9月3日,特刊第25版。

余论

东京审判的历史意义

第二次世界大战结束后，取得反法西斯战争胜利的各国诉诸国际刑事司法重塑战后地缘政治格局，奠定了包括亚太区域在内的世界和平与稳定。20世纪初尚被认为属不可执行之道德规范的战争法则，获得了国际法的刚性地位，原本面目模糊的战争法规范得以重述，个人国际刑事责任得以确立。换言之，人权与主权的关系被重构，诉诸战争权和战争中的暴力权受到国际刑法明确的限制。本书对产生这一趋势的原因和动力进行了研究，并试图厘清四个问题：为什么审判发生在二战后，不是一战后也不是更久以后的某个时候？为什么审判的罪名除了传统战争罪还有反和平罪和反人道罪，且审判的对象是个人？影响和塑造审判的因素及作用机制是什么？审判最终是否、多大程度以及如何实现了它所追求的价值目标？

　　东京审判和纽伦堡审判得以进行，是国际法治重大转型的结果，是人类理性转变的结果。反过来，东京和纽伦堡两大战争罪行审判的伟大实践，又进一步巩固了国际法治，尤其是国际刑事法治发展的成果，推动国际秩序"法的支配"理想的初步实现，促进了人类社会价值理性、工具理性、形式理性、沟通理性的进一步反思、发展与融合，促进人权与主权的"互驯"，彰显了人道主义的理想理念，体现了人类文明的进步。

自 19 世纪下半叶以来,以战争与和平为主题,开始了诉诸战争权和战时法双轨战争法的各自发展。战争法的变迁是 19 世纪末 20 世纪初国际法治大转型的一个缩影,是工具理性、价值理性和沟通理性共同作用再度平衡的结果。价值理性的变化决定了国际法治的价值转型和刚性趋势,使得战后国际战争罪行审判得以施行。东京审判和纽伦堡审判,就是这种理性进步的集大成者,或者说,预示着一种新的理性道路。

在这种历史大转折的背景下应运而生的东京审判和纽伦堡审判,无论审判理念之创新、制度构建之系统、规模之宏大、程序之繁复、罪名和责任类型之"前所未有",都体现了审判作为人类应对战争和暴力的手段之"远见卓识"。为什么要这么做?原因就在于举行审判是试图让历史走上审判席,打一场向战争本身宣战的法律战。这场筚路蓝缕的尝试旨在创设垂范后世的战争罪行审判标准,某种意义上体现了温特所言的国际规范由争夺文化向合作文化、互爱文化转变的意识。

也许有人会问,审判能彻底阻止战争吗?它真的能把每个犯罪的人都送上法庭吗?很遗憾,答案可能是否定的。战争审判不可能完美无缺,相反,它的作用还十分有限。但这个世界上有什么东西是万能的吗?发生了犯罪案件,并不意味着针对犯罪的法律是无效的。我们不应把存在违反国际法律秩序的行为视为放弃它的理由,而应把它们视为要加倍支持它的理由。不管看起来纽伦堡和东京审判多么不完美,它至少比未经审讯的处决更加正义。

没有纽伦堡审判,我们无法想象二战以后德国人会进行全民性的大忏悔。当良心自由被作为规则确立的时候,任何罪行都不再有避难所。东京审判与纽伦堡审判抱持相同的理念——不仅要确定被

余　论　东京审判的历史意义

告的罪行并决定是否对其实施惩罚,还负有使命去探索一条更好的途径,借以控制人类强烈的冲动、侵略和报复。

1946年12月,联合国大会通过决议,一致确认《纽伦堡宪章》所包含的国际法原则,这就是著名的纽伦堡七原则。

1948年12月9日,联合国大会通过《防止及惩治灭绝种族罪公约》,该公约有拘束力,明确灭绝种族属于国际罪行,所有签约国均有义务防止及处罚此类行为。

1967年和1968年,联合国大会又通过了决议,规定战犯无权要求庇护,对他们不适用法定时效原则。危害人类罪和战争罪等最为严重的国际犯罪,不论这些罪行过去了多久,都可以被追究和起诉。战后两大审判惩处危害人类罪的过程中形成的一些规则逐渐发展为战争国际强行法,也就是确立了一个国家对全体国际社会的责任,即"对所有人的义务"。为了全人类的利益,一个国家无论有没有条约的规定,都必须对全体国际社会承担一种义务,即打击和惩罚国际犯罪。

20世纪90年代爆发的前南斯拉夫种族屠杀事件和卢旺达大屠杀事件,促成联合国成立前南斯拉夫和卢旺达国际刑事法庭,这标志着国际刑法和国际人道法新时代的到来。此后,在联合国框架下,塞拉利昂以及柬埔寨和黎巴嫩混合法庭,特别是国际刑事法院的相继设立,使国际刑事裁判获得长足发展。

马基雅维利曾断言:"没有什么比引入事物的新秩序更难掌控,行动更危险,成功的可能性更不确定。"的确,世界本身非常复杂,出现新东西的时候,我们往往把它看成是原来世界的一种乱象,是一种堕落,是一种例外。而本书尝试的,就是从另外一个角度再看这堆事实,并且不断提问:什么才是最重要的?可能恰恰不是那些符合我们预期的事实,而是那些例外,那些原来的理论解释不了的东西。正是这些东西,使我们重新理解世界,并且获得重大创新的机会。

东京审判几乎所有的内容上,都存在截然相反的不同看法和意见,而这一现象,在人类历史上所有重大的审判中都发生过。结论是,人们总是对审判不满,审判总是不可能让所有立场的人满意。即使是撒旦,也会用《圣经》为自己辩护。因此,用批评的多少甚至有没有批评来衡量审判的"质量"合格与否或者好坏成败是没有意义的,甚至是荒谬的。我们真正要关注的,是能够从过去的教训中学到什么,正如东京和纽伦堡审判从莱比锡审判中学到的那样。

尝试从更多的视角去看待国际刑事司法审判,看待战争与和平中的法治,会发现法律有自己的生命,法律的演进和革新基于人类对自身命运思考和人类共同价值的追求。"国家可以抵抗军队的入侵,然而却无法阻挡时代已经来临的思想的渗透。"[1]正是因为人们深信,世界建立在三大支柱之上——和平、安全和福祉,最终东京审判才得以深蕴与强力冲开了法律认知的障碍,开辟了历史的新航道,打开了国际法律进程和法治的新途。也是在这个意义上,才会有学者乐观预言:"国际刑法是未来的刑法。"

东京审判表达了一种信仰,即法律能用理性克制暴力。法律不仅仅代表着社会的不同利益,它更象征着我们的共识。法律尊重异议;它耐心地考虑不同的证据和主张;它听取所有人的观点。所有人在法律面前都是平等的。法律的历史源远流长,它的目的就是要结

---

[1]《人类简史》的作者尤瓦尔·赫拉利在他的《未来简史》中提出,"真正能让人群实现大规模合作的,不是想象力或情绪等主观现实,而是所谓'互联主观'(intersubjectivity)"。

余　论　东京审判的历史意义

束无休止的复仇和"以牙还牙",它用公认公开的合理制裁取代仇恨与敌意。法律人精益求精的技巧与职业文化让政治得以运行;它使政治不被卷入暴力的旋涡之掌。

著名的美国联邦最高法院大法官本杰明·卡多佐曾说:"现有的规则和原则可以确定我们现在的处所,我们的方位,我们的经纬度。但庇护我们度过长夜的旅馆并非旅行的终点。法律如同旅人,须为次日做好准备。发展是法律必备的原则。"法律自身并不能改变社会秩序和社会价值观念,也不见得能切实维持它们,但它有影响和塑造态度的能力。那些通过法律达成社会正义的努力所取得的成功并非不实之誉。东京审判宣告侵略战争是最严重国际犯罪,这只是它在和平事业中取得的一小步进展。尽管我们必须承认法律的局限,但通过东京审判我们看到了现在有一种通过司法运送和平与正义的努力,和平与正义不会自动实现,除非竭力寻求。

主要参考文献

一、中文部分

著作类：

1. 梅汝璈：《远东国际军事法庭》，法律出版社、人民法院出版社2005年版。

2. 梅汝璈：《东京大审判——远东国际军事法庭中国法官梅汝璈日记》，江西教育出版社2015年版。

3. 梅小璈、梅小侃编：《梅汝璈东京审判文稿》，上海交通大学出版社2013年版。

4.《远东国际军事法庭判决书》，张效林节译，向隆万、徐小冰等补校译，上海交通大学出版社2015年版。

5. 程兆奇、龚志伟、赵玉蕙编著：《东京审判研究手册》，上海交通大学出版社2013年版。

6.《远东国际军事法庭庭审记录·中国部分——侵占东北检方举证》，程维荣译，程兆奇校，上海交通大学出版社2014年版。

7. 向隆万：《向哲濬东京审判函电及法庭陈述》，上海交通大学出版社2014年版。

8.［日］粟屋宪太郎：《东京审判秘史》，里寅译，世界知识出版社1987年版。

9. ［法］艾迪安·若代尔:《东京审判:被忘却的纽伦堡》,杨亚平译,程兆奇校注,上海交通大学出版社 2013 年版。

10. ［日］田中利幸、［澳］蒂姆·麦科马克、［英］格里·辛普森编:《超越胜者之正义:东京战罪审判再检讨》,梅小侃译,上海交通大学出版社 2013 年版。

11. 东京审判研究中心编:《东京审判再讨论》,上海交通大学出版社 2015 年版。

12. ［日］中里成章:《帕尔法官:印度民族主义与东京审判》,陈卫平译,法律出版社 2013 年版。

13. ［美］M. 谢里夫·巴西奥尼:《国际刑法导论》,赵秉志、王文华等译,法律出版社 2006 年版。

14. ［德］格哈德·韦勒:《国际刑法原理》,王世洲译,商务印书馆 2009 年版。

15. ［日］森下忠:《国际刑法入门》,阮齐林译,中国人民公安大学出版社 2004 年版。

16. ［美］约翰·W. 道尔:《拥抱战败:第二次世界大战后的日本》,胡博译,生活·读书·新知三联书店 2015 年版。

17. ［美］入江昭:《第二次世界大战在亚洲及太平洋的起源》,李响译,社会科学文献出版社 2016 年版。

18. ［荷］伊恩·布鲁玛:《零年:1945——现代世界诞生的时刻》,倪韬译,广西师范大学出版社 2015 年版。

19. ［荷］伊恩·布鲁玛:《罪孽的报应:德国和日本的战争记忆》,倪韬译,广西师范大学出版社 2015 年版。

20. ［日］日暮吉延:《东京审判的国际关系》,翟新、彭一帆译,上海交通大学出版社 2016 年版。

21. 陈立虎主编:《东吴法学先贤文录(国际法学卷)》,中国政法大学出版社 2015 年版。

22. 朱文奇:《现代国际刑法》,商务印书馆 2015 年版。

23. 朱文奇:《现代国际刑事诉讼法》,商务印书馆 2014 年版。

24. 朱文奇:《国际人道法》,中国人民大学出版社 2007 年版。

25. 朱文奇:《国际刑事法院与中国》,中国人民大学出版社 2009 年版。

26. 王世洲主编:《现代国际刑法学原理》,中国人民公安大学出版社 2009 年版。

27. 王新:《国际刑事实体法原论》,北京大学出版社 2011 年版。

28. 步平:《跨越战后:日本的战争责任认识》,社会科学文献出版社 2011 年版。

29. 余先予、何勤华、蔡东丽:《东京审判:正义与邪恶之法律较量》(第三版),商务印书馆 2015 年版。

30. [英]大卫·巴迪:《日本帝国的终结》,徐莉娜等译,青岛出版社 2013 年版。

31. [荷]胡果·格劳秀斯:《战争与和平法》,[美]坎贝尔英译,何勤华等译,上海人民出版社 2013 年版。

32. [美]理查德·塔克:《战争与和平的权利:从格劳秀斯到康德的政治思想与国际秩序》,罗炯等译,社会科学文献出版社 2009 年版。

33. [美]约翰·托兰:《日本帝国衰亡史:1936—1945》,郭伟强译,中信出版社 2015 年版。

34. [美]约翰·法比安·维特:《林肯守则》,胡晓进、李丹译,中国政法大学出版社 2015 年版。

35. ［美］惠特曼:《战争之谕:胜利之法与现代战争形态的形成》,赖骏楠译,中国政法大学出版社 2015 年版。

36. ［美］斯蒂芬·平克:《人性中的善良天使:暴力为什么会减少》,安雯译,中信出版社 2015 年版。

37. ［英］肯尼斯·韩歇尔:《日本小史:从石器时代到超级强权的崛起》,李忠晋、马昕译,北京联合出版公司 2016 年版。

38. ［美］鲁思·本尼迪克特:《菊与刀》,吕万和、熊达云、王智新译,商务印书馆 2002 年版。

39. 赖骏楠:《国际法与晚清中国:文本、事件与政治》,上海人民出版社 2015 年版。

40. ［英］萨达卡特·卡德里:《审判为什么不公正》,杨雄译,新星出版社 2014 年版。

41. 杨夏鸣、张生编:《南京大屠杀史料集 29:国际检察局文书·美国报刊报道》,江苏人民出版社、凤凰出版传媒集团 2007 年版。

42. 杨夏鸣编:《南京大屠杀史料集 7:东京审判》,江苏人民出版社、凤凰出版社 2005 年版。

43. 程兆奇:《东京审判——为了世界和平》,上海交通大学出版社 2017 年版。

44. 何志鹏:《国际法哲学导论》,社会科学文献出版社 2013 年版。

45. ［美］汉斯·凯尔森:《国际法原理》,王铁崖译,华夏出版社 1989 年版。

46. ［英］哈特:《法律的概念》,张文显等译,中国大百科全书出版社 1996 年版。

47. [意]安东尼奥·卡塞斯:《国际法》,蔡从燕等译,法律出版社 2009 年版。

48. 陈宜中:《何为正义》,中央编译出版社 2016 年版。

49. [日]平野龙一:《刑法的基础》,黎宏译,中国政法大学出版社 2016 年版。

50. 徐进:《暴力的限度——战争法的国际政治分析》,中国社会科学出版社 2012 年版。

论文类:

1. 陈泽宪:《国际刑事法院管辖权的性质》,载《法学研究》2003 年第 6 期。

2. 刘仁文:《东京审判与国际刑事司法》,载《人民法院报》2015 年 9 月 3 日,特刊第 25 版。

3. 邓子滨:《视差:〈东京审判〉的遗憾》,载《斑马线上的中国》(精装版),法律出版社 2015 年版。

4. 赵建文:《和平权的缘起和演进》,载《人权》2015 年第 6 期。

5. 赵建文:《国际法上的国家责任——国家对国际不法行为的责任》,中国政法大学博士学位论文,2004 年 5 月。

6. 程兆奇:《从〈东京审判〉到东京审判》,载《史林》2007 年第 5 期。

7. 向隆万、孙艺:《东京审判中的中国代表团》,载《民国档案》2014 年第 1 期。

8. 支振锋:《国际法治与人道文明》,载《中国社会科学报》2015 年 9 月 16 日。

9. 支振锋:《中国抗战对国际法治与文明的贡献》,载《红旗文稿》2015 年第 17 期。

10. 朱文奇:《东京审判与追究侵略之罪责》,载《中国法学》2015 年第 4 期。

11. 朱文奇:《国际法上追究个人刑事责任与管辖豁免问题》,载《法学》2006 年第 9 期。

12. 朱文奇:《东京审判与南京大屠杀》,载《政法论坛》2007 年第 5 期。

13. 朱文奇:《东京审判:人类之理性与进步》,载《人民法院报》2015 年 9 月 3 日。

14. 赵秉志、蒋娜:《国家刑事责任的理论依据与司法认定——以塞尔维亚共和国被诉种族灭绝罪的案件为样本》,载《政法论坛》2010 年第 2 期。

15. 舒洪水、贾宇:《国家的刑事责任探析》,载《江西社会科学》2008 年第 6 期。

16. 宋志勇:《东京审判研究》,南开大学 2002 年博士学位论文。

17. 宋志勇:《战犯审判、历史认识、民族和解》,载《史学理论研究》2011 年第 1 期。

18. 刘向红:《远东国际军事法庭审判中的刑事诉讼问题》,载《上海政法学院学报(法治论丛)》2012 年第 3 期。

19. 苏智良:《远东审判的合法性、正义性及对未来的启迪》,载《上海师范大学学报(哲学社会科学版)》2006 年第 4 期。

20. 曹大臣:《东京审判日本辩护证据的历史考察》,载《军事历史研究》2012 年第 2 期。

21. 步平:《日本在中国的化学战及战后遗弃化学武器问题》,载《民国档案》2003 年第 4 期。

22. 程兆奇:《中国东京审判研究的新进展》,载《民国档案》2014年第1期。

23. 龚志伟:《西方东京审判研究源流论》,载《军事历史研究》2015年第6期。

24. 韩华:《东京审判研究综述》,载《抗日战争研究》2012年第2期。

25. 程兆奇:《日本现存南京大屠杀史料概论》,载《社会科学》2006年第9期。

26. 程兆奇:《松井石根战争责任的再检讨——东京审判有关南京暴行被告方证词检证之一》,载《近代史研究》2008年第6期。

27. 程兆奇:《小川关治证词的再检讨》,载《江海学刊》2010年第4期。

28. 马呈元:《国际犯罪及其责任》,中国政法大学2001年博士学位论文。

29. 孙法柏、付静:《论国家责任的可归因性》,载《山东科技大学学报(社会科学版)》2015年第4期。

30. 王新:《论个人刑事责任原则在国际刑法中的体现》,载《法学评论》2011年第3期。

31. 赵晨光:《论共犯区分制体系下国际刑法中的个人刑事责任原则》,载《刑法论丛》2011年第2卷。

32. 孙宅巍:《如何解读东京审判对南京大屠杀遇难人数的认定》,载《南京师范大学学报(社会科学版)》2007年第6期。

33. 翟慎海:《纽伦堡审判与东京审判的法律困惑之解读——以罪刑法定原则为视角》,载《河南司法警官职业学院学报》2009年第3期。

34. 李令:《从〈东京审判〉看国际法的标准——对天皇战争责任的思考》,载《今日南国(理论创新版)》2009 年第 7 期。

35. 黄肇炯、唐雪莲:《纽伦堡、东京审判与国际刑法》,载《法学家》1996 年第 5 期。

36. 姜津津、季卫东、程兆奇:《东京审判是"文明的审判"》,载《光明日报》2014 年 9 月 1 日,第 16 版。

37. 阮啸:《浅析东京审判中的国际刑事司法独立问题》,载《法制与社会》2008 年第 2 期。

38. 赵少群:《国际法上战争罪内涵的历史演变》,载《贵州大学学报(社会科学版)2006 年第 2 期。

39. 马洪波:《东京审判及其对战争法的发展》,载《蒙自师范高等专科学校学报》2002 年第 1 期。

40. 刘韶华、杜晓君:《个人国际刑事责任及相关问题》,载《法律适用》2003 年第 9 期。

41. 何其生:《梅汝璈及其国际法思想评述》,载《武大国际法评论》2007 年第 1 期。

42. 巢志雄:《法律推理与政治选择——东京审判再回顾》,载《法律方法》2009 年第 2 期。

43. 刘大群:《国际法上的国家刑事责任问题》,载《刑事法律评论》,2007 年第 2 期。

44. 管建强:《远东国际军事法庭享有管辖权的新论证》,载《法学评论》2015 年第 4 期。

45. 王秀梅:《远东国际军事法庭的法理依据》,载《人民法院报》2015 年 9 月 3 日,特刊第 2 版。

46. 王珊珊:《程兆奇谈东京审判管辖权》,载《人民法院报》

2015年9月3日,特刊第9版。

47. 向隆万:《南京大屠杀与东京审判》,载《人民法院报》2015年9月3日,特刊第25版。

48. 何勤华:《东京审判的诘问与反思》,载《人民法院报》2015年9月3日,特刊第26版。

49. 宋健强:《铭记历史审判 澄清司法正义》,载《人民法院报》2015年9月3日,特刊第28版。

50. 崔鲜泉:《战争犯罪法案划定审判路线图》,载《人民法院报》2015年9月3日,特刊第33版。

51. 陈新宇:《东京审判死刑投票问题再考证》,载《人民法院报》2015年9月3日,特刊第24版。

52. 蒋娜:《从反人道罪的最新发展看国际刑法中的罪刑法定原则——兼论对中国刑法的启示》,载《法学评论》2010年第2期。

53. 车丕照:《国际法治初探》,载高鸿钧主编:《清华法治论衡》(第一辑),清华大学出版社2000年版。

54. 何志鹏:《大国政治中的正义谜题》,载《法商研究》2012年第5期。

55. 林俊辉:《英国刑法共谋罪历史沿革之梳理》,载陈兴良主编:《刑事法评论》(第22卷),北京大学出版社2008年版。

56. 林俊辉:《英美刑法共谋罪规则之价值述评》,载《国家检察官学院学报》2012年第4期。

57. [德]托马斯·魏根特:《国际刑法中的归因问题研究——一个德国法视角的考察》,姜敏译,载陈兴良主编:《刑事法评论36:不法评价的二元论》,北京大学出版社2016年版。

58. 张德胜、金耀基等:《论中庸理性:工具理性、价值理性和沟通理性之外》，载《社会学研究》2001年第2期。

59. 熊琦:《德国法学家汉斯－海因里希·耶赛克的比较刑法与国际刑法学思想》，载赵秉志、卢建平主编:《国际刑法评论》(第4卷)，中国人民公安大学出版社2009年版。

60. [美]罗杰·克拉克:《纽伦堡与反和平罪》，黄伯青、王志超译，载赵秉志、卢建平主编:《国际刑法评论》(第3卷)，中国人民公安大学出版社2009年版。

61. 许小亮:《敌人概念的建构与消解——战争法的古今之变》，载许章润、翟志勇主编:《历史法学》(第十一卷)，法律出版社2016年版。

62. 程兆奇:《裕仁天皇战争责任的再检讨》，载《军事历史研究》2015年第6期。

63. 刘萍:《联合国战争罪行委员会的设立与运行——以台北"国史馆"档案为中心的探讨》，载《历史研究》2015年第6期。

64. [法]玛瑞莉·戴尔玛斯·玛尔蒂:《暴力与屠杀:刑法上的"敌人"还是刑法上的"不人道"》，余履雪译，载《法学家》2010年第4期。

65. [日]铃木敬夫:《犯战争罪的法学——〈战争时期小野清一郎·尾高朝雄的法哲学〉之批判》，周英译，载《华东政法大学学报》2016年第6期。

二、英文部分

1. Neil Boister, Robert Cryer, eds., *Documents on the Tokyo International Military Tribunal: Charter, Indictment, Judgments.*

Oxford University Press, 2008.

2.Neil Boister, Robert Cryer, *The Tokyo International Military Tribunal: A Reappraisal*, Oxford University Press, 2008.

3.Totani Yuma, *The Tokyo War Crimes Trial: The Pursuit of Justice in the Wake of World War II*, Harvard University Asia Center, 2008.

4.Antonio Cassese, *International Criminal Law (Third Edition)*, Oxford: University Press, 2013.

5.Bradly Smith, *Reaching Judgment at Nuremberg*, Basic Books, 1977.

6.Bradley F. Smith(ed.), *The American Road to Nuremberg: The Documentary Record 1944-1945*, Hoover Institution Press, 1982.

7.Report by the State-War-Navy Coordinating Subcommittee for the Far East, The Apprehension and Punishment of War Criminals(March 5 and August 9, 1945), T1205(microgilm)/Reel#1/RG353, NARA.

8.Arnold Brackman, *The Other Nuremberg: The Untold Story of the Tokyo War Crime Trails*, William Morrow & Co, 1987.

9.Richard Minear, *Victors Justice: The Tokyo War Crimes Trial*, Princeton University Press, 1971.

10.Solis Horwitz et al., *The Tokyo Trail: International Conciliation*, *No.465*, *November*, *1950*, Literary Licensing, LLC, 2013.

11.Telford Taylor, *Anatomy of the Nuremberg Trails: A Personal Memoir*,

12.Yoram Dinstein, *War, Aggression and Self-Defence (4th*

edn.), Cambridge University Press, 2005.

13.David Boucher, *The Limits of Ethics in International Law, Natural Rights, and Human Rights in Rransition*, Oxford university press, 2009.

14.B.V.A.Röling, *The Tokyo Trial and Beyond: Reflections of a Peacemonger*, ed. A.Cassese, Polity Press, 1993.

15.Joshua Dressler, *Understanding Criminal Law*, Lexisnexis, 2009.

16.Wayne R.LaFave, *Criminal Law, 5th edition*, Thomson/West, 2010.

17.K.Ambos, *Command Responsibility and Organisationsherrschaft*, in A.Nollkaemper and H.Van der Wilt(eds.), System Criminality in International Law, Cambridge University Press, 2009.

18.H.Vest, *Volkerrechtsverbrecher verfolgen, Ein abgestuftes Mehrebenenmodell systemischer tatherrschaft*, Stampfli, 2011.

三、数据库

中国国家图书馆东京审判数据库，载国图网，http://mylib.nlc.gov.cn/web/guest/djsp/pdfplayer? id=E2D98C9C0E104E2D856777332B7BD63C&type=pdfinfo&module=theTrialRecord。

后记：书被催成墨未浓

从 2014 年到 2024 年，从攻读博士学位到这本小书的出版，十年过去了。从起初对战争和大屠杀选题的轻微抗拒到对战争审判有所认识，从几近绝望的博士论文写作到与"初级阶段"和解最终成书，从来京求学的无知无畏到浮萍靠岸的由衷庆幸，可以说，对东京审判的研习与写作也是自己青春十年的见证，青春这段路我竟不自觉地把东京审判"作为方法"了。

一

"草色遥看近却无"，事物越是切近具体，越不好描摹把握。所以我喜欢舍近求远，博士论文也要选个"遥远"的略显冷门的对象才踏实。东京审判发生在七十多年前，与罗马法、大宪章相比其实并不算远，但相较审判之前的"二战"、审判之后的"冷战"，以及和它双线并行的纽伦堡审判，东京审判依然有研究空间。这个选题一出现，我就爱不释手，甚至有点得意窃喜，因为这种距离产生美的模式也暗合了我的人生经历。

有幸来中国社会科学院攻读博士学位之前，我已经在"地方上"工作了七年。因为我非要放弃稳定的警校工作，费力备考，试图到北京"吃天鹅肉"，父亲总是有意无意说点风凉话，给我打打预防针。

后记：书被催成墨未浓

这种行事风格是父亲的特色。小时候，别的家长都为自己的孩子学习好、当班干部在各种活动中露脸而骄傲，父亲却总是不在乎："净整那些没名堂的事。"高考前几天，别的家长都是百般照顾生怕影响孩子考试，父亲却不介意跟我大吵一架，还撂下一句"考不上拉倒！"司法考试后，亲戚朋友一块吃饭，好友举杯提酒说这次发挥好肯定能过，父亲又趁机"偷袭"了我一句："我看够呛！"所以对我考博的事情，父亲也不看好。但真考上之后，开心的也是他。也许故意说反话是他为我加油的方式，父亲自己一生奔波辛酸，颇有些怀才不遇，深知人生无常，望梅并不能真的止渴，少存些念想才是务实的打算。

父亲是从农村走出来的大学生，和母亲是高中同学。他十分争气，考上了长春地质学校学习地质水利，成为全村第一个大专生。毕业前应征入伍，远赴新疆和田当技术兵，在当地搞水质测量。临走前，他去已经"接班"工作的母亲家里吃饺子（母亲学习更好，本可以上大学的，十分可惜），顺便表白。看我母亲有点犹豫害羞一直没吐口，就开始耍横："行就行，不行拉倒！"就这样，"紧急情势"成就了父母爱情。可是，新婚不久就是远行，新疆对于20世纪七八十年代的东北小县城来说，已经遥远得超乎想象，何况一走就是六年！

这是我还未出生就必须面对的"远距离"。童年对父亲的印象极其模糊，只知道他是每一年我和母亲都要坐好几天火车去见的一个人。我的专座是硬座下的空间，母亲坐在"上铺"，我躺在"下铺"，如此这般每年往返，持续了六年直到父亲复员。父亲回家之后，我才对他一点点熟悉起来，他爱读书，爱摄影，爱听邓丽君的歌。我也对父亲的世界充满好奇，他最喜欢的书是《红楼梦》，但订阅的杂志却是《无线电》和《电子世界》，文理兼修。他会自己接电路做音箱造锅炉，动不动就调整房间布局，南水北调东电西送，把家里改造个遍，还把开关都调到触手可及的位置，一键操作免得下地，笑称懒人发明——世界进步全靠懒人推动。

父亲对我这个女儿很少流露慈爱的一面，但很早就让我读《红楼梦》，说大了就来不及了。父亲也很早就让我学喝酒，说女孩子得有点酒量。青春期的时候，早恋的风来势汹汹，父亲一个总爱吟诗作对的人，这时却像人间清醒一样指点道：一旦儿女情长，难免英雄气短！

我读博士时已是而立之年，父亲也年近花甲。除了坚持每隔两年就换个爱好（集邮、集币、养花、中药……）之外，他大部分时间都宅在家里看电视，不喜外出，琢磨养生。知道我要写东京审判，就时不时考我战争知识，顺便对国际局势纵论一番。许久不买书的父亲还让我买了一套六本的《决战》寄给他，因为知道这套力作的主要作者之一刘统老师也曾教导过我，父亲很是欣慰，觉得我终于干了点正事儿。

人生永远有很多事没办法真正准备好，比如告别。2021年11月，远在这本书酝酿出版之前，父亲就突发心脏病在睡梦中离世。送他出殡那天，老家双辽下起了七十年不遇的暴雪，大雪没膝，送行车辆不知费了多少力气才得以上路。母亲悲叹：老徐啊老徐，走了还这么任性，一定要让所有人都记得你！

这段远距离已成天人永隔，不知天上的父亲看到我的书会作何感想，又会说些什么。

二

"春风疑不到天涯，二月山城未见花。"东京审判的相关资料卷帙浩繁，加之查找不易，2016年初，我的博士论文写作遇到很大困难。

大学本科同学王一博士闻讯驰援,他是郑成良教授的博士,而郑成良教授曾任上海交通大学主管文科的副校长,亲力玉成东京审判研究中心的创立。郑教授也是我和王一在吉林大学的恩师。于是,王一带我去上海去求助老师,老师慨然相助,我则有幸因老师的引荐走进了这所全国乃至全球东京审判文献与研究的高地。

沪上风光,别有不同。首先是冲淡务实。无论是开庭纪念日的青年学者讨论会,还是闭庭纪念日的国际研讨会,每年必开,但都办得内容大于形式,少有繁琐程序和礼仪,即便来了大领导,主办方也并不另眼相待。会后的工作聚餐,除了资深学者围坐一桌喝上几杯聊些私房话之外,我们这些年轻人都坐"小孩儿那桌",从来没有敬酒任务。吃饱后各自散去,待稍晚有谈兴了,再三五成群起来,要是兴致不高,也无须费力寒暄。上海的五月和十一月,气温舒适有暖意,空气也十分好闻。会议有时在交大徐汇校区办,夜里则必去逛逛时髦小资的天平路;有时在奉贤区的古华山庄办,此时则定要去走走旁边清幽的古华园。这种海派"距离感"别有一番魅力,既能守护边界又不影响团结一致向前看。

中心主任程兆奇教授号岐羊斋主人,是治史大家,来中心工作之前旅日多年,一本《南京大屠杀研究——日本虚构派批判》石破天惊。他墨发童颜,不像1956年生人,博闻饱学过目不忘,出口即华章,也爱讲掌故,笑言在东京审判的工作群内除了东京审判什么都谈。在会议上他时常"不稳重",特别是"青年会"的点评环节,如有方家对我们的提点略不客气,程教授定然不肯罢休,非要说上几句"本来如何、若非如何、实属如何"的话来,护短之心昭然。程教授有腔调,不拘一格栽培后学。2016年初我登门求教时,程教授就邀我参加4月举行的纪念东京审判开庭70周年学术论坛和2017年的第二届青年会,之后很自然地给了我精神"编制",专业、资历一概不问。除了让我查阅资料和参会,还让我帮忙做些与北京学者的联络沟通工作,也邀我参写《东京审判——为了世界和平》一书,后来竟还推荐我去央视录制纽伦堡审判的专题片。日子一久,我也乐得不把自己当外人。

中心创建时在校内没有办公室,我第一次去拜访时,他们还在闵行校区外的剑川路启源科技园租房子。几经周折,直到2021年4月才搬入校内的新楼东晖园。人手也是"老的老小的小",向哲濬检察官之子向隆万先生、已经永远离开了我们的军史党史大家刘统先生、退休后"再就业"的多专多能石鼎先生、本硕博皆北大的才女赵玉蕙君、程兆奇教授的亲传弟子龚志伟君……他们和程教授一起满世界寻档案找文献,整理庭审记录及索引、附录,编制研究手册,翻译海外论著,不顾板凳冰冷、职称遥遥,一心为他人作嫁衣,乐而忘忧,兀兀穷年。

2021年,中心在十周岁的时候升格为校级研究中心,更名为"战争审判与世界和平研究院"。杨彦君教授、陈亦楠女士、曹鲁晓、储欣予博士等已经默默参与建设多年的才俊陆续正式加盟,队伍眼见壮大了起来。中心的朋友圈还是一如既往神仙云集,每年的两次"例会"越来越热闹。我和小伙伴们还是坐在"小孩儿那桌",还是没有敬酒任务,尽管我对我们私下里也从未相约小酌一事有些不满,不过那也意味着来日方长,友谊还有进步的空间。

三

"往日崎岖还记否,路长人困蹇驴嘶。"初到中国社会科学院攻读刑法学专业时，我曾感到十分茫然和畏难。由于我硕士学习的是民商法，博士入学之前对国际刑法的认识几乎一片空白。之所以很早便考虑博士论文的选题，正是想找到一条可以串起所有珍珠的丝线，以期在有限的时间里有选择地聚合眼前浩瀚的知识。而之所以选择以"东京审判"为题，一方面是缘于邓子滨教授的建议，另一方面是受到一场具有特殊意义的研讨会的启发。

2015年国际法研究所主办纪念世界反法西斯战争胜利70周年的"纽伦堡、东京审判与战争犯罪"研讨会，导师陈泽宪教授是会议的发起人，他创办的国际刑法研究中心（可惜现在已经撤销）负责承办，我有幸参与了会务工作和撰写综述。会上才得知专事国际刑法研究的人数并不多，圈子也不大，这次研讨会可谓群贤毕至。许多概念我是第一次接触，没想到如此重大的历史性审判竟有那么多争议问题，什么"胜者的正义"、共同谋议、指挥官责任、"全体无罪论"……而这些问题远非一句"正义必定战胜邪恶"就能解释和定论。很多提法也是第一次听说，比如"国际审判判决书颁布才意味着研究的开始"（朱文奇教授语），"国际刑法的研究中有国际法和刑法两个不同角度，当前研究力量比较分散应该加强联合"（王世洲教授语），"后续审判同样值得重视和研究，但资料收集是当前研究面临的主要困难"（凌岩教授语），等等。这些问题本身和寻求解答的困难同样令我着迷，比起研究热门、前沿问题的竞争性焦虑，我更喜欢这种"无人问津"带来的自在。

就这样，抱着躲起来慢慢学的心态误入了"东京审判"的桃花源，但直至完成初稿，才忽然发现自己试图握在手中的并非预想中的珍珠项链，而是一张拿不起也放不下的拼图。面对体量巨大的文献资料，我虽有竭力拼出全貌之冲动，可限于才学能力，更多是头晕目眩的烦躁和看不到"胜利日"的绝望。局部有了点眉目,而有些部分则可能永久缺失,再也拼不出原貌,拼出的局部也往往看似距离很近却并未连成一片,难以称之为"作品"。

但桃花源又是引人入胜的,甚至让人乐不思归。东京审判除了有沉重得让人窒息的一面,更有着复杂多元,甚至相互矛盾的性格。东京审判是战争与和平的"调节阀",是正义与真理的谜题,是仇恨与和解的"门轴",是法治与政治的博弈,是历史洪流中的丰碑。光是在法学内部,就汇聚了刑法学、刑事诉讼法学、国际刑法学、国际法学、法理学、法史学等多个学科的内容;而在这一重大历史事件的母体中,又可以分离出历史学、法学、政治学、国际关系学等不同的研究分支。对我这样坐井观天的刑法学新生,真是"刘姥姥进了大观园",处处觉得新鲜有趣,时时看得目瞪口呆。然而时间总是过得飞快,不容我"看尽长安花",交卷的钟声就已经敲响,这篇毕业大考的答卷勉强得以完工呈交,全然有赖求学路上数位恩师的提点。

我的导师陈泽宪教授,对我这个不成器的弟子倾注了心血,他润物无声的指导,让我每每茅塞顿开,他的淡泊宁静、举重若轻更是常让我有于无声处听惊雷之感。在中国社会科学院法学研究所和国际法研究所大家庭中,老师们从无门户之见,给了我毫无保留的关心和帮助。毕业论文的写作过程中,刘仁文教授的严谨与耐心让我获益良多,开题时他严厉的批评对我是莫大的鞭策;王敏远教授从刑事诉讼发展趋势的角度给我启迪和指导;冀祥德教授鼓励我要敢于"直笔著信史",有自己的理论贡献。张绍彦教授、熊秋红教授、徐卉教授、黄芳教授、莫纪宏教授、赵建文教授、柳华文教授、刘敬东教授、孙世彦教授、王雪梅教授、田禾教授、吕艳滨教授、刘洪岩教授、崔勤之教授、朱小青教授、刘小妹教授、郝鲁怡教授、樊文教授、孙家红教授、蒋隽老师等数次赐教帮助,雪中送炭。斯人斯事斯情,历历在目,沙滩北街十五号的美好只会定格,不会休止。

走出小院,高山亦连绵不绝。与张智辉教授的交流中,他提醒我要解开东京审判研究的症结必须关注程序问题,我也因此鼓起勇气在文中加入了"原则与规则"一章;王新教授和王秀梅教授常在上海交大"青年会"上点评我的报告,在思路和道路上都赠我金玉良言;黎宏教授为我借阅清华大学法学院馆藏文献提供了极大便利,他的教导和提携让我获益终身;江溯教授则为我绘制了一张张跨越国界的学术地图,他的卓识与亲和总是令人如沐春风;中南财经政法大学的刘代华教授雪中送炭,为我复印并邮寄了包括五份法官个人意见书在内的东京审判法庭文献;在博士论文答辩过程中,曲新久教授、刘志伟教授、张建伟教授的批评和点拨令我醍醐灌顶,明确了修改的方向。

准备成书的过程中,有更多的师长为这本普通的学术习作劳心费神。蒋浩先生在志向和视野上对我鼓励再三;孙国栋先生鞭策我一鼓作气抓紧修订,不留遗憾,这篇后记正是他督促的结果。感谢当代中国出版社青睐,社领导和编辑老师们专业、严谨、高效,提出诸多中肯意见,不避晦涩艰难让这本书终于得以出版面世。孙正聿先生曾描述理想的人文学者应有"高举远慕的心态,慎思明辨的理性,执着专注的意志,洒脱通达的境界",在所有这些老师身上,我都看到了这种理想人格的实现。我越来越确信,进京,不只是为了求学,更是为了遇见这些高贵的灵魂和可爱的人,是向上,而不是向北。

更难得的是,东京审判还成为我换种方式看世界的一扇窗。

南京大屠杀、广州大轰炸、巴丹死亡行军、马尼拉大屠杀、非法人体实验……面对这些牵动国仇家恨的滔天暴行,很难不激起观察者本能的愤怒和复仇欲,而这种愤怒特别容易转化为对审判本身的不满。2006年,东京审判开庭60周年之际上映了一部轰动一时的献礼影片《东京审判》,据说影片在审查时全票通过一刀未剪,被誉为"再现了历史","政治性与艺术性俱佳"。程兆奇教授曾撰文评论此片,"即使影片中几处事有所本的情节,经过'艺术加工',对稍有东京审判常识的人来说,也只是徒增'做戏'的印象",至于"为什么在影片的主要'看点'上不据实而录",如果揣度理由,"认为这样'拔高'才更有感染力,大概虽不中亦不太远。"[1]创作者和观众到底是心照不宣还是彼此误解太深,不好妄自揣度,但电影不惜以此种背离事实的方式"回应"大众对东京审判的认识和期待,却很值得警醒。无独有偶,鼓励我研究东京审判的邓子滨教授也直言,影片"不止一次地流露出对东京审判方式的怀疑,以致给人的感觉是导演有这样一种情绪:何不采用更便捷、更有效的审判方式,何必赋予罪犯们诸多的权利,给他们那么多抵赖、狡辩的时间和机会"[2]?更点睛的是邓教授这篇文章的标题《视差》——端看你站在理性客观的一边,还是情绪价值的一边,二者风马牛不相及,冰炭不能同炉。以本书所讨论的问题而言,这种"视差"让我相比轻言审判不过是一场"事先张扬的"政治大戏,更想去追问诸大国为何会避易就难、费力不讨好地办一场注定被批评的国际审判,更想去了解史汀生、凯尔森、拉德布鲁赫、肖特维尔、劳特派特、莱姆金、梅汝璈、向哲濬究竟持何种信念以至愿意在困难重重的情况下,为了在以法律求和平的

---

[1] 程兆奇:《从〈东京审判〉到东京审判》,载《史林》2007年第5期。

[2] 邓子滨:《视差》,载《新京报》2006年10月23日。选自邓子滨:《斑马线上的中国:法治十年观察》,法律出版社2013年版。

道路上迈出一小步而奋斗多年。

对东京审判，从一见钟情到日久生情，现在它几乎成为生活良伴。它伴随我经历了身疲惫心颠簸的求学求职之路，也见证我在法的门前经年徘徊和挣扎，更赐予我幸运和温暖，让我终于和送我远行又随我漂泊的家人团聚。父亲的厚望、母亲的操劳、女儿的依恋、爱人的知心，都让我暗下决心有朝一日要写出家人看得懂也喜欢看的书。比起白头偕老、相濡以沫，我更希望我们都能活出舒展轻盈的自我，让自由、独立和民主率先在家庭内部实现。我们对彼此，应当宽容些，再宽容些。

生活总有两条路，一条用来实践，一条用来遗憾。学术如此，人生亦如此。但我更喜欢另一种解读："我们彼此深信，是瞬间迸发的热情让我们相遇，这样的确定是美丽的，但变幻无常更加美丽。"

徐持

2024 年 3 月 22 日—6 月 18 日草成

2024 年 7 月 4 日定稿于沙滩北街十五号